体育课程教学设计与说课案例

赵国华 王 进 主编

中国原子能出版社

图书在版编目 (CIP) 数据

体育课程教学设计与说课案例 / 赵国华,王进主编
. -- 北京：中国原子能出版社,2022.9
ISBN 978-7-5221-2146-8

Ⅰ.①体… Ⅱ.①赵… ②王… Ⅲ.①体育教学—教
学设计②体育教学—教案（教育）Ⅳ.① G807.0

中国版本图书馆 CIP 数据核字（2022）第 172223 号

内 容 简 介

本书是体育教育专业的一本基础性理论教材，围绕体育教学设计和说课
两大内容展开阐述，首先阐述说课理论，其次列举了体育课典型项目说课稿
案例，最后研究体育教学设计理论，提出教案案例。本教材通过案例分析，
培养学生教学设计思考能力与备课评课能力，解决在撰写说稿和教学设计时
实践性和具体化不足的问题，提高学生在教育实习过程中，对不同运动项目
的相关技术动作的分析以及教学分析能力。本书能够为体育教育专业学生掌
握体育课说课技巧提供科学指导，并促进其体育教学设计能力的提高，最终
推动体育教学专业学生职业能力的发展和体育教学的发展。

体育课程教学设计与说课案例

出版发行　中国原子能出版社（北京市海淀区阜成路 43 号 100048）
责任编辑　张　琳
责任校对　冯莲凤
印　　刷　北京亚吉飞数码科技有限公司
经　　销　全国新华书店
开　　本　710 mm × 1000 mm　1/16
印　　张　20.375
字　　数　321 千字
版　　次　2024 年 3 月第 1 版　2024 年 3 月第 1 次印刷
书　　号　ISBN 978-7-5221-2146-8　定　　价　98.00 元

网　　址：http://www.aep.com.cn　E-mail:atomep123@126.com
发行电话：010-68452845　　　　　　版权所有　侵权必究

前　言

　　本书是体育教育专业的一本基础性理论教材，内容涵盖体育教学设计和说课两大版块。作为教材，面向体育学专业研究生和体育教育专业本科生，将说课案例、体育教学设计为重点，目的是为他们进入中小学胜任体育教学工作、学会撰写教学文件和完成基本的教学设计打好基础，也可以用作年轻体育教师的参考书。本教材通过案例分析，培养学生教学设计思考能力与备课评课能力，解决在撰写说稿和教学设计时实践性和具体化不足的问题，提高学生在教育实习过程中，对不同运动项目的相关技术动作的分析以及教学分析能力，同时，本教材也可以为体育师范生教师资格面试、就业应聘中的课堂设计能力考核、教师技能大赛准备提供理论和实践指导。本教材力求做到以下几点：

　　1）兼顾全面与重点。本书涵盖的技术内容包括球类、体操、田径、武术、健美操等重点项目的重点技术，适用于各级体育教学，对提高体育教师教学和说课能力具有一定的实践指导意义。

　　2）理论与实践结合。本书不仅对说课理论、教学设计相关理论进行深度解析，而且将案例分析作为本教材的创新点。不仅考虑说课与教学设计模板的规范性，还将案例撰写说明和技术分析步骤作为一个亮点进行表述，不仅让使用者直接作为教学示例，还可以根据不同水平教学对象进行教学内容的合理选择。

　　3）实用与研究并重。作为教材，案例可以直接作为教学与演示的素材，案例中的编写说明和教学设计模式，可以作为教学研究的重要内容，在教材编写目标中体现了案例的范例特性和实用特性，并为研究者对案例模式、案例设计原理和案例拓展等方面提供研究型关注点。

　　本教材编写分工如下：球类项目，赵国华、倪春霞、张成、杨勇；田径项目，王进、张芝怡、孙鹏斌；体操类项目，李萍、舒启娜、章以赛；武术类项目，周星栋、郭建行；说课理论，赵国华、陈钰婷、汪青青、方志娟；教学设计理论，王进、张超、苑景蕊、唐云杰。全书由宁波大学赵国华统编。

　　本书在撰写的过程中，参考了大量有关体育教学设计与说课方面的书籍和资料，借鉴了相关专家、学者的研究成果和观点，在此向诸位学者或专家致以诚挚的谢意。由于编者编写水平有限，不足之处在所难免，恳请广大读者批评指正。

作者

2021年12月

目　录

第一章　说课理论

第一节　说课概述

说课始于20世纪90年代初的上海，它是在教案的基础上，教师对教材的研究、探讨的一种方法，是隐性的教学思想、艺术的体现，它具有经济、高效的特点，被广泛运用于各种教学评比、教师招聘及职称的评定中。

一、说课的概念

说课是一种在中小学各学科教研中受到普遍运用的教学研究形式。说课是教师在精心备课的基础上，以教育教学理论为指导，以口头表述为主，运用有关辅助手段向领导、同行或评委阐述某一具体课题的教学设计，并与听课者共同就课程目标的达成、教学程序的安排、重点难点的把握及教学效果与教学质量的评价等方面进行预测或反思，共同研究探讨如何进一步改进和优化教学设计的教学研究活动。说课不仅是督促教师业务文化学习和进行课堂教学研究、提高业务水平的重要途径，还是评估教学水平的有效手段。

说课重在说理，主要阐述的是"教什么？""怎么教？""为什么这么教？"。

近年来，各高等师范院校将这一形式运用到师范生的教育实习准备环节中，找到了教育理论与教育实践的结合点，感受到了教育理论的有效性和教育价值。说课这种源自于基层，具有中国特色、原创性的教学研究活动，不仅推动了基础教育研究的发展，同时，也成为促进教师素质提高的重要教学技能研究形式。

说课作为一种特有的教学活动方式，目前还常常用于中小学教师职称评审和教师招聘考核中。因此，说课是师范专业学生必须掌握的一项基本技能。

二、说课的意义

体育教学开展"说课"活动是促进体育教师理论与实践相结合、教学与教研同步，最终实现提高教学质量的科学途径。

（一）有助于体育教师对教育理论的钻研

教学有余、研究不足甚至只教学不研究，是体育教师的通病。虽说大、中、小学都规定了每周一次的"教研活动"，但真正充分利用这段时间坐下来认真讨论、研究有关教育、教学理论的并不多，更多的是流于形式，甚至不务"正业"，使"教研活动"名存实亡。

我们检查了很多教师的备课笔记，从总体上看教师的备课都是很认真的。但是我们的老师只是做到了备课，很少有人会去想为什么要这样备课，备课缺乏理论依据，导致备课质量不高。

说课，不仅要求说课者说出"教什么""怎么教"，还要说清"为什么这样教"，即要求说课者说出选择教材、教法、教学程序等设计的理论依据。例如，教技巧"前滚翻"不仅要说出它的技术要领"低头、含胸收腹、屈腿、团身"，还要说出"缩短半径，圆形滚动"的科学依据，这就迫使体育教师为知其"所以然"去认真、深入研究有关理论。从人体解剖学、运动力学、生物化学、教育学、心理学等知识海洋中探究科学依据。

（二）有助于教研活动整体质量的提高

以往，教研活动一般都停留在上几节课，再请几个人评评课。上课的老师处在一种完全被动的地位。听课的老师也不一定能理解授课教师的意图，导致教研实效低下，也会出现多是体育教师凑在一起，各做各的事，各备各的课，各自为政，互不"干扰"的情况，很少共同研讨，互相切磋，失去了"教研"的本意。

而说课，是一人说，大家听，最后由大家评，或研究，或争论，取得共识的优点，克服不足之处，有争论的问题继续探讨。通过各有千秋的"说课"，教师之间可起到互相学习、取长补短的作用。同时，教研活动质量也得到了进一步的提高。授课教师说说自己教学的意图，说说自己处理教材的方法和目的，让听课教师更加明白应该怎样去教，为什么要这样教，从而使教研的主题更明确，重点更突出，提高教研活动的实效。另外，我们还可以通过对某一专题的说课，统一思想认识，探讨教学方法，提高教学效率。

（三）有助于体育教师语言表达能力的提高

一方面，说课要求教师具备一定的理论素养，这就促使教师不断地去学习教育教学的理论，提高自己的理论水平。另一方面，说课要求教师用语言把自己的教学思路及设想表达出来，这就在无形中提高了教师的组织能力和表达能力，提高了自身的素质。

教学是一种语言艺术。体育教学主要是通过讲解与示范来完成教学任务，多数教师的语言表达能力相对欠缺，以至难以实现体育课"精讲多练"的原则。

而"说课"主要是"说"，说的要有道理、有条理。在有限的时间内连续不断、有条不紊地说出课的教材、教法、学法、教学程序及其理论依据，没有一定的语言基本功和表达艺术，是难以把课程内容说清的。

经常进行说课锻炼，对于语言表达的逻辑性、系统性、艺术性等一定会有所改进。

（四）说课有利于提高课堂教学的效率

教师通过说课，可以进一步明确教学的重点、难点，理清教学的思路。这样就可以克服教学中重点不突出、训练不到位等问题，提高课堂教学的效率。

（五）说课没有时间和场地等的限制

上课听课等教研活动都要受时间和场地等的限制。说课则不同，它可以完全不受这些方面的限制，人多可以，人少也可以。时间也可长可短，非常灵活。

三、说课的特点

（一）机动灵活

说课不受时间、地点、教学设备的限制，可随时随地进行，也不受教学对象和参加人数的制约，只要两个人以上即可进行。

（二）短时高效

单纯的说课一般时间较短，10～15分钟即可完成，但内容却十分丰富，既包括教师对教材的理解掌握和分析处理，又包括教法设计；既要说清怎么教，又要讲出为什么。

（三）运用广泛

说课的运用很广，领导检查教师备课、教师间研究教学、评价教师的教学水平、开展教学技能竞赛、职称评定、教师招聘等均可采用说课的方法。

（四）理论性强

说课的理论性很强，能充分体现教师的教育教学思想。如果教师没有一定的理论水平，是说不好课的。

四、说课与备课、授课的关系

（一）说课与备课的关系

说课与备课都是教学前的准备工作，其最终目的都是为体育课堂教学所服务。从所涉及的内容来看，由于说课是一种深层次备课后的展示活动，所以二者的主要内容基本相同；从活动的过程来看，二者都需要教师深入研究体育与健康课程标准、分析具体教材内容、选择教法和学法、设计教学程序等，都要接受体育课堂教学实践的检验。

说课与备课的不同之处在于：

（1）内涵不同。说课属于教研活动，要比备课研究问题更深入；备课是教学任务如何完成的方法步骤，是知识结构如何转化为学生认知结构的实施方案，属于教学活动。

（2）目的不同。说课的目的在于帮助教师认识备课规律，提高备课能力，实现教学资源在教师间的共享共用。而备课则是以面向学生为目的，它促进教师搞好教学设计，优化教学过程，提高课堂教与学的效益。

（3）对象不同。备课是要把结果展示给学生，在备课过程中，教师一般独立进行教学设计，不直接面对学生或教师，而说课是说课者直接面对其他教师，说明自己的备课内容以及备课的依据。

（4）要求不同。说课教师不仅要说出每一具体内容的教学设计、做什么、怎么做，而且还要说出为什么要这样做，即说出设计的依据是什么；备课的特点在于实用，强调教学活动的安排，只需要写出做什么、怎么做就行了。

（二）说课与授课的关系

说课与授课既有相同点，又有不同处，其相同点在于二者都是围绕同一节课的教材内容，其不同之处在于：

（1）目的不同。授课的目的是传授给学生体育知识、运动技能，培养能力，并且对学生进行思想教育；说课的目的则是向听者介绍一节课的教学设想，使听者听懂。

（2）内容不同。授课的主要内容在于教哪些知识，怎么教；说课则不仅要讲清上述的主要内容，而且要讲清为什么这样做。

（3）对象不同。授课的对象是学生；说课的对象则是领导、同行或专家、评委。

（4）方法不同。授课是教师与学生的双边活动，在教师的指导下，通过身体练习等形式完成；说课则是以教师自己的解说为主。

五、说课的类型

说课的类型很多，根据不同的标准，有不同的分法。

（一）依据上课前后关系划分

1.课前说课

课前说课是一次预测性和预设性说课活动。课前说课是教师在认真研读教材、领会编写意图、分析教学资源、初步完成教学设计基础上的一种说课形式，是实习教师个体深层次备课后的一种教学预演活动。从其对课堂教学的影响来看，通过课前说课活动，可以借助集体的智慧来预测课堂教学的实际效果，最终达到改进和优化教学设计的目的，因而，课前说课也是一次预测性和预设性说课活动。课前说课是教师较常接触到的一种说课形式。

2.课后说课

课后说课被认为是一种反思性和检验性的说课。它是教师按照既定的教学设计进行上课，并在上课后向所有听课教师或指导教师阐述自己教学得失的一种说课形式。课后说课是建立在教师个体教学活动基础上的一种集体反思与研讨活动。正是在这种集体的反思与研讨中，使说课者个体和参与研讨的教师对教学的成败得失有了更加清醒的认识，也为进一步改进和优化教学设计提供了可能，因而课后说课也可被认为是一种反思性和验证性的说课活动。

（二）依据说课活动的目的划分

1.评比型说课

评比型说课是把说课作为教师教学业务评比的内容或一个项目，对教师运用教育教学理论的能力、理解课程标准和教材的实际水平、教学流程设计的科学性和合理性等做出客观公正的评判的活动方式。评比型说课可以发现优秀教师，是带动教师队伍建设、促进教师专业发展的有效途径，也常用于职称评定和教师招聘考核中。

2.主题型说课

主题型说课是教师在教学实践的基础上，把实践工作中遇到的重点、难点或热点问题作为研究主题进行探索，以说课的形式向同行、专家和领导汇报研究成果的教育教学研究活动。主题型说课是一种更深入的问题研究活动，更有助于教育教学重点、难点的解决，有利于新的教学模式、教学理念等在教学中的应用。

3.示范型说课

示范型说课是在教学能手和学科带头人等优秀教师做示范说课的基础上，按照说课内容进行上课，然后组织教师对该课进行评议的教学研究方式。示范型说课也是培养教学骨干的有效方式和重要途径。听课教师在这种形式的教研活动中，可以从听说课、看上课、参评课中增长见识，开阔视野，不断提高自己的教学实践能力。

（三）依据整体划分

1.实践型说课

实践型说课主要应该有以下几个方面的内容：

（1）说教材——主要是说说教材简析、教学目标、重点难点、课时安排、教具准备等，这些可以简单地说，目的是让听的人了解你要说的课的内容。

（2）说学生——学情分析。

（3）说教法——就是说说你根据教材和学生的实际，准备采用哪种教学方法。这应该是总体上的思路。

（4）说过程——这是说课的重点。就是说说你准备怎样安排教学的过程，为什么要这样安排。一般来说，应该把自己教学中的几个重点环节说清楚，如课题教学、常规训练、重点训练、课堂练习、作业安排、板书设计等，要特别注意把自己教学设计的依据说清楚，这也是说课与教案交流的区别所在。

2.理论型说课

理论型说课与实践型说课有一定的区别，实践型说课侧重说教学的过程和依据，而理论型说课则侧重说自己的观点。一般来说，理论型说课应该包含以下几个方面的内容：

（1）说观点——理论型说课是针对某一理论观点的说课，所以我们首先要把自己的观点说清楚，赞成什么，反对什么，要立场鲜明。

（2）说实例——理论观点是要用实际的事例来证实的。说课中要引用恰当的、生动的例子来说明自己的观点，这是说课的重点。

（3）说作用——说课不是纯粹的理论交流，它注重的是理论与实践的结合。因此我们要在说课时结合自己的教学实践，把该理论在教学中的作用说清楚。

第二节 说课的内容和要求

一、说课三要素

（一）说教材，明确"教什么"

首先，说课者必须明确课程标准的具体要求，认真钻研教材，说清某一课在教材体系中的地位和作用及在整个学段中的任务。这样，说课才不会迷失方向。其次，要说清教材的编写意图和教学目标，了解知识的连续性和延续性，要从单元组成的科学系统说清教材的重点要求。最后，教师要将教材、教学参考用书转化为自己的知识，说清教材的重点、难点、疑点和关键点，理清教路、学路和知识技能训练的线路。

（二）说教法，明确"怎样教"

首先要树立正确的教学思想，不仅要指导学生学会，而且要指导学生会学，教给他们学习的方法。同样一种教学方法由于教学内容不同，学生实际不同，教学程序也是多种多样的。说课时，要求说出具体的训练内容，分析学生在接受知识与能力转化过程中可能出现的障碍与对策。

（三）说教理，明确"为什么这样教"

教理，即教学的理论依据。说课时，要求教师从教育学、心理学的一般原理上说出自己运用该教学方法的理论依据，尤其要从教学法的角度阐述所持教法的特点。说清"为什么这样教"，包括课标依据、教材编写，意图依据、教学论依据、教育学和心理学的依据等，使听评者在"知其然"的基础上"知其所以然"。

总之，说课的重点应放在说清思路、说清教学过程、说清教学方法上；而讲课的点则应放在实施教学过程、完成教学任务、反馈教学信息、提高教学效率上。换句话说，说课重理性和思路，讲课重感情和实践。因此，用极有限的时间完成说课，必须详略得当。

二、说课的对象和时间

说课的对象是评委和同行。教学评比时间一般准备15分钟，说课15分钟，而高级评审总共仅15分钟。目前很多地方招聘说课与模拟上课结合在一起，准备45～60分钟，面试20分钟。

三、说课的注意事项

（1）语言的表述要有感染力。

（2）说课要有表演力。

（3）说课的内容要有超前性。

（4）善于发现和挖掘闪光点（展示强项，掩盖弱项）。

四、说课的基本要求

（一）突出"说"字，把握"说"的方法

说课不等于备课，不能照教案读；说课不等于讲课，不能视听课对象为学生去说；说课不等于背课，不能按教案只字不漏地背；说课不等于读课，不能用事先写好的说课稿去读。说课时，要抓住一节课的基本环节去说，说思路、说内容、说学生、说目标、说方法、说过程，紧紧围绕一个"说"字，突出说课特点，完成说课进程，且语言的表述要有感染力。

（二）突出理论性，说理要精辟

说课的核心在于说理，在于说清"为什么这样教"。因为没有理论指导的教学实践，只知道做什么，不了解为什么这样做，永远是经验型的教学，只能是高耗低效的。因此，说课者必须认真学习教育教学理论，主动接受教育教学改革的新信息、新成果，并应用到课堂教学之中，说课的内容和理念要有超前性。

（三）突出重点，主次分明

说课的重点应放在实施教学过程、完成教学任务、反馈信息、提高教学效率上。用极有限的时间完成说课内容不容易，必须做到详略得当、简繁适宜、准确把握说课的"度"。说得太详太繁，时间不允许，也没必要；说得过略过简，说不出基本内容，听众无法明白。说课应注意避免重技能轻健康、重生理轻心理、重教法轻学法的指导倾向。

要做到说主不说次，说大不说小，说精不说粗，说难不说易；要坚持有话则长、无话则短、不拘形式、自由研讨的原则，防止囿于成规的教条式的倾向。同时，在说课中要体现教学设计的特色，展示自己的教学特长，善于发现和挖掘闪光点。

（四）客观再现，具有可操作性

说课的内容必须客观真实，科学合理，不能故弄玄虚或者生搬硬套一些教育教学理论的专业术语，要真实地反映自己是怎样做的，为什么这样做，哪怕是并非科学、完整的做法和想法，也要如实地说出来，引起听者的思考，通过相互切磋，形成共识，进而完善说者的教学设计。说课是为课堂教学实践服务的，说课中的一招一式、每一环节都应具有可操作性，如果说课仅仅是为说而说，不能在实际的教学中落实，那就成了纸上谈兵、夸夸其谈的"花架子"，使说课流于形式。

说课者应针对体育教学目标和内容，将体育课各个部分的教学时间安排、组织形式、教学手段、课的运动负荷安排、教学用具和场地布置及本课教学中的实践性和可操作性的特点表述清楚。

（五）语气得体，冷静应对提问

听说课的对象是同行、是评委、是领导，都是成年人，不仅说的语气、称呼要得体，而且要有表演力。虽然听课者是成年人，但他们会努力站在学生的角度去听说课，去审视说课者的一字一句、一举一动，包括组织过程、参与过程、教法的采用。因此说课时既要真实体现教学设计的理性思路、教学的过程、方法的选择，又要注意说课时的语气、称呼、表情，面对同行、评委或领导的提问时，要有自信心、沉着冷静，在弄清所提问题的确切含义后，在较短的时间内作出反应，以简练的语言把自己的想法讲述出来。

五、说课内容

（一）说教学理念或指导思想

理念是行为的先导，是活动的灵魂。课程与教学理念是教学经验的升华，是教学实践和教学价值观的体现，也是教学活动所能达到的状态与水平的精神前提。因此，说课不可忽视述说教学理念。

新一轮基础教育课程改革同以往课程与教学改革的不同就在于课程教学理念的改革，并在新的课程与教学理念的统领、指导下，对课程与教学进行全方位的改革。新的课程与教学理念内容丰富，说课者必须重视这些理念：坚持"健康第一"的指导思想，促进学生健康成长理念；激发运动兴趣，培养学生体育锻炼的意识和习惯的理念；以学生发展为中心，帮助学生学会体育学习的理念；关注地区差异和个体差异，保证理念与内容、体力与智力相结合，承受一定生理负荷，注重心理健康与社会适应能力，发展个性，培养兴趣。

（二）说教材

教材是实施课堂教学的基本依据。说教材，就是说课者在认真研读课程标准和教材的基础上，系统地阐述所选定课题的教学内容在教学单元乃至整个教材中的地位和作用。对体育教材的分析有利于最大限度地发挥体育教材内容在实现体育教学目标中的载体作用；有利于体育教学资源的充分挖掘和利用；有利于激发和保存学生的体育学习兴趣和满足学生的发展需要；有利于提高体育教师根据实践选择、改进和创编体育教材内容的能力；有利于体育教学效率和教学质量的提高。一般说课者对体育教材的分析应包括以下几个方面。

1.分析教材

（1）前面已经安排了哪些知识，作为该内容的基础。

（2）本课包含哪些内容，这些内容之间有何内在联系。

（3）该内容与后续学习内容有怎样关联或者该内容在后续学习中将得到怎样的深化等。

（4）该内容的学习，要让学生掌握哪些方面的知识、训练哪些方面的技能或者科学方法、发展他们哪些方面的能力和建立怎样的情感、养成怎样的态度和形成怎样的价值观等。

（5）本节内容的学习，对学生的后续学习和终生发展有什么重要的作用。

只有对内容分析透彻，教学目标的制订才有基础，否则教学目标将成为无源之水、无本之木。

2.说出本节课教材的"技术特征"、重点、难点及确定的依据

教学重点、难点是教师进行教学活动的依据，也是教学活动中所采取教学方法的依据，更是顺利实现教学目标的关键所在。教学过程就是强调重点和突破难点的过程。因此，确立教学重点、难点成为教学设计的一个关键，也是说课活动必须阐述的一个内容。要确定重点、难点，就必须搞清什么知识是重点、分析学习难点是如何形成的。教学重点与难点存在着一定的联系，有时教学重点与教学难点是一致的，有时又有区别，重点是难点的基础，但难点不突破，会影响教学重点的把握。

（1）根据学生不同层次确定同一内容的教学重难点。

在体育课堂教学中，学生是学习的主体，一切教学活动应充分考虑学生的实际情况，调动学生学习的积极性、主动性。这就要求教师要分析学生的特点，充分考虑到他们的年龄层次。不同的年龄层次，其教学的重难点是不同的，如同样是篮球教学内容，小学生可以侧重球性的练习，即通过篮球活

动发展小学生的基本活动能力，重点不在于掌握篮球的基本技术，因此可以安排一些距离较近的抛球练习、低难度的传球练习、拍球练习等；初中学生则应把重点放在学习篮球的技术上，教师应更多地关注篮球技术的细节教学；而高中学生应把篮球技术的深化教学与实践作为课堂教学的重点。当然，还有一些小细节方面也应引起关注，如同一个班级由于学生学习情况与掌握程度不同，其教学难点是不同的，此时教师应采用分层次教学、分组教学等形式来解决这方面的教学难点。

（2）把课堂教学中的运动技能目标与教学重点、难点结合起来。

众所周知，运动技能目标是课堂教学目标的核心目标，从逻辑关系角度来讲，课堂教学运动技能目标制定的依据之一是对教材内容的细致分析，其中教学重难点分析是重要的一个环节，但是由于体育老师经常忽视课堂教学目标的重要性，因此在观看一些老师的课时教案中，也会常常发现运动技能目标与课堂教学重难点不相吻合，从而导致了课堂教学重难点分散化、运动技能教学目标泛化等现象。

（3）根据上一课次的学习实际情况来调整教学重难点。

教学虽具有一定的预设性，但它本质是生成的，因此课堂教学实践与课前教师预设的教学设计之间必然存在着一定的距离，教学实践中会经常出现课前无法预料的情况，而老师的备课又具有一定的延续性，因此体育老师在制定下节课的教学重难点时，应当根据上节课的教学实际情况对已经预设好了的单元教学计划灵活地进行微调，才能更好地适应新情况、新问题，做好有的放矢，提高教学重难点的针对性。

（三）说学情

所谓学情，是指学生的年龄特征、认知规律、学习方法以及已有知识和技能基础等的总和。它是教师组织教学活动的依据，是学生学习新知识的基础。教学是从一定的起点上开始进行的。不同的学生学习起点不一样，学习个性、风格也不尽相同。说学情，就是要全面客观地阐述学生已有的学习情况和已经掌握的学习方法等，预先判断学生对学习新知识的关注度和接受程度，为优化教学设计提供参考。

深入分析课程标准和教材，在于把握教学目标和内容。但仅仅把握教学目标和内容是不够的，因为学生是学习的主体，学生的学习掌握情况影响着目标的达成。因此，学情分析也是说课必须突出的一个方面。如何分析学情呢？

由于学习不仅受学生原有的知识基础和技能水平制约，而且还受学生的认知风格、能力状况和学习兴趣等影响。因此，一个好的说课方案，应尽可能从学生的"已知""未知""能知""想知"和"怎么知"等五个方面综合分析学生情况。

（1）学生的"已知"。这里的"已知"是指学生已经具备的、与本节内容相关的知识经验和能力水平等。明确这点很重要，它决定了教与学的起点。

（2）学生的"未知"。"未知"是与"已知"相对而言的，它既包括通过学习应该达成的终极目标中所包含的未知知识与技能等，还包括实现终极目标之前的过程中所涉及的学生尚不具备的知识与技能等。

（3）学生的"能知"。"能知"就是通过这节课教学，学生能达到怎么样的目标要求，它决定学习终点（即学习目标）的定位。

（4）学生的"想知"。所谓"想知"，是指除教学目标规定的要求外，学生还希望知道目标以外的东西（注：学生学习中，往往会通过提出疑问来体现"想知"。当然，学生的"想知"可能会超出教学目标或学生的认知水平。如果真是如此，课堂教学可不予拓展，但建议给学生一个提示性的交待或利用课外时间作个别解答）。

（5）学生的"怎么知"。"怎么知"反映学生是何种方式进行学习的，它体现学生的认知风格、学习方法和学习习惯等。

此外，说学情时应注意分析以下情况：

第一，要分析不同年龄学生的生理特点（学生的身体形态发育的年龄差异、身体机能方面的差异）、心理特点（不同年龄阶段学生注意的特点、不同年龄特征思维发展特点、不同年龄特征学生意志力特点）以及社会特点的分析。（共性：该年龄段特征）。

第二，要分析不同性别学生对体育活动兴趣方面的差异性。男女生在体育活动的喜爱方面显示出较大的差异性，在学龄前或小学低年级段，这种差异性并不十分显著，他们在对运动项目的选择方面具有一定的相似性，但随着身体的发展和教育的差异性，男女学生在观念上逐渐表现出一定的差异，男生喜欢一些对抗性、激烈性、力量型的体育活动，女生则喜欢一些平衡性、柔软性、活动量不大的运动项目，这是一般的特点。我们了解这个特点的目的是在体育教学中施以不同的教学方法、不同的运动负荷等，做到区别对待，特别是在男女混合班级中，我们要特别关注这个问题，如果需要安排不同的内容，我们可以根据学生的兴趣爱好；如果需要安排同样的教学内容，我们则可以施以不同的运动负荷、教学手段、组织措施等，这样做的目的是在同样一堂课中针对不同的人群，有的放矢，避免盲目。

第三，要调查学生的学前运动技术基础：有无与运动内容相关经历及水平。充分了解学生的学前运动技术基础是体育教师进行教学设计与备课的重要环节，这个问题的重要性是毋庸置疑的，但是体育教师往往把这看似重要的问题忽视了，具体表现在只从自己的角度来考虑教学问题与实施课堂教学方法，同一单元不同的课运用同样的教学方法与手段，同一年级不同的班级甚至不同年级的教学方法与手段也如法炮制，这样的态度虽然比较省力，但这是很不负责任的灌输式的做法。何况学生在教学之前有无接触此类教学内容，或接触到何种程度等问题如果不了解清楚，那么教师所实施的教学是否深浅则只能凭空想象，这样的教学预设与实际的状况是有很大距离的。从学生角度出发，贯彻以"学生为中心"的思想，就迫使广大的体育教师摒弃传统的灌输式教学，真正深入学生的实际，了解学生的学前运动的技术基础，做到有的放矢，使课前预设与实际情况达到基本吻合。

了解学前基础应包含两个方面的含义：①学生有无此教学内容的运动经历。有的学生可能在一些环境中接触过此类教学内容，那么他们学习起来就比较快速，而那些没有接触过的学生学得就比较慢；②要了解该课在单元教学中的课次，因为每次课学生的学习程度是不同的，同一次课，不同的学生学习的程度也是各异的，只有了解学生真正的学习情况，了解学生运动技术掌握情况、容易出现的错误动作、重点难点等，教师才能根据学情施加不同的教学，这样才有可能使全体学生受益，达到体育课堂教学的一个整体性效果。

（四）说目标

分析教材和学情后，就可以确定教学目标。教学目标分为认知目标、技能目标和情感目标，说课可从这三个方面加以阐述。是为了体现说课与《体育与健康课程》标准的同步性，也可以从运动参与、运动技能、身体健康、心理健康和社会适应五个方面加以阐述。

教学目标是教学设计的出发点和归宿，也是检查教学效果的标准和尺度，它对教学活动具有很好的导向和监控作用。说课时，如何科学描述教学目标呢？先来看看某老师在"篮球单手肩上投篮"说课中的描述。

技能目标：让学生掌握单手肩上投篮的技术方法，特别是上下协调用力和手指手腕的手型稳定性。

上述表达是否合理呢？我们知道，教学目标是教学活动后促使学生达成的身心发展水平。因此，教学目标表述必须具备以下两个特征：①必须明确说明对象——即学习什么、掌握什么；②必须用可以检测或者能够评价的词语来界定目标属性，如"说出……的名称""用自己的话说明……""对……进行解释"或"陈述……之间的关系"等。

分析上述教学目标，不难发现其行为主体定位是错误的。因为其主体变成了教师。相比而言，另一位老师的表述则高明多了：

"通过练习单手肩上投篮技术，初步了解单手肩上投篮的动作要领和技术特征，基本学会单手肩上投篮的全身协调用力和手指手腕手型特征"。

这样的目标陈述，和前一案例相比，可以发现，不仅仅是描述方式上存在差异，更重要的是体现了教师教学理念的转变——扭转了"教师讲、学生听"的被动学习局面，把教学的立足点转移到学习上来，注重发挥学生学习的主动性。

此外，根据课程标准的要求，教学目标应力图体现"知识与技能""过程与方法""情感态度和价值观"三维课程目标。

但是，将教学目标划分为三个方面是值得探讨的。因为三维目标往往是融为一体、并在同一学习过程中实现的。若将教学目标分解为三个方面加以描述，会不会割裂三维目标之间的内在联系呢？

根据这样的要求，规范的目标必须考虑以下四个方面的要素：

①谁?（行为主体）；

②做什么?（行为动词）；

③做到什么程度（行为水平或行为标准）；

④在什么条件下?（行为条件）。

因此，说课者在描述教学目标时应从以下三个方面着手：

目标的完整性。说明本次课目标与课程目标及单元目标的关系，体现说课者对教学目标的理解程度。

目标的可操作性。即目标要求要明确、具体，能直接用来指导、评价和检查该课的教学工作。

目标的可行性。即教学目标要符合课程标准的要求，符合学生实际和教学条件。（目标的表述方法可参照课时教学设计目标。）

（五）说教学方法

体育说课要求体育教师除了认真钻研教材，准确地制定教学目的要求外，还要掌握好教学的手段和方法。说"教法"时要说出自己选择什么样的教学方法，采取什么样的教学手段及其理论依据，也就是在说明"怎样教"和"为什么这样教"的道理。在确定教学目标与要求后，恰当地选择先进的教学方法是至关重要的。

体育教学是教师教，学生学的双边活动，只有当教师所采取的教法和学生相应的学法积极配合时，才能保证教学任务的顺利完成。这就要求教师要对学生进行学法指导，引导学生掌握科学的学习方法，把教与学统一起来，从而起到良好的教学效果。

说"学法"，要说出在课中拟教给学生什么样的学习方法，培养学生哪些能力；如何调动学生积极思维，怎样激发学生的学习、锻炼兴趣等。

具体地说教学方法要做到以下几个方面：

第一，根据教材（学科特点、教学内容）的特点、教学目标、学生的情况以及施教的条件，说出所要选用的教学方法和教学手段，以及选用这些教学方法的理论依据。

第二，说清选用哪些媒体作为教学的辅助手段。

第三，说清运用哪些教学方法解决教学重点、突破难点以及采用哪些途径创设课堂情境、加强课堂练习氛围、激发兴趣、启发思维、调动学生主动参与学习的积极性。

说教学方法在说课中可以用系统、模式、启发、反馈等方法，但在教案中建议用以下实用方法。

1.以语言传递信息为主的体育教学方法

（1）讲解法。

（2）问答法。

（3）讨论法。

2.以直接感知为主的体育教学方法

（1）动作示范法。

（2）演示法。

（3）错误动作纠正法。

3.以身体练习为主的体育教学方法

（1）分解练习法。

（2）完整练习法。

（3）重复练习法。

（六）说教学流程（过程）

一节课上得成功与否，主要标准是看这节课达到预期的教学目标的程度。所以，在确定了教学目标之后，就要围绕教学目标设计出科学而合理的教学程序，以便通过教学有效地完成教学任务。说教学流程是说课的中心环节，能否说清楚教学流程是能否说好课的关键。教学流程是教学活动的系统展开过程，它表现为教学随时间推移的活动序列，描述了教学活动是如何发起，怎样展开，最终又是怎样结束的。根据学生学习活动的一般过程，教学流程先后顺序一般为导入新课、新课研习、课堂小结、巩固训练等。说课时要根据不同类型的学习内容作进一步的细化。同时"教学程序"要说出怎样正确处理教材、教法和学情（知识水平、训练基础、身体素质、心理状态时）之间的关系，包括组织教学，时间的安排，重、难点的突破，各种练习内容的作用、意义，以及隐含在各教学过程中的方法的作用及意义，教学流程是说课的主要部分。

阐述教学流程是说课的重点，因为教学内容的处理、教学方法的选择、教学目标的达成等，都是通过这一环节来实现的，而且教师的教学理念也通过它来体现。那么，如何在说课活动中阐述教学流程呢？

1.根据学习过程的要求来阐述教学流程内容

学习过程经历了定向、活动、反馈与调控阶段。定向阶段，是让学习者明确学习内容以及学习目标；活动阶段，学习者根据学习目标与内容开展相应的学习活动；而反馈与调控阶段，则要获取（测量）学生学习效果以及调整学生学习活动等。因此，阐述教学流程时，必须说明以下主要内容：

（1）教学活动在怎样的情景下开展、怎样体现新课导入和结束课堂的呼应。

（2）怎样呈现相关材料、怎样指导学生开展信息加工、怎样指导学生开展学习内容的整合、怎样指导学生实现知识迁移并使学习内容进一步整合与内化等。

（3）采用怎样的手段来测量或评定学生的学习效果、通过哪些途径收集学生的反馈信息、如何根据学生反馈信息调整学生的学习活动等。

2.以三维目标为指引，阐述教学双边活动的设计

在教师活动的设计方面，包括设计怎样的情景导入新课、如何组织和呈现教学内容、设计和指导开展哪些实验活动、选择哪些教学辅助设备、如何进行讲解、设计怎样的问题或练习供学生使用、如何进行归纳小结以及怎样板书等；在学生活动方面，围绕教师引导、指导，开展哪些有效的学习活动（如阅读什么材料、观察什么实验、完成什么练习、如何进行实验、怎样开展讨论、如何进行自我学习反馈、如何实现知识迁移等）。

3.教学设计的阐述

由于教学是围绕着教学重点来开展的，而教学的关键又在于突破难点。因此在阐述教学流程时，必须多关注如何突出重点和如何突破难点上。此外，学习者学习热情和兴趣制约着学习活动的开展和学习效果的高低。

说教学流程要求层次清楚，过渡自然，环环紧扣，结构严谨。

（1）说清如何进行教学内容编排、导入新课方法、教学组织形式、教学主要环节及媒体运用等实践性环节的设计。

（2）说清如何处理教师主导与学生主体的互动作用，如何处理教师的讲解与学生的练习比例问题。

（3）说清如何引导学生将所学知识应用于实践、转化为能力，如何精心设计好课内外练习作业与课堂效果反馈方法等课堂教学的各环节程序。

（七）说场地器材

说课时，其场地和器材是在理想的状态下进行的。因此，教师可以在理想状态下设计构思课程，但也不能超越目前我国学校现实情况。

（八）说教学效果的评价

包括预计教学中教师、学生的教学活动效果，教学目标的完成情况、练习密度、心率指数以及最高心率出现的时间等。

（九）说教学反思

说课活动中，如何进行反思呢？这是一个值得深入探究的问题。一般说来，教学反思就是教师以研究者的心态或视角，审视自己教学实践的过程。它包括两个方面：教师对教学中的缺点和错误进行反省与批判；对教学中的优点和长处进行肯定。所以说课时说教学反思，无非是剖析自己在教材分析、学生分析特别是教学设计等方面有哪些可取之处以及存在的不足之处。

具体包括：

（1）教学预设中的成功之处。例如，对教材分析和学生分析有哪些独到之处；根据学生学习情况，准备了哪些调控措施；怎样有效地激发学生学习兴趣；如何落实对学生学习结果的反馈与监控；在课程资源开发中有哪些过人之处等。

（2）教学预设中尚存在的不足或难以把握之处。具体包括：①对教学目标的定位特别是隐性目标（如过程与方法、情感态度与价值观等）存在哪些困惑；②学情分析还有哪些难以把握的地方；③教学设计的活动中哪些可能无法达到预期的效果等。

第三节　说课的方法

一、说课准备

（一）课前准备

（1）学：钻研课程标准和教材，明确《课程标准》的基本要求，熟悉教材内容，确定重点难点，学习教学理论，做好理论准备。

（2）析：学情。

（3）写：说课稿。

（4）演：试讲，物品准备包括挂图、小黑板、卡片、幻灯、录音录像等。

（5）调：心理准备。

（二）说课的表达形式

（1）报告式。

（2）解说式。

（3）问题式。

（三）说课提纲

见说课过程和内容。

二、撰写说课稿

（一）说课稿的基本模块

（1）课程标准与教材（教学内容）分析。

（2）教学目标。

（3）教学方法。

（4）教学过程设计。

（5）板书设计与说明。

（6）课程资源。

（7）教学效果预计。

（二）体育课说课稿撰写的几个方面

1.教材

例如：教材分析说课稿案例（高三年级，教学内容：篮球急停跳投、耐力跑）。

篮球急停跳投和耐力跑内容分别选自高三体育教材体育实践部分中的第

七部分和第一部分。这两项内容针对上下肢均衡练习，而且均要求全身各个部分的协调性，安排在一起进行教学，符合高三学生的身心特点，也符合全面发展的教学原则。

篮球急停跳投是本次课的新授教材，它是运动中最常见的一种投篮方法。急停跳投是后面篮球教学内容的一个技术综合。其目的是在以往教学基础上，发展学生的创造性、主动性，培养学生连接各种技术动作和实际对抗能力；重点是急停脚步动作与接球和运球手的协调配合；难点是上、下肢的协调配合。

耐力跑共4个课次，本课为第3课次，是复习教材，重点是耐力跑的呼吸节奏。通过不同形式的跑，掌握正确的呼吸方法，发展学生的有氧耐力，为第4次课次的越野跑做好准备。

2.教学目标

例如：高二年级水平五，教学内容：篮球二攻一战术配合；快传快跑游戏。

《体育健康课程标准》在实施建议中指出：高中阶段可多采用单一教学单元进行教学，即一个单元一个教学内容，这样有利于集中时间，使学生较全面地掌握运动技能。每个单元的教学时数也不宜太少，小单元多内容的学习方法一般不利于运动技能的掌握和身体的发展，也不利于学生学习兴趣的提高。《体育与健康课程标准（水平五）》，要求学生能够较为熟练地掌握一两项球类的技、战术；要求学生建立和谐的人际关系，具有良好的合作精神。所以，本课的一切活动都要借"篮球"这个媒介来进行。结合学生的体育知识、运动技能、思想情感、运动负荷来确定教学目标。

（1）认知目标：理解篮球二攻一战术配合的技术结构；让绝大部分同学了解教学内容的基本步骤。

（2）技能目标：学会篮球的二攻一战术配合，提高发展速度灵敏素质。

（3）情感目标：初步具有开拓创新、勇敢果断、互帮互助、团结合作的优良品质。

（4）社会适应：建立和谐的人际关系，具有良好的合作精神。

3.学生

案例：

本课次教学对象为高二年级40名男生。高中学生身心发展成熟，已经具备了独立思考、判断、概括等能力，在身心锻炼中也具备了基本运动能力。篮球是他们喜爱的一项运动，高二学生有一定基础，但是对单一技术的学习并不满足，面对学习对抗性练习特别感兴趣。教学中要让学生将动体与动脑很好地结合起来，给学生提供运用所学知识以及创造性应用所学动作的机会，从而增强教学效果。

案例：

教学对象：小学二年级第一学期学生。学生基本情况：学生思维积极，活泼好动，活动能力强，有较好的集体荣誉感。女生特点：勤动脑，友善；男生特点：好动，有竞争意识；男女生人数均衡。但因学生年龄小，自控能力较差，所以在体育活动中自我意识强，友好合作精神不够。

4.教学方法

案例：

教法：根据高一年级学生的生理心理特点，在教学方法上，注重激发学生兴趣、主动探究和交流合作，采用讲解示范、正误对比、评价、反馈和比赛法、集体与个人练习相结合等方法，突出重点，突破难点，通过进行一定量的教学，促进学生上下肢密切配合，提高动作质量，形成其独特风格，做到动作规范、手眼相随、舒展大方、刚劲有力，充分体现武术的"精、气、神"。另外，老师站位要合理，以观察动作、指挥练习、照顾全局。

学法：运用一切有力手段，营造良好的学习氛围，激发学生主动学习，学会合作和评价，让学生体验学习武术的乐趣，采用模仿、分解、慢速、口诀、重复、反馈等方法，提高学习质量。如在学习一个较难动作时，让学生反复练习，经常对比，利用主观评价和客观评价，让学生获得精确的感觉，形成正确动作定型；引导学生组合和自编武术动作，培养合作学习和创新精神。

5.教学过程设计

案例：

教学对象：高中二年级，课程内容：A：兔子舞；B：篮球二攻一战术配合；C：游戏：快传快跑。

（1）课堂常规、队列队形练习（3分钟）：精神饱满地对着学生说"同学们好！"集中学生的注意力，培养学生懂礼貌、守纪律，体现了师生之间融洽的人际关系。

（2）兔子舞（5分钟）：使学生在心理、生理上进入活跃状态，在活动身体基础上，提高了学生的反应能力，为学生创造一个宽松的、身心愉快的教学环境，以提高学生学习兴趣。

（3）篮球二攻一战术配合（21分钟）：该练习采用的组织形式是"自由组合，分组不轮换"的教学法，动作从易到难，要求从低到高，一步一步地引导学生完成。具体步骤如下：

①三角移动运球；②三角移动传接球；③消极防守的二攻一；④结合实战练习。学生练习时，老师巡回指导，结合示范，表扬鼓励，纠正错误。二攻一战术配合练习结束后，收好篮球。

（4）传球快跑接力赛（10分钟）：通过游戏"快传快跑"，教会学生认真思考，与人团结合作，为达到本次课的目标奠定基础。采用"环环递进教学法"，即老师讲清问题—学生练习—老师讲评小结。为提高竞争性，可艺术化地采取处罚方式——唱歌，让学生体会到运动的乐趣。

（5）放松操（4分钟）：教师提议，学生自我编造动作进行放松，使学生在心理、生理上得到充分放松，轻松、愉快地结束本课。

（6）总结、布置作业、收回器材、下课（2分钟）：设计反馈练习方法组合和弥补、调整的练习。在"归纳小结"这一环节，根据课堂表现采取提问的形式，在师生共同活动中把握教学目标完成情况。结束时表扬同学，进一步体现师生间融洽友好的人际关系。

6.教学效果分析

案例：高二年级水平五，教学内容：篮球二攻一战术配合；快传快跑游戏。

（1）篮球运动开展广泛，学生素质较高，应该选择适当教学方法，在教师的积极指导下，同学们能够认真听取老师的建议，积极思考，主动配合，预计顺利完成本课的教学任务，达到预期的教学目标。

（2）由于师生间不熟悉，加以领导、评委、外校老师听课，学生容易紧张，因而老师少用口令带队，学生站好队就可以讲解、示范，不强调队伍的整齐性，有意营造课堂轻松、愉快的氛围。

（3）在学习篮球二攻一战术配合时，女生可以竹筐代替篮筐。

（4）部分同学进攻时拉不开，传球落点不准，可采用慢动作进行开源节流、讲解，然后分组练习，老师应该及时提示、指导。

（5）如果学生素质好，能够完成教学任务，就结合实战练习进行半场教学比赛，进一步强化动作概念，掌握动作技术，发展运动能力，提高学生的学习兴趣；提示学生进行空切牵制练习、传切练配合练习、突分配合练习。

（6）生理负荷的预计：预计本课学生的平均心率达到135～145次/分，练习密度达到45%～55%。

（7）场地器材设施：了解器材的配备，对器材与设施的安全性考虑，考虑学生的使用效果，进而达到教学目标。

三、语言艺术

（一）运用音调悦耳的说课语言艺术，提高说课效率。

说课的显著特点在于说理。所以说课内容与说理的有机融合需要体现在整个说课中，同时还要保证"三层""四说"的完整、层次清楚、重点突出，以及把握好说课的时间等。如何使听者听得明了，便于评说，说课语言艺术的应用便显得尤为重要，这是达到这一目的的前提。说课语言要有幽默感、节奏感，语调要动人、抑扬顿挫，切忌用平调来照着念说课稿，语言速度和轻重要适当，要使听者从语言的快慢、轻重中体会出说课的层次和内容的变化，给听者清晰、顺畅、明快的感觉，要调动听者的积极性。因为听者始终处于被动接受信息的状态，难免会"走神"。"走神"是听者在说课中常出现的、而又难以解决的问题，说者只要在说课中把握住说课语言艺术的灵活应用，这一难题就会迎刃而解。

（二）力争脱稿说课，突出"说"字，增强感染力

目前不论是教学研究的说课，还是求职应聘的说课，以及教师资格考证的说课，都普遍存在着照稿宣读的现象，说课不同于一般的读发言稿，它要求说者在说课中比较系统地展示自己备课的思维过程，对现代教育理论、教学方法掌握情况，运用现代化教学手段的能力，以及教师所具备的教学基本功等，如果低头念说课稿，就谈不上说者与听者语言和目光之中的感情交流，其说课语言必然单调、枯燥、乏味，不能产生良好的效果。因而要求说者脱稿说课，这是说好课的关键所在。说者应该将说稿的书面文字内容进行"消化加工"，用自己富有情感色彩鲜明的语言"导出来"，再配以各种说课手段创造出情趣盎然的说课情景，做到"以情动人"，借助于目光配合语言与听者进行感情交流，这样将会大大增强说课的感染力。

（三）综合运用多种说课语言，充分体现说课语言的艺术性

由于说课重在"说"，因此对说课者的语言提出了更高、更新的要求，说课的语言艺术可以说是说课艺术的核心，因而说课者的语言艺术要达到一定高度，怎样达到这样的高度，除了以上所要求的语调悦耳、简洁明了、要富有感染力以外，还要求说课者会应用多种语言，特别是课堂语言，要将其灵活地应用到说课中去。之所以要运用课堂语言，这是由于说课还要说怎样教，通过课堂语言的表述，使听者明白你的教学设想和教学环节，说者可以用生动的课堂语言使听者提前进入课堂，从而预测出你的授课效果。

第四节　体育课说课艺术

一、说课艺术的核心

（一）说课要突出"新"

创新是艺术的生命，只有创新才能突出说课的艺术。"新"是说课成功的关键，包括以下6点。

（1）方法新，不能照搬照抄。

（2）结构新，要有层次，高潮直叙。

（3）练习新，要激发学生的兴趣，启发学生思考。

（4）手段新，运用多媒体突出重点，图文并茂。

（5）设计新，从导入新课、展开新课、巩固新课、结束新课等几个环节入手，要环环紧扣具有新意。

（6）开结新，从开课到结尾要吸引听者，引起共鸣。

（二）说课要体现"美"

美是艺术的核心。说课要跟讲课一样处处体现美，给人以美的享受，应做到以下4点：

（1）内容美。教师要善于从教材中感受美、提炼美、提示美。

（2）语言美，教师语言美是决定说课成功的关键。

（3）情感美，情感是教学艺术魅力形成的关键因素，没有强力的情感，不可能把课说得成功（表情亲和融合，讲授激情投入）。

（4）教态美，教态是沟通师生情感的桥梁，教态美可以唤起学生对学科的学习兴趣（仪态端庄自然，着装整洁大方）。

（三）说课要找准"说点"

"说点"包括教学方法采用、教学重难点的突出、教学环节的把握以及教学语言、语气、表情、称呼等。

因此，说者应置身于听者思维与学生思维的交汇处，站在备课与讲课之间，变换"说"位、编写"说"案、研究"说"法、找准"说"点。

（四）说课要把课"说"活

说课的重点应放在实施教学过程、完成教学任务、反馈教学信息、提高教学效率上，即说课重理性和思维、轻感性和实践。因此，在极有限的时间内完成说课，必须详略得当、繁简适宜、准确把握"说"度。说得太详太繁，时间不允许，听众觉得没必要；说得过略过简，说不出基本内容，听众无法接受。

那么，如何把握"说"度呢？主要的一点就是因材制宜，具体问题具体分析，灵活选取"说"法，把课"说"活。说出该课的特点和特色。把课说得有条有理、有理有法、有法有效，说得生动有趣、绘声绘色，使听众听得清清楚楚、明明白白，有"词已尽意无穷"的感觉。这就要求说课教师认真钻研说"材"说"案"，灵活选用"说"法，准确实施"说"程，这样才能把课"说"活。

二、说体育教科书的艺术

（1）本节课在教材中的地位。
（2）本节课与生活和社会的联系。
（3）课程标准的要求。

三、说体育教法的艺术

（一）引入新课设计

新课引入应能激发学生对新知识的学习兴趣和求知欲望，充分调动学生内在的学习动机使学生处于状态，从而全身心地投入到学习活动中。

引入形式应多种多样，可采用促人深思的发问、背景丰富的实例、引"学"入胜的故事、简单明了的实验等多种途径进行引入新课，为充分调动学生的参与学习活动的积极性创设最佳的情境。

（二）教学内容设计

对于新知识技能的建立必须与学生的知识技能结构及学生的认识统一。练习项目的选择要有针对性、层次性、多样性、趣味性、整体性、适度性。

（三）教学方法设计

教学设计要体现教材文本特点、体现教学过程、遵循教学规律，要符合教学原理。教法设计要研究学生的求知起点、技能状态、思维方式，考虑其可接受性。

（四）教学情境设计

好的教学情境设计能激发学生的情感，产生共鸣。通过启发提问、练习、动作示范创设情境。

（五）课堂提问设计

精心设计课堂提问，能够激发学生的兴趣和动机，沟通师生间的感情，引导和控制学生的心理意向，是实施启发式教学的重要一环。课堂提问要注意确切性、系统性、层次性、启发性、针对性。

（六）课堂板书设计

识记的信息有80%来源于视觉，所以板书的好坏会直接影响教学。

（1）体现知识脉络——知识的形成、发生、发展的过程到相关知识的纵横联系。

（2）体现活动脉络——可以看到问题、寻找对策，强化参与。

（3）体现美的感染——板书的布局、层次、色彩、大小等因素的设计，体现严谨、简洁美、对称美。

（七）教学高潮设计

教学高潮是指教学过程中在教师的启发引导下，学生的认知和情感达到顶点，它是教与学得到最佳配合状态的时刻，其方法是通过课堂表演或巧设悬念来引发教学高潮。

四、说教学程序的艺术

（一）讲授型教学程序设计

讲授型程序：①铺垫引入，展示目标；②启发诱导，探求新知；③变式练习，反馈校正；④形成测试，评价回授；⑤归纳小结，深化目标。

本程序的特点：教师启发诱导，学生研究探索。

（二）自学型教学程序设计

自学型程序：①诊断学习，铺垫引入；②出示提纲，引导自学；③提问精讲，设疑解惑；④形成训练，证明评价；⑤归纳小结，发展深化。

本程序的特点：引导学生主动性学习，培养自学能力。

（三）研究型教学程序设计

研究型程序：①创设问题，明确目标；②独立思考，互相研究；③提问精讲，设疑解惑；④变式练习，反馈校正；⑤归纳小结，发展深化。

本程序的特点：强化了学生之间的互相研究、探索和争论，激发了学生的学习积极性。

（四）发现型教学程序设计

发现型程序：①创设问题，引导探究；②产生猜想，指导论证；③运用结论，多方练习；④归纳小结，发展深化。

本程序的特点：让学生去观察、探索、发现问题和解决问题。教师的作用是诱导、点拨和创设问题的情境。

五、突出教学重点和突破教学难点的艺术

（一）突出教学重点的艺术

（1）抓住题眼（题目的含义）分析。

（2）抓住教材的关键字词分析、研究。

（3）抓住教材中概括性、总结性的中心句，重点段分析。

（4）依据教材内容结构，层层深入。

（5）运用图表、模型、多媒体等突出重点。

（6）通过设疑激发学生急于求解的欲望，突出教材重点。

（二）突破教学难点的艺术

（1）集中一点法：通过许多问题的讲解集中解决一个主要难点问题。

（2）化整为零法：把一个比较难懂难解的问题分成几个小问题，指导学生迎刃而解。

（3）架桥铺路法：设计一些铺垫，通过架"桥"铺"路"，帮助学生突破难点。

（4）提问助答法：把教学难点化解为问题形式，通过提问助答等方式来帮助学生解决难点。

（5）迁移过渡法：用已经学过的旧知识，通过知识迁移，帮助解决难点。

（6）暗示点拨法：教学中学生思维受阻或产生偏差时，应抓住症结所在，巧妙点拨，使学生豁然开朗。

（7）动手操作法：通过有目的的练习项目，让学生动手练习，可有效突破难点。

（8）多媒体演示法：利用多媒体把不易理解的难点展示出来，更有利于教学难点的突破。

六、说体育练习的艺术

（1）体育课的关键内容：说出体育活动练习成功的关键点和注意事项。

（2）体育课练习的趣味性：说出体育活动练习对激发学生学习兴趣和求知欲的内容。

（3）练习形式的创新设计：说出体育练习形式的改进、创新内容的设计。

第五节　说课的评价

对说课质量的评价，应以课程标准、教材为依据，给予客观而具体的评价。

一、对"教材"的评价

（1）评其对教材的分析是否正确、透彻。

（2）评其教学目标的分析是否正确、具体，是否符合课程标准要求，教学要求是否符合学生实际。

（3）评教材中的重点、难点，关键是否准确，确定重点、难点的理论依据是否科学。

二、对"教法"的评价

（1）评其"教法"的选择是否恰当，灵活多样，是否有启发性。

（2）评其"教法"是否能引导学生积极、主动地学和练。

（3）评其在"教法"中所采用的场地、教具、学具是否合理、科学。

（4）评其"教法"是否符合教学目标、教材特点和学生的年龄、生理、心理特点。

三、对"学法"的评价

（1）评其是否能教给学生合适的学习方法和恰当地运用这些方法进行学习和锻炼。

（2）评其所传授给学生的学习、锻炼方法是否具有科学性，是否有理论依据。

四、对"说课"基本功的评价

体育课"说课"和讲课一样，对说课者的讲述、示范表演以及教态等都有较高的要求。

（1）评其语言是否完整、准确、流畅、简练，是否能用较为准确的普通话。

（2）评其动作示范是否规范、熟练。

（3）教态是否自然大方，能否运用表情、手势、音调、语速、节奏等表达艺术给人以感染力。

五、对"教学程序"的评价

（1）评其教材内容和所渗透的思想教育是否正确。

（2）评其重点、难点是否突出，是否抓住关键，突出了难点。

（3）评其设计的教法是否灵活多样，是否体现出启发诱导。

（4）评其"程序"中是否体现出学法指导和对学生兴趣的培养。

（5）评其课的各部分的衔接是否紧凑，过渡是否科学，时间安排是否合理等。

第六节　说课稿常见形式

各位评委：下午好！

今天我说课的内容是_____（新授）和_____（复习），辅助内容：俯卧撑——立定跳远——加速跑。

一、指导思想

依据新课标的要求，新的体育与健康课程在教育方式、教学内容、教学评价等方面都有了新的发展和侧重点，以促进学生身心全面发展为目标，以"健康第一"为指导思想。对于义务教育阶段初中学生来说，更要关注其运动的快乐感，培养他们良好的体育锻炼的习惯，并形成终身体育锻炼的意识。因此，在课堂教学中除了传授学生基本技能之外，还要讲明所学内容对增强体质的作用，让"健康第一"思想落到实处。同时也要注重培养学生组织能力、创新能力、吃苦耐劳的意志品质及团结互助的集体主义思想，为将来适应社会打下良好的基础。

二、教材分析

本课教学内容（　）。（　）是（　）中最基本的动作，主要锻炼（　）、发展（　）素质和协调性，是（　）阶段体育教学重要组成部分，是更好地学习各种（　）的基础，所以我们必须高度重视学习和掌握这一技术，（　）基本方法并不复杂，但要做到熟练完整完成技术动作，就比较困难。因此，（　）重点是（　），难点是（　）和身体的协调用力。

第二个内容是（　），属于（　）教材，（　）技术是运动中运用较为广泛的一种技术，对发展学生（　）的素质、培养学生在比赛和实际应用的能力具有重要作用。重点是（　），难点是（　）。把这两项内容安排在同一课次，一是根据身体全面发展的原则，均衡发展上下肢练习，既有发展力量的练习，又有发展灵敏、速度的练习，使学生的身体素质和基本活动能力得到全面、协调的锻炼和发展。二是依据合理安排生理负荷和心理负荷的原则，结合人体机能适应性规律。

三、学情分析

本课教学对象是农村中学初二学生，班级男女比例相当，40人左右。学生各方面运动素质一般，存在着个别差异，男生基础较好，但不喜欢表现自己，所以在练习中需要多鼓励，评价标准要根据实际情况而定。班风很好，同学间团结互助，有较强的凝聚力。

四、教学目标

根据上面的教材分析和学生实际情况制定教学目标如下：

（1）认知目标：学生理解（　）的基本技术原理和（　）的技术特点，明确学习的目的性。

（2）技能目标：初步学会（　）合理的技术动作，80%学生能独立完成动作。发展学生速度、灵敏、柔韧、协调等素质，培养自主锻炼习惯与他人合作能力。

（3）情感目标：通过（　）和（　）的教学和练习，培养学生良好的纪律性、和谐的师生关系，以及团结协作精神和克服困难的意志品质。

五、教学方法运用（或教学策略）

（一）教法设想

根据人体动作技能形成的规律，结合学生的实际情况，遵循直观性、自觉性、积极性和循序渐进原则，主要采用如下教学法。

（1）启发式教学法：通过语言、动作激发学生的学习兴趣，启发学生积极思考，创新能力。

（2）讲解示范法：通过精练适度的语言讲解，使学生获得正确的动作概念；优美的示范有利于学生模仿正确技术。

（3）纠正错误法：由于学生间的个体差异，完成练习的情况各有不同，通过纠正获得正确动作，提高学习的信心。

（4）循序渐进法：在教学过程中，做到由浅入深，由易到难，使学生更容易掌握动作。

（5）评价法：通过评价发现问题，解决问题，进一步激发学生的学习兴趣。

（二）学法指导

古人说：给一个人一条鱼，只能勉强满足他的一顿饭的需求，但是教给他一套捕鱼的方法，那就永远能满足他一辈子的需求了。在本课的学法中，让学生采用"听、看、想、练、问、比"的学习方法，发挥学生的主体地位，活跃课堂气氛，通过学生自主尝试、互相对比、师生讨论、观察等方式培养学生的思考能力、观察能力和实践能力。面向全体学生，使不同层次的学生从运动中得到锻炼，获得快乐。

六、教学过程（或教学流程）

根据认识事物的规律和人体生理机能变化的规律将本课分为四部分：开始部分、准备部分、基本部分和结束部分。

（一）开始部分

两个内容（安排4分钟）：一是常规内容（1分钟）；二是队列练习（3分钟）。队列的内容是蹲下及起立。方法：学生以集合队形听老师口令进行练习，目的是集中学生注意力，振奋学生的精神。后面安排的反应练习"弹钢琴"，方法：以四列横队分别代表哆、啦、咪、发，叫到的蹲下，没叫到的站立，既是对队列练习效果的检验，又能提高学生练习兴趣，为以下的教学作好准备。要求学生精神饱满，步调一致，反应迅速。

（二）准备部分

时间安排7分钟，包括游戏"身体触地"和配乐韵律操。"身体触地"方法是在直径15米的圆周上，学生进行慢跑，老师喊点数，学生根据点数以身体任何部位组点着地。把平时枯燥的跑步活动寓于游戏活动之中，激发学生的创造性思维。接着配乐韵律操，方法是也在直径15米的圆周上完成，通过教师讲解示范，学生随着音乐的节奏跟着做的，把徒手操配上音乐，乐与律的结合，造成艺术的氛围，给学生以美的感受。这样安排一是旨在引起学生学习兴趣，激发学习动机；二是使学生的生理机能活动能力从相对较低水平逐渐调动起来，为人体进入活动状态作好生理和心理上的准备，并预防和减少运动损伤的发生。

（三）基本部分

两个内容30分钟。

（1）第一个内容是（　），时间安排16分钟。为了解决这一内容的重、难点，使学生更好地掌握（　）技术，设计了以下的教学步骤：

第一，向学生介绍（　）这项运动技术结构、技术要求和对发展人体各项素质的作用，在（　）运动中的地位和重要性，目的是激发学生的学习热情。

第二，教师进行完整示范，让学生头脑中初步形成整体动作表象并了解各个技术动作环节过程。按照循序渐进原则，从简单到复杂方法来逐步掌握动作技术，安排如下练习：练习1（　），目的是（　），方法：把学生分成（　）组，在组长的带领下体会（　）动作。老师巡视指导。练习2（　），目的是（　），方法:（　），老师巡视指导。练习3（　），目的是（　），方法:（　），老师巡视指导，全面兼顾不同水平的学生。

第三，叫3位不同水平的学生展示，老师有针对性地进行讲评和分析。目的是让学生对比自己，引起注意，改正错误。

第四，学生根据自己练习情况及结合教师评价，组内边练习边评价，总结各自的优缺点，并采取针对性练习方法。

第五，比赛方法。采用比赛形式更能激发学生练习的兴趣，提高练习的效果，进一步巩固动作技术，同时也能培养学生的集体荣誉感和良好的组织纪律观念，便于教师集中观察，教学指导。

（2）第二个内容是（　）：时间安排14分钟。该内容所要解决的重点问题是合理的（　）。难点是（　），克服（　）。初中学生往往不明确身体协调性对完成动作的作用，从而导致各种错误动作。以下的教学手段，就是围绕这样的一个重点、难点展开，根据从易到难、从简单到复杂的循序渐进原则，一步一步进行的。

第一，讲解动作要求和注意点。目的是（　）。

第二，（　）的练习。方法：（　），依据学生运动技能形成规律，由易到难进行练习，先在原地体会正确的动作要领，再通过讲解，掌握（　）的方法，突破教学难点。

第三，（　）练习。方法：（　），依据循序渐进的教学原则，安排了从原地练习过渡到活动练习，是为了让学生逐步正确的动作技术。

第四，（　）比赛。方法：（　），由于学生注意力不集中，为了吸引学生注意力，运用竞赛游戏，来检查学生（　）技术的掌握情况，并以此锻炼学生的身体素质，提高快速奔跑能力。通过教师引导，充分发挥学生的主体作用。教师再根据练习情况进行点评。同时寓思想教育于竞赛中，有意识地培养学生遵守纪律，关心他人，自觉锻炼习惯。

（四）最后结束部分

通过《幸福拍手歌》音乐进行舞蹈放松，时间安排4分钟。组织：学生站在直径为15米的圆。第一遍原地踏步加击掌，第二遍原地跑跳步加拍肩，第三遍行进间跑跳步加跺脚，第四遍原地跑跳步加甩臂。要求学习在放松时做到轻松、快乐，听讲时认真。多样化的练习安排，既提高了学习的趣味性，同时起到放松上、下肢作用，使学生的生理、心理都得到放松，在进行美的教育的同时，又一次体验上体育课的乐趣。之后，作课堂小结，指出优点和不足之处，达到鼓励学生和继续提高的目的。然后布置器材收回，培养学生劳动观念和爱护集体财产的习惯。最后师生道别，再次拉近师生距离，养成文明礼貌习惯。

七、预计课的效果

学生能在教师指导下认真参与各个练习，课堂气氛活跃，师生感情融洽，舞蹈完成率在85%左右，学生能基本掌握正确动作要领。预计课的练习密度为35%左右，最高心率为150~160次/分，平均心率达到120~130次/分。

八、场地器材

场地：（　）；器材：（　）。

第二章　体育课说课稿案例

第一节　大球类项目

一、篮球

案例1：双手胸前传接球

（一）说指导思想

根据"健康第一"的指导思想，关注学生动作技能个体差异及不同层次的练习需求，以学生能力发展为根本，促进学生全面发展，以篮球传球技能教学为主线，突出"技能教学游戏化"特色，发挥学生的主体作用和主观能动性，培养学生团结合作精神。

（二）说教材分析

双手胸前传接球是篮球运动中最主要的基本技术，是全队进攻的重要手段，起着组织全队相互配合的重要桥梁作用，是更好地学习各种技术和战术的基础，双手胸前传接球是水平二中《体育与健康》篮球单元教学的主要教材内容之一，根据本单元的教学安排，将双手胸前传接球设置为三次课；本课设置为第一课次。本次课教学重点：传球手型和接球迎球和后移缓冲；难点：手和脚的动作协调配合。

（三）说学情分析（以水平二为例）

学生对篮球已经有了一定的掌握和认知，为了能更好地提高篮球水平，根据该年龄段学生学习兴趣广泛、好奇心强、具有很强的创新和模仿意识、喜欢在别人面前展示自己的特点，本单元以学习传球的为主，本课主要学习双手胸前传接球的技术。以赛促练，提升学生的兴趣度，提高传球能力和合作意识。

（四）说教学目标

（1）认知目标：建立原地双手胸前传球的动作概念，能基本掌握双手胸前传接球的八字持球和两肘下沉动作，在此基础上部分同学传球时能连贯协调做到蹬地、伸臂、翻腕。

（2）技能目标：通过游戏与练习，90%的学生能体会到徒手传球时伸臂、翻腕，接球时迎球缓冲的动作。发展学生快速反应、协调、灵敏等身体素质。

（3）情感目标：培养学生勇敢、机智、果断、胜不骄、败不馁的优良品质和团结一致、密切配合的集体主义精神。

（五）说教法学法

1.教法
（1）启发教学法：通过启发教学法让学生更好地了解篮球传球的基本知识，激发学生的学习兴趣。

（2）完整法：让学生完整练习双手胸前传接球技术，体会发力顺序。

（3）游戏法：通过游戏活跃课堂气氛，巩固技术，培养学生的协作能力和集体主义精神。

2.学法
（1）尝试法：发展学生创造能力，充分体现学生的主体性。

（2）展示法：通过展示有利于学生进行创造性的学习。

（3）游戏法：提高学生的兴趣，活跃课堂气氛，巩固技术。

（4）评价法：通过评价发展问题，解决问题，进一步启发学生的学习兴趣。

（六）说教学流程

1.开始部分（7分钟）
（1）课堂常规：整队集合、清点人数、师生问好、宣布本课内容、安排见习生。

（2）准备活动。

活动名称：头顶与胯下传球接力。

活动方法：成四路纵队，前后一臂距离，通过头顶与胯下交替传球的方式进行接力练习。

活动规则：在游戏中，必须手递手进行接力交球。

2.基本部分（28分钟）
（1）练习一：原地模仿双手胸前传接球练习。

教学组织：四列横队，成体操队形散开。

练习要求：模仿练习时，后脚蹬地发力，身体重心前移，两臂前伸，两手腕随之旋内，拇指用力下压，食、中指用力拨球并将球传出，练习5～6次。

（2）练习二：短距离互相传接球练习。

教学组织：两人一组，面对面相距3米，进行原地双手胸前传接球。

练习要求：注意传球伸臂和接球时缓冲，练习20～30次。

（3）练习三：迎面传球接力。

教学组织：练习者排成纵队，分为4组，①持球距纵队5～7米，②上步接①传来的球并回传给①，然后跑回队尾，接着③④⑤依次反复练习。如图2-1所示。

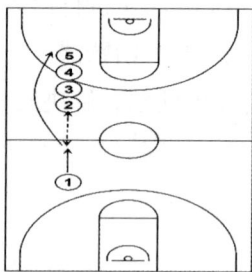

图2-1

练习要求：学会利用前臂的伸摆和手腕、手指的力量，练习20～30次。

（4）练习四：横向移动换位传接球。

教学组织：④、⑤各持一球，开始④⑤同时分别传直线球给⑥⑦，然后两人立即横向移动换位接⑥⑦回传球。⑥与⑦传球后同样横向移动换位接球，依次反复练习。此练习也可固定一组只传球，另一组移动接传球。如图2-2所示。

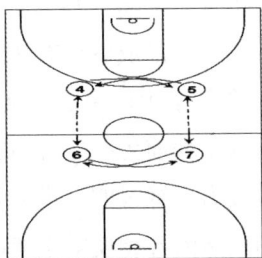

图2-2

练习要求：练习者跑动接球、急停、上步传球、跑动，以加大练习难度，练习20~25次。

3.结束部分（5分钟）

（1）集合整队。

（2）教师评价总结。

（3）拉伸放松。

（4）收拾器材。

（5）下课。

（七）说场地器材

篮球场一个，篮球若干。

（八）说预计效果

根据本课设计，能顺利完成教学任务，并能达成预设的教学目标，预计本节课的练习密度为60%左右，最高心率为150~160次/分，平均心率达到120~130次/分。

附录一：编写依据

指导思想中用以"健康第一"为主要关键词，努力构建体育与健康三大目标。努力培养学生勇敢、机智、果断、胜不骄、败不馁的优良品质和团结一致、密切配合的集体主义精神。形成三者有机统一的课程目标，在强调体育学科项目特点的同时，融合与学生健康成长相关的知识。由于是新授课，安排本课练习一：原地模仿双手胸前传接球练习；练习二：短距离互相传接球练习；练习三：迎面传球接力；练习四：横向移动换位传接球。适宜的运动强度以及适合学生练习的教学内容，使学生能够初步掌握双手胸前传接球运动技能，发展体能，逐步形成健康和安全的意识以及良好的生活方式，促进学生身心协调、全面的发展。

附录二：双手胸前传接球教学步骤

（1）练习一：两人原地双手胸前"拉锯式"传接球练习。

教学组织：全队分若干组，每组两人共用一个球，等距离站在球场上。练习时，两人间距一臂面对面站立，共持一个球，队员按双手胸前传球的方法和要领做传球动作，另一名队员按双手胸前接球的方法和要领做接球动作。做完传球做接球，传、接球交替进行，但始终球不离手，如同"拉锯"；每人进行30~50次后放松再继续练习。

练习要求：两腿微屈成基本站立姿势。体会握球，传球、接球时的手法和指法，体会两臂传、接球的用力方向。

（2）练习二：原地双手胸前向上传、接球。

教学组织：四列横排，每人一球。两人相距3～4米，要求用手指、手腕的力量传球。

练习要求：尽量用手指、手腕抖动的力量传球，球从双手指尖传出。

（3）练习三：两人原地双手胸前传接球。

教学组织：四列横排，前后间距5米，左右间距2米。每组每人间距5米共用一个球，全体队员分若干组等距离分散站在球场上。听到信号后，开始相互传球，60秒内看哪组传球次数多。

练习要求：传球到位，球走直线。

（4）练习四：双手胸前对墙传、接球练习。

教学组织：分为4组，对墙站立练习。队员人手一球，在距墙3米处画一条线，队员站在线外，向墙上做双手胸前传、接球练习，60秒为一组，计传球次数。

练习要求：传球时脚不能触线，注意正确的传球方法。

（5）练习五：迎面上步传接球。

教学组织：①持球距纵队5～7米，②上步接①传来的球并回传给①，然后跑回队尾。接着③④⑤依次反复练习。如图2-1所示。

练习要求：此练习还可要求练习者跑动接球、急停、上步传球、跑动，以加大练习难度，在相互观察中提高认识。

（6）练习六：横向移动换位传接球。

教学组织：④、⑤各持一球，开始④⑤同时分别传直线球给⑥⑦，然后两人立即横向移动换位接⑥⑦回传球。⑥与⑦传球后同样横向移动换位接球，依次反复练习。此练习也可固定一组只传球，另一组移动接传球。如图2-2所示。

练习要求：移动接球时，前几步可以横滑步，也可以起动跑，最后迈步伸手迎上接球。

（7）练习七：三角形移动传接球。

教学组织：站位成三组，①传球给②后迅速跑至②队尾；②立即将球传给③后迅速跑至③队尾；③接球后迅速传给①组的第②名队员。依次循环练习。如图2-3所示。

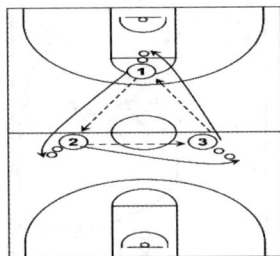

图2-3

练习要求：跑动积极，传球准确。

（8）练习八：四角弧线跑动传接球。

教学组织：站位成四组，⑤传球给6后，切入接⑥的回传球再传给⑦，然后跑到⑦组的队尾；当⑤传球给⑦时，紧跟着起动切入接⑦的传球并传给⑧，并跑到⑧的队尾，依次连续进行。如图2-4所示。

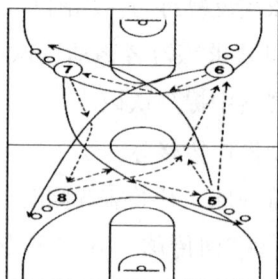

图2-4

练习要求：跑动积极。

（9）练习九：全场弧线侧手跑动传接球。

教学组织：⑤分别传球给⑥⑦⑧，并沿全场三个圆圈做侧身跑动传接球。做一定次数后可换另一侧进行。如图2-5所示。

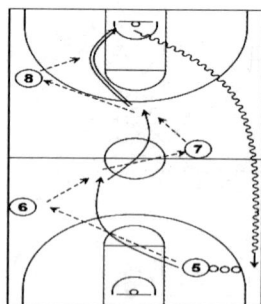

图2-5

练习要求：不要走步。

（10）练习十：三人传球两人防守练习。

（11）练习十一：全场三对三传、接球练习。

案例2：单手肩上投篮

（一）说指导思想

本课依据"以生为本、以标为纲、以学为主、以导为方"的"四为"课堂教育理念。通过"趣味学、多样练、模仿赛"的教学策略，充分激发学生的学练兴趣，从单一运动技能学习模式转向学会运动，学会锻炼方法，发展学生运动能力为重点，使学科核心素养的要求在教学中落地，培养学生刻苦锻炼的精神。

（二）说教材分析

单手肩上投篮具有出手点高、便于结合其他动作、不易被防守等特点，并能在不同位置和距离上应用，是全队进攻的重要手段，是更好学习各种技术和战术的基础，是水平四《体育与健康》篮球单元教学的主要教材内容之一，是行进间和跳起投篮的基础。根据本单元的教学安排，将单手肩上投篮设置为两次课，本课设置为第一课次。本次课教学重点：投篮时的基本手型、用力顺序及出手角度；难点：投篮时的提肘、拨球动作及上、下肢的协调配合。

（三）说学情分析（以水平四为例）

该阶段学生体育的运动技能虽有个体差异，学生总体身体素质都比较好，有体育特长学生领导，在投篮技术学习中，小学阶段已经接触过原地双手胸前投篮，水平四有比较强的思维能力、创造能力，善于学习，并且学生具备较强的创造能力和自学能力，具备学习单手肩上投篮的能力。

（四）说教学目标

（1）认知目标：学生通过学习，认识正确的单手肩上投篮的动作要领；

在教师指导下，明确单手肩上投篮技术的动作原理。

（2）技能目标：学生通过学习，在成功体验下，85%以上能较熟练地做出单手肩上投篮，15%以上能在罚球线，运用单手肩上投篮达到20%以上的命中率。锻炼上下肢协调能力。

（3）情感目标：在学习过程中认真听讲，积极参与练习，学会和同学相互协调、讨论、评价，在课堂中体验成功；培养学生相互协作，积极思考，认真学习的态度，刻苦锻炼的精神。

（五）说教法学法

1.教法

（1）启发教学法：通过启发教学法让学生更好地了解单手肩上投篮的基本知识，激发学生的学习兴趣。

（2）完整法：让学生从完整地建立单手肩上投篮的动作概念，使学生更容易掌握技术，明确投篮的发力顺序。

（3）游戏法：通过游戏活跃课堂气氛，巩固技术，培养学生的协作能力和集体主义精神。

2.学法

（1）尝试法：发展学生创造能力和思考能力，充分体现学生的主体性。

（2）展示法：通过展示单手肩上投篮技术，有利于学生进行有目的的学习。

（3）游戏法：提高学生的兴趣，活跃课堂气氛，巩固技术。

（4）评价法：通过评价发展问题、解决问题，进一步启发学生的学习兴趣。

（六）说教学流程

1.开始部分（7分钟）

（1）课堂常规：整队集合、清点人数、师生问好、检查服装、安排见习生。

（2）准备活动：球性练习。

①原地高、低运球练习。

②原地的左、右体前换手运球练习。

③原地的体侧前后推拉球练习。

④胯下绕八字练习。

2.基本部分（28分钟）

（1）练习一：原地徒手模仿单手肩上投篮动作练习。

教学组织：四列横排，成体操队形。

练习要求：徒手模仿用力顺序的发力。练习10～20次。

（2）练习二：面对面相互对投练习。

教学组织：两人一组，相距4米。蹬地、伸臂、拨指、压腕，相互用原地单手肩上投篮的动作互投。

练习要求：注意力集中，体会动作感觉。练习20～25次。

（3）练习三：不同角度原地单手肩上投篮练习。

教学组织：全队人手一球分为6组，每个半场三组，距篮约3米，练习时排头原地单手肩上投篮，自己抢篮板球后排到队尾。投若干次或若干分钟后，各组交换位置再投。根据队员掌握技术动作的情况，投篮距离可缩小或拉大，体会不同距离投篮时的手感和发力程度。如图2-6所示。

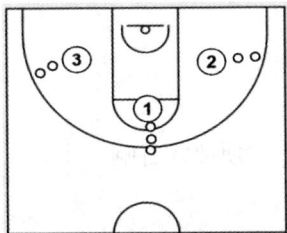

图2-6

练习要求：每次投篮按照正确的动作方法和要领。练习20～30次。

（4）练习四：弧线移动后接球投篮练习。

教学组织：①不持球，其他队员每人一球，①弧线跑动接应传球后投篮自抢回到对面队伍后，此时③弧线跑动接应投篮，依次循环如图2-7所示。

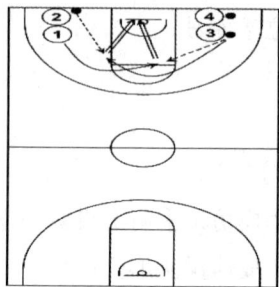

图2-7

练习要求：跑动接球，急停投篮。练习10～20次。

3.结束部分（5分钟）

（1）集合整队。

（2）教师评价总结。

（3）拉伸放松。

（4）收拾器材。

（5）下课。

（七）说场地器材

篮球场一个，篮球若干，便捷式音响一个。

（八）说预计效果

根据本课设计，能顺利完成教学任务，并能达成预设的教学目标，预计本节课的练习密度为40%～60%左右，最高心率为160～175次/分，平均心率达到120～130次/分。

附录一：编写依据

本文"以生为本、以标为纲、以学为主、以导为方"为关键词，在课程目标的确定、教学内容和教学方法的选择与运用方面，注重与学生和生活经验相联系，选择单手肩上投篮为水平四学生的主要教学内容，有助于提高学生对投篮技术的掌握，为今后的战术运动打下良好的基础。本案例在教学步骤中选择练习一：原地徒手模仿单手肩上投篮动作练习；练习二：面对面相互对投练习；练习三：不同角度原地单手肩上投篮练习；练习四：弧线移动后接球投篮练习来逐步引导学生体育与健康学习动机水平。通过有效的教学方法，培养学生刻苦锻炼的精神。

附录二：单手肩上投篮教学步骤

（1）练习一：原地徒手模仿单手肩上投篮动作练习。

教学组织：四列横排，成体操队形。

练习要求：徒手模仿用力顺序的发力。练习10～20次。

（2）练习二：面对面相互对投练习。

教学组织：两人一组，相距4米。蹬地、伸臂、拨指、压腕进行相互用原地单手肩上投篮的动作互投。

练习要求：注意力集中，体会动作感觉。练习10～15次。

（3）练习三：不同角度原地单手肩上投篮练习。

教学组织：全队人手一球分为6组，每个半场三组，距篮筐约3米，练习时排头原地单手肩上投篮，自己抢篮板球后排队尾。投若干次或若干分钟后，各组交换位置再投。根据队员掌握技术动作的情况，投篮距离可缩小或拉大，体会不同距离投篮时的手感和发力程度。

练习要求：每次投篮按照正确的动作方法和要领。练习10～15次。

（4）练习四：弧线移动后接球投篮练习。

教学组织：①不持球，其他队员每人一球，①弧线跑动接应传球后自投自抢回到对面队伍后，此时③弧线跑动接应投篮，依次循环。

练习要求：跑动接球，急停投篮。练习5～8次。

（5）练习五：自投自抢练习。

教学组织：分散练习，每组两人共用一个球，自投自抢，抢篮板球后传给同伴，自行选择投篮点。投篮距离为中、远。每组投篮5分钟，练习若干组。

练习要求：根据不同水平提出不同命中率要求。练习20~30次。

（6）练习六：移动接球急停投篮。

教学组织：选择不同的移动方法：直线移动接球后投篮，斜线移动接球后投篮，折线移动接球后投篮。如图2-8. 图2-9. 图2-10。

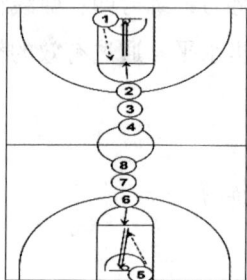 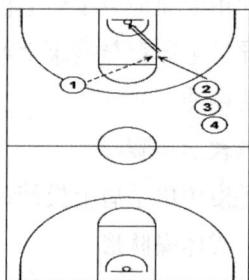 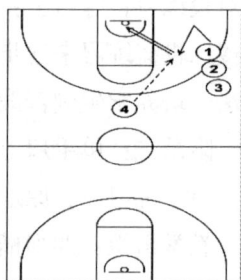

图2-8   图2-9   图2-10

练习要求：在巩固正确投篮的动作中，提高命中率。

（7）练习七：一对一自投自抢练习。

教学组织：每组两人共用一个球，散点练习。自投自抢篮板球后，传给同组的同伴，并立即迎上去封盖投篮。防守后移动到自己的站位准备接球投篮，距离为中、远。每组5分钟，计投篮命中次数。

练习要求：当防守队员防守到位时再投篮，投篮后自抢篮板球。

（8）练习八：三人传球二人防守的投篮练习。

教学组织：进攻组三名队员①②③在外线快速传球，防守队员1、2积极移动，一旦出现空当，进攻队员抓住机会立即投篮，进攻组投篮命中3~5个球后，其中两名队员与防守队员交换位置，依次连续练习。如图2-11所示。

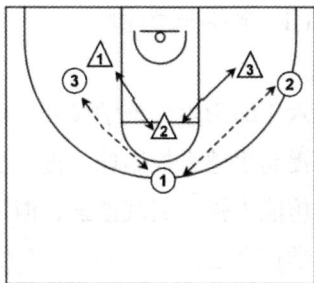

图2-11

练习要求：进攻队员只能传球，不准运球，防守队员积极封盖投篮。

案例3：行进间运球

（一）说指导思想

以"健康第一、终身体育"为指导思想，以学生发展为中心，帮助学生学会体育与健康学习，以培养学生创新精神和实践能力为主要目标，从学生的主体性出发，重视学生的主体地位。让学生享受学习，享受比赛，从而培养运动兴趣，增强学生终身体育的意识，培养学生学会合作的精神品质。

（二）说教材分析

行进间运球是小学球类课教学重要的内容之一，运球是全队进攻的基本保障，是完成其他各种技术和战术的基础。该技术可以提高儿童的观察、判断、快速反应的能力，促进身体全面发展。根据本单元教学安排，针对行进间运球共安排三课次，本课设置为第一课次，提高学生用手感来控制球和两手运球能力。本次课的教学重点：运球手型正确，眼看前方；难点：上、下肢动作协调配合。

（三）说学情分析（以水平三为例）

本次授课对象是小学六年级学生，该学段的学生有原地运球的基础，在此基础通过行进间运球，提高手感来控制球，进一步提高篮球技术水平。该年龄段学生活泼好动，模仿能力强，表现欲强，但是学生自控能力较弱，合理选择教学策略，让学生学得开心。

（四）说教学目标

（1）认知目标：通过自主探究、小组合作学习等途径，让学生学会行进间运球的动作方法，并能比较原地运球与行进间运球的异同点。

（2）技能目标：通过练习，80%学生能基本掌握运球技术，发展同学上、下肢力量，核心力量以及身体协调灵敏素质。

（3）情感目标：培养学生团结互助、顽强拼搏、克服困难的优良品质。

（五）说教法学法

1.教法

（1）讲解示范法。

通过形象的口诀法和优美的示范帮助学生建立运球的动作概念，理解运球动作要领。

（2）程序教学法。

①通过降低难度法，运用改变运球的练习条件，降低难度，帮助学生掌握要领，建立动作表象。

②通过信号提示法，用听觉信号口头提示学生的发力时间，用力节奏等；还可以采用标志点、标志物来表明动作方向、幅度等。

（3）游戏法。

根据教学目标选择合适的活动内容与形式，采取相应的规则和要求。

（4）纠错与帮助法。

在学生练习中，通过观察及时纠正学生的错误动作，引导学生学习规范优美的动作。

（5）竞赛法。

组织学生进行行进间运球比赛，促进学生最大限度地发挥运动能力。

2.学法

（1）模仿练习法。学生能在老师的带领下模仿教师动作，体会篮球的快乐。

（2）分组学习法。通过友情分组活动，帮助学生树立成功感受，提高学生自信心，体验学习和成功带来的乐趣。

（3）互帮互学法。在互学互练中，提高学生的合作能力，看到自己的不足，学习别人的优点。

（六）说教学流程

1.开始部分（7分钟）

（1）课堂常规：整队集合、清点人数、师生问好、检查服装、安排见习生。

（2）准备活动。

活动名称："运球与问好"游戏。

活动方法：每人一球在区域内进行单手运球，过程中找朋友并且握手问好。

活动规则：在游戏中，规定时间内进行问好朋友，计算个数。

2.基本部分（28分钟）

（1）练习一：原地高、低运球。

教学组织：四列横队，每人一球，看手势，听信号。

练习要求：在练习中能有明显高、低节奏变化。练习10～20次。

（2）练习二：跑动中高运球。

教学组织：四路纵队，4人一组同时从篮球场端线出发快速高运球到对面返回，下一组出发。

练习要求：直线运球前进。练习10～15次。

（3）练习三：绕圆运球练习。

教学组织：全队分为6组，每组共用一个球，练习时每组的排头听到信号后，快速起动运球，按逆时针方向跳球圈一周返回原位置把球递交给本组同伴，同伴按同样的方法运球。如图2-12所示。

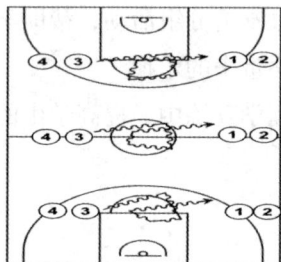

图2-12

练习要求：运球重心低，注意脚的内、外侧用力程度。练习10～20次。

（4）练习四：全场曲线运球练习。

教学组织：全队人手一球，成一列横队，站在端线外。排头开始运球绕三个跳球圈到另一侧上篮，然后再运球返回上篮后排队尾。如图2-13所示。

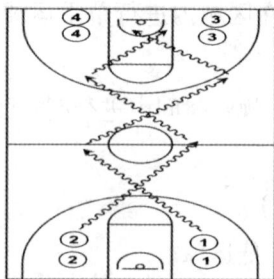

图2-13

练习要求：前一名队员接近中线时，后一名队员开始练习。练习

10～20次。

3.结束部分（5分钟）

（1）集合整队。

（2）教师评价总结。

（3）拉伸放松。

（4）收拾器材。

（5）下课。

（七）说场地器材

篮球场一个，篮球若干。

（八）说预计效果

根据本课设计，能顺利完成教学任务，并能达成预设的教学目标，预计本节课的练习密度为50%～60%左右，最高心率为160～175次/分，平均心率达到120～130次/分。

附录一：编写依据

在案例中"健康第一、终身体育"，与学生的为指导思想的关键词，高度重视学生的发展需要，从课程设计到学习设计，始终以促进学生的身心发展为中心，在发挥教师主导作用的同时，注重学生学习过程中的主体地位。本文通过练习一：原地高、低运球；练习二：跑动中高运球；练习三：绕圆运球练习；练习四：全场曲线运球练习，根据学生需要合理选择教学方法以及练习方法，促进学生对运球的熟练掌握，从而提高球感能力，促进学生不断进步与发展。

附录二：行进间运球教学步骤

（1）练习一：原地高、低运球。

教学组织：四列横队，每人一球，组织学生看手势，听信号进行高、低运球。

要求：在练习中能有明显高、低节奏变化。

（2）练习二：跑动中高运球。

教学组织：四路纵队，四人一组同时从篮球场端线出发快速高运球到对面返回，下一组出发。

练习要求：直线运球。

（3）练习三：绕圆运球练习。

教学组织：全队分为六组，每组共用一个球，练习时每组的排头听到信号后，快速起动运球，按逆时针方向跳球圈一周返回原位置把球递交给本组同伴，同伴按同样的方法运球。

练习要求：运球重心低，注意脚的内、外侧用力程度。

（4）练习四：全场曲线运球练习。

教学组织：全队人手一球成一排，站在端线外。排头开始运球绕三个跳球圈到另一侧上篮，然后再运球返回上篮后排队尾。

练习要求：前一名队员接近中线时，后一名队员开始练习。

（5）练习五：运球综合技术练习。

教学组织：全队分为四组，每组排头各持一球。练习时，每组的排头中圈快速运球，到中圈后急停（一步或两步），急停后做转身，转身后传给另一组的下一名队员。如图2-14所示。

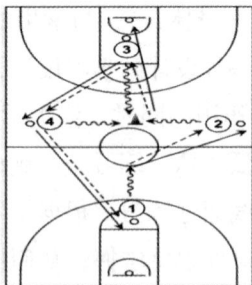

图2-14

练习要求：接、运、停、传整套技术连贯。

案例4：行进间单手肩上投篮

（一）说指导思想

本课坚持"健康第一"的指导思想，基于中学生体育学习兴趣，寓教于乐，区别对待，整合以个人探究学习、小组任务驱动、合作挑战为主线的项目式学习方式，发展学生行进间单手肩上投篮基本技能，培养学生自学自练、互学互练的终身体育锻炼的意识。通过任务驱动式的小组合作与竞争发展学生互帮互助、与人为善的良好品质，促进学生运动能力、健康行为、体育品德三大学科素养全面发展，培养学生学会快乐，学会合作意识。

（二）说教材分析（以水平四为例）

行进间单手肩上投篮是七年级教材中篮球投篮技术最基本的教学内容，运球—三步上篮—单手肩上投篮是行进间单手肩上投篮技术的重要组成部分。根据本单元的教学安排，将行进间单手肩上投篮设置为两次课，本课设置为第一课次，主要任务是学会单手肩上投篮的步法。本节课重点："一跨、二跳、三高跳"的脚步动作，起步蹬地有力、节奏明确；难点：运球过渡到上篮动作，衔接流畅，完成动作上下肢协调，身体充分伸展。

（三）说学情分析

班级大部分同学喜爱篮球运动，对篮球活动积极性很高，兴趣浓，处于生长发育期，喜欢展示。此外，已经学习了原地单手肩上投篮，因此学生对单手肩上投篮的手型掌握较好，为学习行进间单手肩上投篮打下坚实基础。

（四）说教学目标

（1）认知目标：通过学习，能说出行进间单手肩上投篮的动作要领，建立行进间单手肩上投篮动作的概念。

（2）技能目标：通过学习，学生能够初步掌握单手肩上投篮的技能，提高学生对球的控制能力，发展手脚协调、灵敏等能力。

（3）情感目标：通过练习，增强探究、创新意识，提高学生自主练习能力及体验成功乐趣。

（五）说教法学法

1.教法

（1）语言法。

①讲解行进间单手肩上投篮的基本动作结构以及在篮球运动中的重要性。

②口令与指示，按照口令来分解技术动作。

③口头评价，通过同学之间的评价以及练习过程中教师的评价来提高改善单手肩上投篮的动作。

（2）直观法。

动作示范单手肩上投篮。

2.学法

（1）模仿练习法。学生能在老师的带领下模仿教师动作，体会篮球的快乐。

（2）互帮互学法。在互学互练中，提高学生的合作能力，看到自己的不足，学习别人的优点。

（六）说教学流程

1.开始部分（7分钟）

（1）课堂常规：整队集合、清点人数、师生问好、宣布本课内容、安排见习生。

（2）准备活动：球性练习：

①双手拨球练习。

②抛接球练习。

③腰部绕环练习。

④胯下"8"字绕环练习。

⑤高抬腿"8"字绕环练习。

⑥体前变向换手运球练习。

2.基本部分（28分钟）

（1）练习一：徒手模仿脚步练习。

教学组织：四列横队，组织集体听口令徒手模仿。

练习要求：一大、二小、三高跳。练习5～8次。

（2）练习二：脚步动作接固定球练习。

教学组织：四列横队，跨步拿同伴手中的球三步单手肩上投篮（依次轮换练习）。

练习要求：动作连贯。练习10～15次。

（3）练习三：运一次球后接行进间单手肩上投篮。

教学组织：四列横队，示范并组织练习。

练习要求：跨步拿球的结合。练习10～15次。

（4）练习四：直线运球过程中完成行进间接球、起跳和持球配合。

教学组织：四列横队，一列一列进行练习，运球过程中完成练习。

练习要求：投篮手法正确，技术动作规范。练习10～15次。

（七）说场地器材

篮球场一个，篮球若干。

（八）说预计效果

根据本课设计，能顺利完成教学任务，并能达成预设的教学目标，预计本节课的练习密度为40%～50%左右，最高心率为160～175次/分，平均心率达到120～130次/分。

附录一：编写依据

本文以"健康第一"为指导思想，通过任务驱动式的小组合作与竞争发展学生互帮互助、与人为善的良好品质，促进学生运动能力、健康行为、体育品德三大学科素养全面发展。依据学生的学情来进行课程目标设置，针对性提高学生对于篮球的掌握能力，通过练习一：徒手模仿脚步练习；练习二：脚步动作接固定球练习，练习三：运一次球后接行进间单手肩上投篮；练习四：直线运球过程中完成行进间接球、起跳和持球配合，从简到难，逐步提高学生的运动能力，尊重学生的学习需求，培养学生学会快乐，学会合作。

附录二：行进间单手肩上投篮教学步骤

（1）单手持球反复"挑球"练习。

反复做将球上举—提肘—手指上挑球单手接球练习。

要求：掌心向上托球，手臂充分伸展，球离手时用食指、中指和无名指拨球使球前旋出手，帮助学生掌握出手手法。

（2）完整的行进间单手低手投篮练习。

要求：速度不宜过快，严格技术动作规范。初步掌握行进间单手低手投篮技术动作。

（3）半场运球行进间单手低手投篮练习。

学生每人一球，运球到篮下单手低手投篮。

要求：投篮手法正确，步伐清楚，手脚协调配合。进一步掌握行进间单手低手投篮技术动作。

（4）结合运球突破进行行进间单手低手投篮练习。

要求：接球与突破动作衔接协调。不出现走步，起跳用力向上，投篮手法正确。帮助学生解决突破与单手低手投篮的连接。

（5）结合切入接球进行练习。

要求：动作速度不宜太快，起跳距离适宜，身体与手臂充分伸展，投篮手法正确，切入接球后能正确完成技术动作。

（6）接球急停突破运球单手低手上篮练习。

要求：传球人到、球到，力量适宜；接球急停要稳，突破运球速度快；上篮步伐清楚，出手柔和。

（7）两人全场行进间传接球上篮练习。

要求：传球与投篮衔接协调连贯，投篮手法正确、投篮准。帮助学生掌握传接球与单手低手上篮的连接。

案例5：交叉步持球突破

（一）说指导思想

本课以"技术、体能、运用"为核心支撑的体育课堂为导向，以练习方法为线，结合体能，融入技术运用。课堂教学设计以"运球突破"为切入点，选择符合技术原理的教学手段进行针对性的练习。同时关注学生差异发展，提倡团队合作，为培养学生的终身体育锻炼意识奠定坚实基础。培养学生敢于竞争、顽强拼搏、积极进取团结合作的体育精神。

（二）说教材分析

交叉步持球突破是持球队员运用脚步动作和运球技术等相结合，快速超越对手的一项攻击性很强的技术，是高中体育与健康课程教材中篮球单元教材中的重要技术内容。根据本单元教材安排，针对交叉步持球突破设置为三课次，本课设置为第一课次。本次课教学重点：蹬地有力，转体探肩，起动迅速突然；难点：身体重心过高，蹬地无力。

（三）说学情分析（以水平五为例）

高中学生在该年龄段正处于生长加速期，朝气蓬勃，富于想象，有很强的求知欲和表现欲。力量、协调、速度各方面身体素质都有了良好的发展，在此教学前，学生们基本掌握了移动、曲线运球、急停急起、投篮等技术，这对于接下来的教学有很大的帮助。而学生作为个体，具有独立性。在教学中给学生一个充分展示自己的想象力、模仿能力的舞台，发挥学生的主动性。

（四）说教学目标

（1）认知目标：学生参与到教学中，了解交叉步持球突破的动作要领。

（2）技能目标：通过学习，学生能够初步掌握交叉步持球突破的技能，提高学生对球的控制能力，发展手脚协调、灵敏等能力。

（3）情感目标：通过练习，增强探究、创新意识，提高学生自主练习能力及体验成功乐趣。

（五）说教法学法

（1）讲解法与直观法：通过准确的语言、优美的动作示范来感染学生，提高学生学习的兴趣。

（2）纠正错误法：由于学生间的个体差异，完成练习的情况各有不同，通过纠正获得正确动作，提高学习的信心。

（3）循序渐进法：在教学过程中，做到由浅入深、由易到难，学生逐步掌握动作。

（4）重复练习法：学生根据技术特征与教师的不同要求，重复练习交叉步持球突破的脚步动作。

（5）比赛法：通过比赛，在轻松愉快的课堂气氛中学会交叉步持球突破技术。

（六）说教学流程

1.开始部分（7分钟）

（1）课堂常规：整队集合、清点人数、师生问好、检查服装、安排见习生。

（2）准备活动：球性练习。

①手指拨球练习。

②双手胸前抛接球练习。

③体前单手变向运球练习。

④胯下绕八字练习。

⑤原地高低运球练习。

2.基本部分（28分钟）

（1）练习一：徒手模仿交叉步的假动作以及转体探肩练习。

教学组织：四列横队，教师示范徒手模仿动作并集体听口令练习。

练习要求：动作幅度大，假动作逼真。练习10～15次。

（2）练习二：自抛自接交叉步持球突破练习。

教学组织：四列横队，每人一球，组织自抛自接后做右脚为中枢脚的交叉步持球突破练习。

练习要求：注意动作之间的衔接，由慢到快。练习8～10次。

（3）练习三：固定防守的交叉步突破练习。

教学组织：四列横队，前后两人一组，面对面站立相距2米，自抛自接后做右脚为中枢脚的交叉步持球突破练习。

练习要求：同学之间相互配合，控制好身体重心，蹬地有力，放球及时。练习5～10次。

（4）练习四：固定防守的交叉步突破练习。

教学组织：四列横队，前后两人一组，面对面站立相距1米，一人左手侧平举，另一人自抛自接后做右脚为中枢脚的交叉步持球突破从同伴手臂下通过。

练习要求：跨步放球，降重心，侧身贴近防守队员，同学间要相互提示动作要领。练习5～10次。

（5）练习五：自抛自接持球突破上篮练习。

教学组织：分为四组，每人一球，从三分线左右出发，自抛自接后运球2～3次后上篮。

练习要求：突破时，放球之前中枢脚不要离地，做好跨步放球。练习5～8次。

3.结束部分（5分钟）

（1）集合整队。

（2）教师评价总结。

（3）拉伸放松。

（4）收拾器材。

（5）下课。

（七）说场地器材

篮球场一个，篮球若干，标志物若干。

（八）说预计效果

根据本课设计，能顺利完成教学任务，并能达成预设的教学目标，预计本节课的练习密度为56%左右，最高心率为160～175次/分，平均心率达到120～130次/分。

附录一：编写依据

坚持"健康第一"指导思想，促进学生健康与全面发展，强调健身育人功能，高度重视培养学生的学科核心素养，构建有效的认知、技能、情感目标，本案例以交叉步持球突破为水平五的重要教学内容，通过该技术学习，培养学生敢于挑战自我的精神，根据课时以及学生的学情安排以下练习。练习一：徒手模仿交叉步的假动作、转体探肩练习；练习二：自抛自接交叉步持球突破练习；练习三：固定防守的交叉步突破练习；练习四：固定防守的交叉步突破练习；练习五：自抛自接持球突破上篮练习。尊重学生的学习需求，培养学生对篮球运动的喜爱。

附录二：交叉步持球突破教学步骤

（1）练习一：徒手模仿交叉步的假动作、转体探肩练习。

教学组织：四列横队，教师示范徒手模仿动作并集体听口令练习。

练习要求：动作幅度大，假动作逼真。

（2）练习二：自抛自接交叉步持球突破练习。

教学组织：四列横队，每人一球，组织自抛自接后做右脚为中枢脚的交叉步持球突破练习。

练习要求：注意动作之间的衔接，由慢到快。

（3）练习三：固定防守的交叉步突破练习。

教学组织：四列横队，前后两人一组，面对面站立相距2米，自抛自接后做右脚为中枢脚的交叉步持球突破练习。

练习要求：同学之间相互配合，控制好身体重心，蹬地有力，放球及时。

（4）练习四：固定防守的交叉步突破练习。

教学组织：四列横队，前后两人一组，面对面站立相距1米，一人左手侧平举，另一人自抛自接后做右脚为中枢脚的交叉步持球突破从同伴手臂下通过。

练习要求：跨步放球，降重心，侧身贴近防守队员，同学间要相互提示动作要领。

（5）练习五：自抛自接持球突破上篮练习。

教学组织：分为四组，每人一球，从三分线左右出发，自抛自接后运球2~3次后上篮。

练习要求：突破时，放球之前中枢脚不要离地，做好跨步放球。

（6）练习六：接球后的交叉步持球突破上篮。

教学组织：规定传球区域，接同伴传球后做持球突破上篮练习，熟练之后可将上篮改为分球或跳投。如图2-15所示。

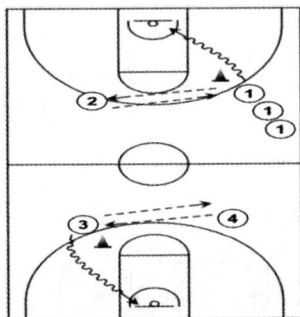

图2-15

练习要求：注意动作之间的衔接，控制动作之间的节奏。

（7）练习七："一攻一守"持球交叉步的突破练习。

教学组织：全班分成四队，每一队占一个篮球半场，每对分成三组，球场两侧45°位置分别站两路纵队，另一组站在90°位置，①持球突破上篮后抢到篮板传给②，并积极回防②，防守完毕后站到②对位，传给③，依次方法循环进行。如图2-16所示。

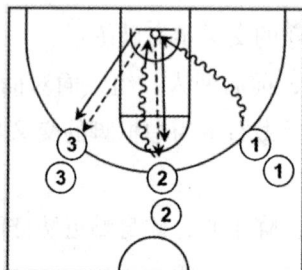

图2-16

练习要求：防守积极，控制好球的落点。

（8）练习八：有防守情况下的突破练习。

教学组织：在有防守情况下三人连续突破练习。三人一组一球。①持球做投、突假动作吸引防守，然后做交叉步突破，向前运球传给③，并立即防守③，③接球后用同样的方法突破①，向前运球传给1并防守1，三人轮换攻防，依次练习。如图2-17所示。

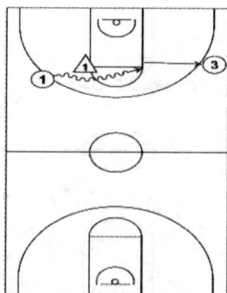

图2-17

练习要求：防守积极。

案例6：体前变向换手运球

（一）说指导思想

本课依据"健康第一"为指导思想，以体育与健康课程标准为理论依据，并遵循全面发展学生的身心素质为教学原则来完成本课教学任务，培养学生与同学不怕困难、挑战自我的体育品德。

（二）说教材分析

体前变向换手运球是在行进中改变方向的一种运球技术，是绕开障碍或摆脱对手防守常用的一种手段。体前变向换手运球是水平三《体育与健康》篮球单元教学的主要教材内容之一。根据本单元教材安排，针对体前变向换手运球设置为两课次，本课为第一课次。练习这种运球技术，对发展身体灵活性，提高控球能力，加快进攻速度和启迪思维，开发想象力都有积极作用。本节课重点：手触球的部位，用力方向、大小。难点：人与球的协调配合。

（三）说学情分析（以水平三为例）

小学阶段的运球练习，多以原地的拍球及游戏形式为主，初中阶段的运球技能学习以规范性为主，存在一定的枯燥性，但相比较而言，初中学生具备了一定的篮球运球基础与控制球能力，为教学的顺利进行提供了良好的技术支撑与兴趣动力。

（四）说教学目标

（1）认知目标：通过学习，能说出体前变向换手运球在多种条件下的练习方法。

（2）技能目标：通过单人、双人、原地、行进间、障碍、防守等不同条件下体前变向换手运球，掌握多种练习方法，发展手脚协调、灵敏等能力。

（3）情感目标：通过练习，增强探究、创新意识，提高学生自主练习能力及体验成功乐趣。

（五）说教法学法

1.教法

（1）以语言传递信息为主的方法。

①通过讲解法，对于篮球体前变向换手运球动作要领以及重要性进行讲解。

②通过讨论法，教师抛出问题，以小组形式围绕中心问题进行讨论。

（2）以直接感知为主的方法。

①通过动作示范法，学生能够初步建立体前变向换手运球的动作概念。

②通过纠正动作错误与帮助法，对学生的基本动作进行纠错。

（3）以身体练习为主的方法。

通过完整练习法，保持体前变向换手运球动作结构完整性。

（4）以情景和竞赛活动为主的方法。

通过运动竞赛法，提高竞争意识。

2.学法

（1）观察法：观察体前变向换手运球技术动作结构与组成。

（2）模仿法：建立直觉感受，提高学习效率。

（3）分组练习法：根据自己能力或互教互学，提高学习兴趣和积极性。

（4）合作练习法：培养合作技术，互相取长补短。

（5）自我评价法：分析讨论，并且掌握运用技术动作。

（六）说教法流程

1.开始部分（7分钟）

（1）课堂常规：整队集合、清点人数、师生问好、检查服装、安排见习生。

（2）准备活动：球性练习。

①双手弹拨球练习。

②"8"字滚球练习。

③弓步胯下绕八字练习。

④原地胯下换手变向运球练习。

⑤原地换手运球触地练习。

⑥换手运球击掌练习。

2.基本部分（28分钟）

（1）练习一：行进间体前换手运球。

教学组织：Z形换手运球，分为四路纵队，①②一组，③④一组，依次出发。两组同时进行，在运球中能做出转体探肩动作。如图2-18所示。

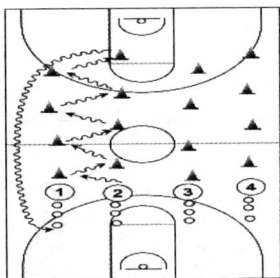

图2-18

练习要求：运球时注意抬头。练习10～15次。

（2）练习二：两人运球互抢球练习。

教学组织：将人数分为相等两队，每人一球，在20×20区域内互相拍打对方球，在互抢中运用体前变向换手运球。如图2-19所示。

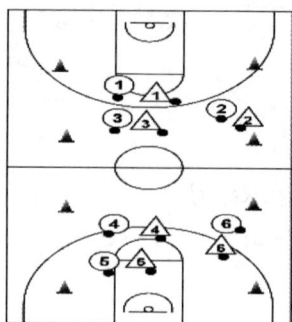

图2-19

练习要求：运球中注意护球。练习10～15次。

（3）练习三：固定障碍物变向运球。

教学组织：两人面对面同时运球出发，到达中间标志物后变向换手运球至对面队伍后。如图2-20所示。

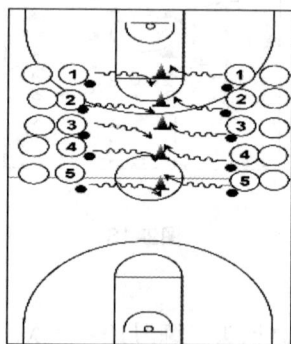

图2-20

练习要求：标志物之间相距4米。练习10～15次。

3.结束部分（5分钟）

（1）集合整队。

（2）教师评价总结。

（3）拉伸放松。

（4）收拾器材。

（5）下课。

（七）说场地器材

篮球场一个，篮球若干。

（八）说预计效果

根据本课设计，能顺利完成教学任务，并能达成预设的教学目标，预计本节课的练习密度为65%左右，最高心率为160～175次/分，平均心率达到120～130次/分。

附录一：编写依据

以"健康第一"为主要关键词，促进学生身心健康和培养学生的球感能力，通过本课适宜的身体练习，培养学生的篮球兴趣，促进学生全面发展，尊重学生的学习需要，在该年龄段选择适合学生的教学内容，通过体前变向换手运球，为进一步提高学生的篮球运用能力奠定基础，在教学步骤中安排练习一：行进间体前换手运球；练习二：两人运球互抢球练习；练习三：固定障碍物变向运球，通过不同的练习方式达到最终的练习目的是重点，培养学生的遵守规则和公平竞争的意识。

附录二：体前变向换手运球教学步骤

（1）练习一：行进间体前换手运球。

练习要求：运球时注意抬头。

（2）练习二：两人运球互抢球练习。

练习要求：运球中注意护球。

（3）练习三：固定障碍物变向运球。

练习要求：标志物之间相距4米。

（4）练习四：结合传接球的变向换手运球练习。

教学组织：②传球给①后上前做固定防守障碍，①行进间运球进行体前变向换手突破后传球给下一位学生，以此循环，目的是与传接球技术有机结合，提高学生的实战运用能力。如图2-21所示。

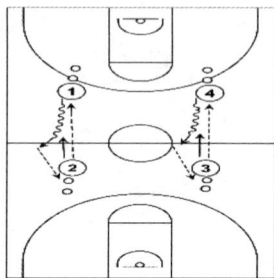

图2-21

练习要求：传球跑动积极。

（5）练习五：体前变向换手运球与传接球组合练习。

组织：①运球到障碍物变向运球后传球，然后跑至③排后，③接球后运球至障碍物变向运球传球给⑤，跑至⑤排后，依次类推，循环练习。如图2-22所示。

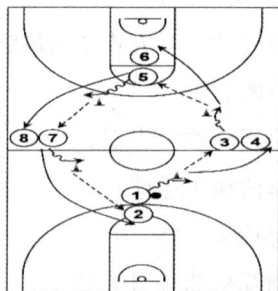

图2-22

要求：动作衔接流畅。

（6）练习六：运球技术综合练习。

教学组织：①和④各持一球，同时开始运球，运至罚球线延长线，分别传球给⑦、⑧，传球后迅速向篮下切入，途中再接⑧和⑦的回传球，快速运球上篮。投篮后，自抢篮板球，分别传给②和⑤。循环练习，如图2-23所示。

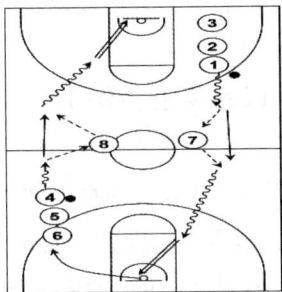

图2-23

练习要求：组合技术连贯。

（7）练习七：全场一攻一守练习。

两组同时进行全场一攻一守的练习，然后分别站在对组的排尾。依次轮流练习。要求：开始时只准堵位，然后逐渐由消极防守到积极防守，最后到强烈对抗，真攻真守。

案例7：后转身运球突破

（一）说指导思想

贯彻高中新课改，落实"立德树人"根本任务和坚持"健康第一"的指导思想，以学生发展为本，结合学生的生理和心理特点，发挥学生的主观能动性，相互合作来分析理解动作结构，从而培养学生对篮球运动的兴趣以及学会思考的能力，锻炼学生的竞争意识和坚忍不拔的意志品质。

（二）说教材分析

后转身运球是篮球运球突破的技术之一，也是比赛过程中运用广泛的运球突破技术。本节课主要学习后转身换手运球，后转身运球突破是高中篮球单元的主要教材内容之一，根据本单元教学安排，针对后转身换手运球共设置三课次，本课为第二课次。本次课教学重点：前脚掌的蹬转以及后转身前最后依次运球用力。难点：后转身快而敏捷以及后转身的控制能力。

（三）说学情分析（以水平五为例）

高中学生在该年龄段正处于生长加速期，朝气蓬勃，富于想象，有很强的求知欲和表现欲。力量、协调、速度各方面身体素质都有了良好的发展，组织纪律和学习积极性高。在此教学前，学生们基本接触过篮球各项基本技术，这对于接下来的教学有很大的帮助。而学生作为个体，具有独立性。在教学中给学生一个充分展示自己的想象力、模仿能力的舞台，发挥学生的主动性。

（四）说教学目标

（1）认知目标：建立后转身换手运球突破的概念，能够认识到该技术在篮球运动中的重要性，激发学生对教材的学习兴趣和主动理解。

（2）技能目标：大部分学生能够掌握后转身换手运球突破的前脚掌蹬转、身体低位后转身技术动作，发展控球能力，对存在的错误动作和技术通过教与学得到纠正，最终能够学以致用。通过素质练习，发展学生球性、下肢力量和连续弹跳能力。

（3）情感目标：学生在学习中感受篮球运动带来的快乐，培养自信心和稳定的心理素质；学会学习，学会思考，学会合作，学会评价，促进情感全面发展。

（五）说教法学法

1.教法
（1）讲解示范法。后转身运球突破在突破技术中的应用重要性以及动作要领的讲解。

（2）循序渐进法。采用递加法、并联法由浅入深，使学生逐步建立后转身运球的完整动作概念。

（3）观察纠错法。在学生练习中，通过观察及时纠正学生的错误动作，引导学生学习规范优美的后转身运球动作。

（4）启发教学法。通过启发、引导学生实践分析，来掌握技术动作，提高学生解决问题的能力。

（5）合作法。通过师生互动活动，营造良好的学习氛围。

2.学法
（1）模仿练习法。学生能在老师的带领下模仿后转身运球动作，体会篮球的快乐。

（2）分层练习法。通过友情分组活动，帮助学生树立成功感受，提高学生自信心，体验学习和成功带来的乐趣。

（3）互帮互学法。在互学互练中，提高学生的合作能力，看到自己的不足，学习别人的优点。

（六）说教学流程

1.开始部分（7分钟）
（1）课堂常规：整队集合、清点人数、师生问好、检查服装、安排见习生。

（2）准备活动：球性练习。

①高、低运球练习。

②胯下绕八字练习。

③体侧前后推拉球练习。

④体前变向换手运球练习。

2.基本部分（28分钟）

（1）练习一：徒手原地后转身练习。

教学组织：左右手同步（后转身蹬转的专门练习），口令下进行。

练习要求：重心平稳。

（2）练习二：原地运球后转身练习。

教学组织：四列横排，口令下完成原地后转身。

练习要求：后转身控制好球的力量。

（3）练习三：z形行进间运球后转身过障碍物练习。

教学组织：分为2组，运球到标志物后进行后转身运球。如图2-24
所示。

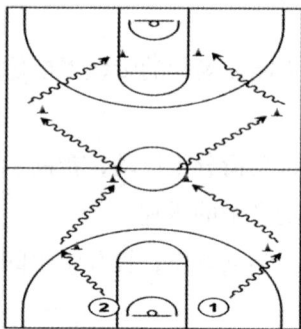

图2-24

练习要求：下一名队员到第二个标志物后再出发。

3.结束部分（5分钟）

（1）集合整队。

（2）教师评价总结。

（3）拉伸放松。

（4）收拾器材。

（5）下课。

（七）说场地器材

篮球场一个，篮球若干。

（八）说预计效果

根据本课设计，能顺利完成教学任务，并能达成预设的教学目标，预计本节课的练习密度为60%左右，最高心率为160~175次/分，平均心率达到120~130次/分。

附录一：编写依据

后转身运球突破作为高中教材，根据新课改标准，本课以"立德树人""健康第一"为指导思想，合理选择和设计课程内容，有效运用教学方法和评价手段，由于是新授课，所以在安排练习时，由徒手到有球，进一步递进练习。练习一：徒手原地后转身练习；练习二：原地运球后转身练习；练习三：z形行进间运球后转身过障碍物练习。最终达到本课所需要的练习密度和强度。

附录二：后转身运球突破教学步骤

（1）练习一：徒手原地后转身练习。

教学组织：左右手同步（后转身蹬转专门练习），口令下进行。

练习要求：重心平稳。

（2）练习二：原地运球后转身练习。

教学组织：四列横排，口令下完成原地后转身。

练习要求：后转身控制好球的力量

（3）练习三：z形行进间运球后转身过障碍物练习。

（4）练习四：防守练习。

教学组织：四列横排，前后两人一组，两人一组，一人原地防守，一人原地运球后转身练习

练习要求：左右手同步，可换手也可不换手运球。

（5）练习五：后转身换手运球接行进间高低上篮。

教学组织：分两组，一人运球到罚球线，将球传给同伴成防守队员，同伴接球后运球至防守队员进行后转身突破连接上篮或投篮练习（左右均练习）。如图2-25所示。

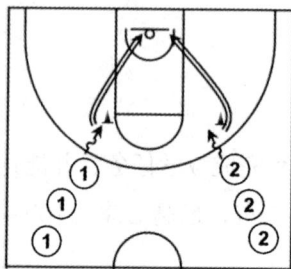

图2-25

练习要求：上一名队员上完篮下一位出发。

案例8：跳起投篮

（一）说指导思想

本课树立"健康第一"的指导思想，贯彻"以学生发展为主"的教育理念，充分体现学生自主、合作、探究、创新的精神，使学生在掌握和运用运球跨步急停跳投技术的同时，身心得到全面和谐地发展，培养学生敢于挑战自我的精神。

（二）说教材分析

本课教学内容是运球跨步急停跳投。运球急停跳投是篮球运动中一项攻击性很强的技术，也是重要的得分手段，深受学生喜爱。运球急停跳投分为跨步急停跳投和跳步急停跳投，本课是篮球模块技术运球急停跳投教学中的

第一次课，安排学习跨步急停跳投技术，是对运球急停急起与投篮等已学内容的综合，所以把重点定位在急停与跳投的衔接上。

（三）说学情分析（以水平五为例）

本次授课对象是高二年级选项教学篮球一班的学生，学生对篮球基本技术的掌握已有一定的水平，并有较高的基本运动能力和思维能力，对技术学习的欲望十分强烈。因此，对这有一定难度的投篮技术，会激发学生的学习欲望，提高学生练习的积极性，同时也为今后的篮球学习和运用打下坚实的基础。

（四）说教学目标

（1）认知目标：通过本节课的学习，学生能正确理解跳起投篮动作要领，建立基本概念。

（2）技能目标：通过游戏与练习，60%的学生能掌握急停跳起投篮，20%同学能够基本做到动作正确到位。

（3）情感目标：培养学生勇敢、机智、果断、胜不骄、败不馁的优良品质和团结一致、密切配合的集体主义精神。

（五）说教法学法

1.教法

（1）语言法。

①讲解跳起投篮在投篮技术中的应用特点以及重要性。

②口头评价跳起投篮的技术动作。

（2）直观法。

动作示范跳起投篮。

（3）程序教学法。

强化概念法，通过跳起投篮口诀来强化概念。

2.学法

（1）自主练习法。

（2）互相合作法。

（六）说教学流程

1.开始部分（7分钟）

（1）课堂常规：整队集合、清点人数、师生问好、检查服装、安排见习生。

（2）准备活动：球性练习。

①体前变向换手运球练习。

②原地高、低运球练习。

③胯下绕八字练习。

④胯下运球练习。

2.基本部分（28分钟）

（1）练习一：急停跳投练习。

教学组织：四路纵队，徒手急停跳投示范。

练习要求：动作到位，练习10～15次。

（2）练习二：不同距离与角度的投篮练习。

教学组织：队员依次持球在半场0°角、45°角、60°角（由近至远）作原地投篮或跳投练习。如图2-26所示。

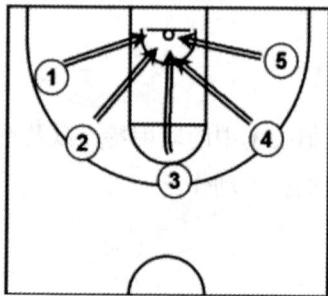

图2-26

练习要求：不同距离与角度时的用力与瞄篮方法。练习10~15次。

（3）练习三：半场移动接球跳起投篮练习。

教学组织：①传球给④，移动接④的传球后迅速做跳起投篮；两人抢篮板球交换位置。如图2-27所示。

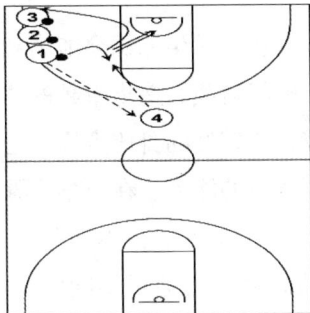

图2-27

练习要求：争抢积极，练习10~15次。

3.结束部分（5分钟）

（1）集合整队。

（2）教师评价总结。

（3）拉伸放松。

（4）收拾器材。

（5）下课。

（七）说场地器材

篮球场一个，篮球若干，标志桶若干。

（八）说预计效果

根据本课设计，能顺利完成教学任务，并能达成预设的教学目标，预计本节课的练习密度为65%左右，最高心率为150～160次/分，平均心率达到120～130次/分。

附录一：编写依据

尊重学生的学习需要，提高学生的综合能力和优良品格，通过跳起投篮教学，主要培养学生敢于挑战自我、追求卓越的体育品德，根据高中的学生情况，身体基本发育完成，有较好的身体素质，适合跳起投篮难度较大的学习内容，有利于提高学生挑战的能力。在教学步骤中，由于是复习课，主要安排练习一：急停跳投练习；练习二：不同距离与角度的投篮练习；练习三：半场移动接球跳起投篮练习，通过不同的练习方式激发学生的学习兴趣，重在提高练习的次数，为了更好地熟练运用此项技术。

附录二：跳起投篮教学步骤

（1）练习一：急跳起投篮徒手模仿，四路纵队，模仿练习。

（2）练习二：对墙急停跳投练习，学生持球距墙3～4米，面对墙作原地或跳起投篮的动作练习。体会投篮手法和用力顺序。

（3）练习三：原地急停跳起投篮练习。

（4）练习四：两人面对面急停跳投动作练习。队员分成两组，相对而站。练习时，依次将球跳起投到对方头上方。

（5）练习五：不同距离与角度的急停跳投练习。队员依次持球在半场0°角、45°角、60°角（由近至远）作原地投篮或跳投练习。重点体会不同距离与角度时的用力与瞄篮方法。

（6）练习六：半场移动接球跳起投篮练习。

（7）练习七：定位定量急停跳起投篮练习。两人一球，一人传球，投篮者在规定的位置完成数次投篮或投中数次后两人交换。

（8）练习八：行进间运球急停跳起投篮练习。目的是技术的组合运用。

（9）练习九：变向跑接球急停跳起投篮练习。如图2-28所示。④把球传给×，变方向跑至×前，接×的回传球跳起投篮，返回队尾。目的是技术的组合运用。

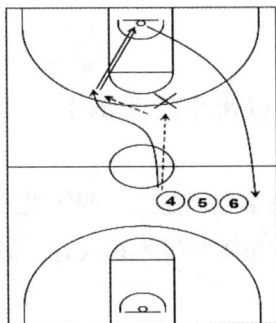

图2-28

（10）练习十：对抗下跳起投篮练习。

二、足球

案例9：脚背正面运球

（一）说指导思想

本次课贯彻"健康第一"的指导思想，激发学生欲望和运动兴趣，让学生明确脚背正面运球在足球运动中的重要地位，在教学中发展学生创造性、主动性，培养自尊自信、勇敢顽强的意志品质。

（二）说教材分析

运球是足球运动中运动员控球与进攻能力的重要表现形式之一，脚背正面运球是足球运动中最重要也是最基础的运球方式之一。本课是人教版《体育与健康》水平三足球单元的内容，根据本单元教学安排，针对脚背正面运球，安排为二课次，本课为第一课次。本次课教学重点：正确部位触球；难

91

点：运球中对球的控制。

（三）说学情分析（以水平三为例）

本课授课对象是五年级学生，在三、四年级虽然接触过足球，但基本没有基础，在运球中，脚触球位置掌握不是很好，但是学生的理解力和自主练习能力较强，善于思考问题。

（四）说教学目标

（1）认知目标：指导脚背正面运球的方法，初步掌握运球的动作要领，能够明确触球部位以及动作的练习方法。

（2）技能目标：80%学生能够协调连贯地做出运球动作，发展学生的协调、灵敏等能力。

（3）情感目标：学生乐于在同伴面前展示自己的动作，培养合作与竞争意识，提高社会适应能力。

（五）说教法学法

1.教法
（1）语言法。

①讲解脚背正面运球的动作要领。

②口头评价技术运用效果。

（2）直观法。

动作示范脚背正面运球。

（3）程序教学法。

信号提示法。

2.学法
（1）尝试法：发展学生创造能力，充分体现学生的主体性。

（2）展示法：通过展示，有利于学生进行创造性的学习。

（3）游戏法：提高学生的兴趣，活跃课堂气氛，巩固技术。

（4）评价法：通过评价发现问题、解决问题，进一步启发学生的学习兴趣。

（六）说教学流程

1.开始部分（7分钟）

（1）课堂常规：整队集合、清点人数、师生问好、宣布本课内容、安排见习生。

（2）准备活动：球性练习。

①脚底交替踩球练习。

②脚内侧拨球练习。

③内扣外拨练习。

④左右脚来回拉球练习。

2.基本部分（28分钟）

（1）练习一：抢占标志物练习。

教学组织：四路纵队，每组一球，每次出发一人脚背正面直线运球，每人只能拿回一个标志物，直至标志物抢占完毕，每组计算总数。如图2-29所示。

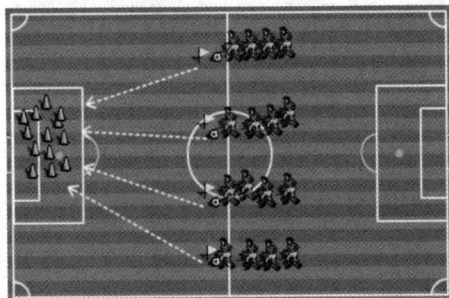

图2-29

练习要求：一次只能抢占一个标志物。练习5~8次。

（2）练习二：交换运球。

教学组织：两人一组面对面，对换运球练习。如图2-30所示。

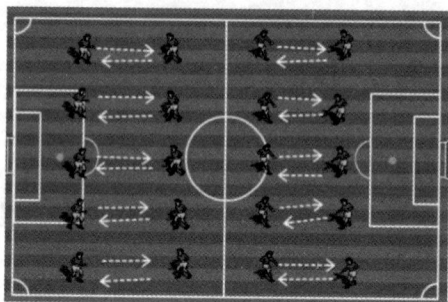

图2-30

练习要求：要求运球时抬头，避免碰撞。练习10~15次。

（3）练习三："交通警察"游戏。

教学组织：分为2组，各20人一组，4块区域，每个区域5个学生，通过中间交通警察指挥来进行脚背正面直线运球抵达相关区域。如图2-31所示。

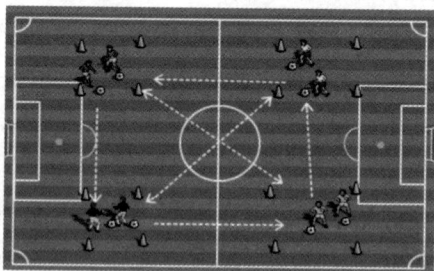

图2-31

练习要求：听口令进行练习。

3.结束部分（5分钟）

（1）集合整队。

（2）教师评价总结。

（3）拉伸放松。

（4）收拾器材。

（5）下课。

（七）说场地器材

足球场一个，足球若干，便捷式音响一个。

（八）说预计效果

根据本课设计，能顺利完成教学任务，并能达成预设的教学目标，预计本节课的练习密度为60%左右，最高心率为160～175次/分，平均心率达到120～130次/分。

附录一：编写依据

指导思想中以"健康第一"为主要关键词，针对人教版教材中足球单元的脚背正面直线运球作为教学内容，通过对学生的学情分析，在小学低年段已经学习掌握了足球的基本游戏，对足球有一定的兴趣爱好，脚背正面运球是比较经常运用的技术之一，本课主要通过游戏法教学来激发学生学习兴趣，增进学生运动能力。在教学步骤中分别选择练习一：抢占标志物练习；练习二：交换运球；练习三："交通警察"游戏。通过改变不同组织形式，增加新意，让学生更多的感受正确的触球部位。与此同时，培养自尊自信、勇敢顽强的意志品质。

附录二：脚背正面运球教学步骤分析

（1）练习一：一步一触球练习。听哨音集体练习，要求支撑脚的位置准确，脚背紧贴足球后中部。

（2）练习二：连续触球2～3次停一次球练习。要求脚背粘球轻轻推，人随球行，紧紧追。

（3）练习三：抢占标志物练习。同图2-29。

（4）练习四：两人一组面对面，对换运球练习。同图2-30。

（5）练习五：运球抬头练习。学生从起点出发，在中间标志物中绕一圈，运球过程中注意裁判手势红牌则表示原地踩球练习，黄牌则表示原地敲球练习，绿排则表示继续前行。

（6）练习六："交通警察"游戏。同图2-31。

（7）练习七：运传组合练习。三人一组一球①学生运球到空点斜线传球给②，②接球后运球到空点斜线传球给③，依次循环练习。如图2-32所示。

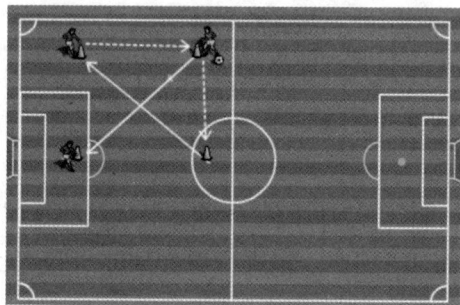

图2-32

案例10：脚内侧运球

（一）说指导思想

本课以"健康第一"为原则，注重对学生脚内侧运球的掌握，利用讲解建立概念，示范脚内侧运球，对其加深印象，练习体会技术，学生通过足球脚内侧运球的练习，了解足球脚内侧运球的位置与击球点，能够做到髋关节外展，提高团队合作意识的品质。

（二）说教材分析（以水平二为例）

运球是水平二足球基本活动的主要内容。运球是足球比赛中的主要技术手段，脚内侧运球又是最基本的运球变向技术之一。其特点是脚与球的接触面积大。根据本单元教学安排共安排六个课次，针对脚内侧运球设置为二个课次，本课设置为第一课次。本次课教学重点：脚的推、拨动作和触球部位。难点：用力大小与跑速的协调配合。

（三）说学情分析（以水平二为例）

本课授课对象是水平二学生，该年段学生活泼好动，注意力不够集中，但是在水平一阶段已经有了足球游戏的基础奠定，对足球兴趣浓厚，有较强的学习激情。喜欢展示，有较强的模仿能力。

（四）说教学目标

（1）认知目标：初步掌握足球脚内侧运球的基本技术及练习注意事项，为学生经常参加足球运动奠定基础。

（2）技能目标：通过学习，60%以上学生能够正确掌握脚内侧运球。发展学生快速奔跑、灵敏、协调等身体素质。

（3）情感目标：体验成功感，遵守规则，激发运动兴趣，培养合作精神与良好的人际关系。

（五）说教法学法

1.教法

（1）启发式教学法：在学生的练习过程中，根据学生的特点，由提问作为切入，导入问题，提高学生的兴趣，引导学生明白原理。用不同语言激励和启发，激发学生的学习兴趣，促进学生积极思考，创新能力，从而改变教师教、学生练的单一模式。

（2）情境教学法：课中基本动作由教师通过对运球练习的情境化，激发学生的学习兴趣。

（3）图示讲解示范法：结合挂图演示，通过精炼语言讲解，使学生获得正确的动作概念；以优美的示范，利于学生学习正确的技术动作。

（4）分层教学法：关注学生组间差异以及个体差异，根据学生的情况，设置不同的练习要求和练习方法。

（5）纠错指导法：由于学生间的个体差异，完成练习的情况各有不同，通过集体纠错，个别指导获得正确动作，在纠错同时表扬学生动作完成较好的地方，提高学习的信心和积极性。

2.学法

观察思考，模仿练习，游戏竞赛，合作练习，评价探究学习。充分运用体育竞赛的激励法，通过游戏规则要求，教师语言激励，教学评价反馈等，培养学生团结协作、公平竞争、顽强拼搏的优良品质。在达到课堂教学目标的同时，渗透德育教学，促进师生融洽，提高学生终身体育的意识。

（六）说教学流程

1.开始部分（7分钟）

（1）课堂常规：整队集合、清点人数、师生问好、宣布本课内容、安排见习生。

（2）准备活动。

活动名称：穿越旅行。

活动方法：在标志桶后面做踩球，拨球，脚底交替向内（外）拉球，内扣外拨等球感练习，当教练吹哨立马运球到相隔一个标志桶上。

活动规则：必须运球到相隔的标志桶。

2.基本部分（28分钟）

（1）练习一：运球突破封锁线游戏。

教学组织：2名同学在防守区域面向四路纵队的突破同学站立，听到教师口令后，每队跑出一名同学，跑向突破区域，成功跑过防守区域，没有被防守同学触碰到，则突破同学成功突破，如果被防守队员摸到，则宣布突破失败，同队同学完成练习，第二名队员可以出发游戏。如图2-33所示。

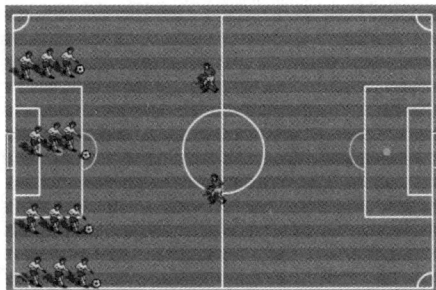

图2-33

练习要求：防守队员不能出防守区域进行防守；防守队员不可以拉扯突破队员；突破队员不可以出防守区域进行突破；同组队员没有完成练习，同组第二名队员不可以出发。练习4～5次。

（2）练习二：运球变向游戏大球追小球。

教学组织：分组练习。在技术练习游戏的基础上，找2名同学双手推着瑞士球追赶运球的同学。运球同学遇到大球后，做出了变向的动作，则大球停止追击。

练习要求：运球同学把球运出界外或丢球后，在场地外做五个深蹲后恢复练习。练习3～5次。

（3）练习三：穿越小树林。

教学组织：每人一球，听到哨声后自行穿越小树林中的各个小门，规定时间内看谁穿越的小树林更多。如图2-34所示。

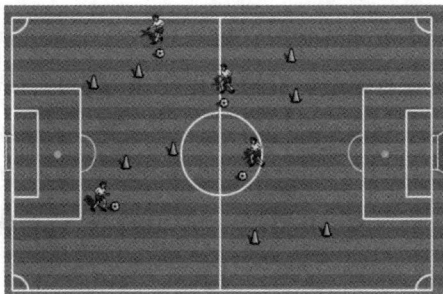

图2-34

练习要求：运球抬头。练习2～3次。

3.结束部分（5分钟）

（1）集合整队。

（2）教师评价总结。

（3）拉伸放松。

（4）收拾器材。

（5）下课。

（七）说场地器材

足球场一个，足球若干，标志桶若干。

（八）说预计效果

根据本课设计，能顺利完成教学任务，并能达成预设的教学目标，预计本节课的练习密度为65%左右，最高心率为160～175次/分，平均心率达到120～130次/分。

附录一：编写依据

本课根据学生全面发展的需求确定课程目标体系和课程内容，脚内侧运球是水平二的主要教学内容，足球运动项目对学生体育综合能力提高具有重要作用。主要通过游戏法来学习脚内侧运球，明确脚内侧触球部位以及达到运球变向的目的。建立多元的学习评价体系，在运球过程中通过选择技术评定中运球的稳定性或者运球的速度熟练程度作为评价的基本标准。在练习内容中安排练习一：运球突破封锁线游戏；练习二：运球变向游戏"大球追小球"；练习三：穿越小树林。通过情境化教学，对平时只运用绕杆的练习方式的升级。能够满足学生的心理需要，达到更好的教学效果。

附录二：脚内侧运球教学步骤

（1）练习一：运球突破封锁线游戏。同2-33。

（2）练习二：运球变向游戏大球追小球。

（3）练习三：穿越小树林。同图2-34。

（4）练习四：运球绕杆接力（图2-35）。

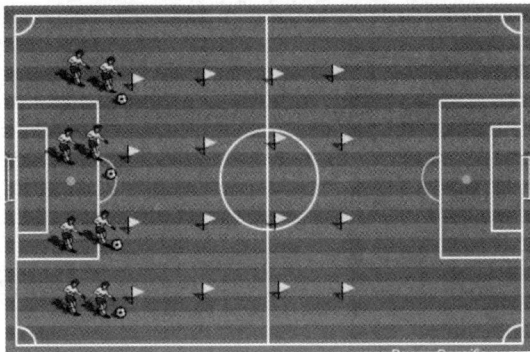

图2-35

（5）练习五：运球抓尾巴：两人一组，抓对方腰后侧的"尾巴"体会脚步移动的动作要领，为学习一运一抢做准备。

（6）练习六：一运一抢练习：两人一组，一人运球，一人消极抢球，要求运球时注意变换线路。

（7）练习七：狼捉羊（图2-36）。

设置一块40米×40米的区域，并在四角画出5米×5米的安全区。将学生分成人数相等的红、黄两队。学生每人一球，分散在场地中。全体学生在场地内随意运球，但不得进入安全区。听到教师发出信号后，如喊"红队"，则所有的"黄队"学生快速运球进入安全区，此时红队同学弃球用手追捕黄队同学，阻止他们逃进安全区。追捕一方的学生称为"狼"，逃跑一方的学生称为"羊"，"羊"逃进安全区后不能再被追捕。每个回合结束后，全体学生要回到场地中间，进行下一个回合的游戏，教师应无规律地变换口令，但双方扮演的角色次数要尽量相等。

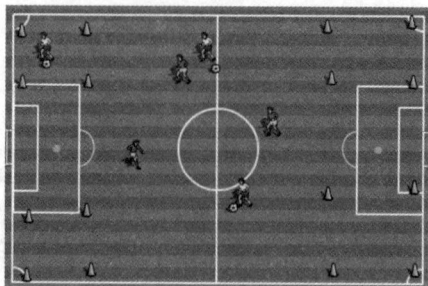

图2-36

案例11：脚内侧传球

（一）说指导思想

本课以"健康第一"为原则，以学生为主体，培养学生对脚内侧传球的掌握，练习体会技术，学生通过足球脚内侧传球的练习，了解足球脚内侧传球的位置与击球点，能够做到髋关节外展，提高团队合作意识的品质。

（二）说教材分析

传球是水平二小足球基本活动第二单元的主要内容。传球是足球比赛中的主要技术手段，脚内侧传球又是最基本的传接技术之一。其特点是脚与球的接触面积大，出球准确平稳。根据本单元的教学安排，针对脚内侧传球安排为三课次，本课为第三课次。本次课教学重点：触球部位与髋关节外转。难点：踝关节紧绷以及触球、随前动作的连贯性。

（三）说学情分析（以水平二为例）

学生在学习了运球的基础上，对脚内侧触球部位有充分的了解，已经具备近距离传球的基础，但仍缺乏相应的控制球的能力，尤其是游戏中传球技术的能力。同时，学生具有好奇心，爱好模仿，喜欢展示。

（四）说教学目标

（1）认知目标：了解足球比赛中的红、黄牌作用，知道脚内侧传球的动作方法及在其在足球运动中的作用，并乐于参与足球练习及游戏。

（2）技能目标：通过学习，60%以上学生能够正确掌握脚内侧传球。发展学生快速奔跑、灵敏、协调等身体素质。

（3）情感目标：体验成功感，遵守规则，激发运动兴趣，培养合作精神与良好的人际关系。

（五）说教法学法

1.教法

（1）启发式教学法：在学生的练习过程中，根据学生的特点，由提问作为切入，导入问题，提高学生的兴趣，引导学生明白原理。用不同语言激励和启发，激发学生的学习兴趣，促进学生积极思考，创新能力，从而改变教师教、学生练的单一模式。

（2）直观教学法：课中基本动作由教师亲自示范，讲解，做到讲解示范结合，讲解清晰，示范到位，使学生一目了然。

（3）图示讲解示范法：结合挂图演示，通过精炼语言讲解，使学生获得正确的动作概念；以优美的示范，利于学生学习正确的技术动作。

（4）分层教学法：关注学生组间差异以及个体差异，根据学生的情况，设置不同的练习要求和练习方法。

（5）纠错指导法：由于学生间的个体差异，完成练习的情况各有不同，通过集体纠错，个别指导获得正确动作，在纠错同时表扬学生动作完成较好的地方，提高学习的信心和积极性。

（6）竞赛激励法：通过竞赛活跃课堂气氛，巩固技术，培养学生的协作能力和挑战自我的精神，让学生在玩的同时掌握技术技能。

（7）评价反馈法：通过教师自我评价、教师对学生评价、学生对学生评价和学生对老师评价，来发现问题，解决问题，进一步激发学生的学习兴趣，提高教学质量。

2.学法

（1）观察思考。

（2）模仿练习。

（3）游戏竞赛。

（4）合作练习。

（5）评价探究学习。

（六）说教学流程

1.开始部分（7分钟）

（1）课堂常规：整队集合、清点人数、师生问好、宣布本课内容、安排见习生。

（2）准备活动。

活动名称："穿越封锁线"。如图2-37所示。

活动方法：所有队员持球，围绕长方形边框路线运球，听到哨音后，迅速运球穿过场地中间，到达对面。穿过场地时，注意避免碰撞。加强版：尝试体验不同路线的活动（如圆形场地）；尝试体验用指定脚运球。

活动规则：运球时不可碰撞到同学。

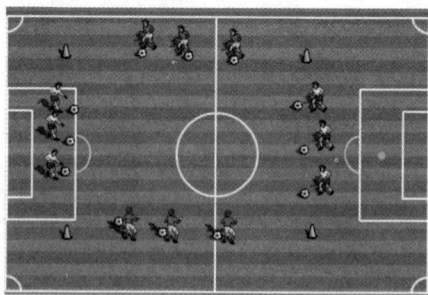

图2-37

2.基本部分（28分钟）

（1）练习一："穿越球门"。

教学组织：两人一组，互相传接球从8个"小球门"中的任何1个球门的前面或后面，越过球门线即得1分，但每个球门不能连续2次带球穿过得分，因此要通过转移配合或带球到其他球门，才能再次带球传球穿越小球门得分。如图2-38所示。

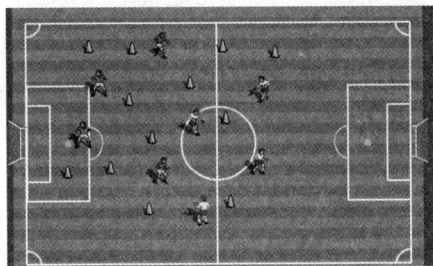

图2-38

练习要求：传球中从两个标志物中间传过。练习2～3次。

（2）练习二：跑空位传接球。

教学组织：将队员分成3人1组，3名队员分别站在正方形的3条边线上其中1人持球。持球队员随意将球传给另两个边上的任何1名队员后，快速跑向空着的一边；接球队员，同样随意将球传给另两个边上的任何一名队员后，快速跑向空着的一边，依次轮换进行传球跑位。如图2-39所示。

图2-39

（3）练习三：跑动中传接球。练习25～30次。

教学组织：外圈每人一球，中间队员在中间跑动观察空位进行要球并且回传。目的是训练学生能够在跑动中养成要球踢球的习惯，观察比赛情况。如图2-40所示。

图2-40

练习要求：传球要球跑动积极。练习3～4次。

3.结束部分（5分钟）

（1）集合整队。

（2）教师评价总结。

（3）拉伸放松。

（4）收拾器材。

（5）下课。

（七）说场地器材

足球场一个，足球若干，标志桶若干。

（八）说预计效果

根据本课设计，能顺利完成教学任务，并能达成预设的教学目标，预计本节课的练习密度为65%左右，最高心率为160～175次/分，平均心率达到

120～130次/分。

附录一：编写依据

注重学生运动专长的培养，奠定学生终身体育的基础，在脚内侧传接球中由于是复习课，对于基本的部位已经了解掌握，在教学步骤以及教学方法的设计中，主要通过直观教学示范组织的方式对练习内容的不断练习，巩固技术动作。通过跑动的传接球，更接近于比赛的实际性。安排了练习一："穿越球门"；练习二：跑空位传接球；练习三：跑动中传接球来提高学生在跑动中传接球的能力。培养学生的足球运动能力的基础，培养学生积极进取，顽强拼搏的精神。

附录二：脚内侧传球教学步骤

（1）练习一：无球模仿练习。

教学组织：四列横队，尝试完整动作，保持正确的基本姿势。

练习要求：积极模仿。

（2）练习二：击固定球练习。

教学组织：四列横队，前后两人一组。

练习要求：一人持球，另一人原地摆腿触球，随后进行助跑击固定球练习。让学生能够基本了解脚内侧踢球的正确触球部位。

（3）练习三：对墙踢练习。

教学组织：相距2～4米由近向远变化，分为4组，每组对墙进行传球练习。

练习要求：传球力量控制。

（4）练习四：面对面传接地滚球练习。

教学组织：两人一组，一停一传，组织学生相距4米进行传接球练习。

练习要求：动作协调。

（5）练习五：传球跑动练习。

教学组织：两路纵队，传球后跑到对面队伍后。

练习要求：传接地滚球时注意传球速度。

（6）练习六：运传组合练习。

教学组织：①学生运球到中间标志物后传球给②，②接球后运球至中间标志物传球给③，依次循环练习。目的是技术的组合运用。如图2-41所示。

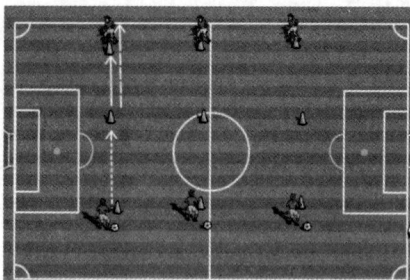

图2-41

练习要求：传球力量控制。

（7）练习七："穿越球门"。

教学组织：两人一组，互相传接球从8个"小球门"中的任何1个球门的前面或后面，越过球门线即得1分，但每个球门不能连续2次带球穿过得分，因此要通过转移配合或带球到其他球门，才能再次带球传球穿越小球门得分。如图2-42所示。

练习要求：必须通过小门之间传接球。

（8）练习八：跑空位传接球。同图2-39。

（9）练习九：跑动中传接球。同图2-40。

（10）练习十："溜猴"游戏。

教学组织：学生6人一组，围成一圈，只能通过脚内侧向任意一人，传球圈中站一人进行抢断，如果抢断成功，则换被抢断者到圈中继续抢断。如图2-42所示。

图2-42

练习要求：传球把握时机。

案例12：运球突破

（一）说指导思想

本课依据"以生为本、以标为纲、以学为主、以导为方"的"四为"课堂教育理念。通过"趣味学、多样练、模仿赛"的教学策略，充分激发学生的学练兴趣，从单一运动技能学习模式转向学会运动，学会锻炼方法，发展学生运动能力为重点，使学科核心素养的要求在教学中落地。培养学生公平竞争，遵守规则的体育品德。

（二）说教材分析

作为足球基本技术之一，在比赛中得到广泛应用，是运球者通过速度和方向的变化，达到突破对手，从而组织进攻传球或射门的技术动作。良好的个人突破技术是整体技战术能力的基础。本课选自人教版《体育与健康》内容中的足球部分，根据本单元的教学安排，针对运球突破技术共五课次本课为第一课次，同时有利于发展学生下肢力量以及身体灵敏性、协调能力。

（三）说学情分析（以水平四为例）

初中学生体育的运动技能虽有个体差异，学生总体身体素质都比较好，有体育特长学生领导，组织纪律性和集体荣誉感很强，有比较强的思维能力、创造能力，善于学习，并且学生具备较强的创造能力和自学能力。对头球有心理恐惧，通过多种简单、有效的练习，积极调动学生的学习兴趣。

（四）说教学目标

（1）认知目标：学习脚外侧拨球和脚内侧扣球的变向动作，能比较两种变向动作的相同点和不同点，总结出运球变向的三个共性特征。

（2）技能目标：75%左右的学生能初步完成拨球或扣球变向的动作，

做到身体稳定，力度适中。发展灵敏、速度、力量等身体素质，提高控球能力。

（3）情感目标：培养主动观察思考的学习习惯，以及不怕困难、团结协作的意识，体会足球运动的乐趣。

（五）说教法学法

1.教法

（1）设疑法："运球突破在比赛中的主要作用？"激发学生积极思考，认识运球突破在比赛中的重要作用，激发学习运球突破技术的学习热情。

（2）游戏导入法：用小游戏"反应抢球"，提高学习兴趣，使学生身心快速进入学习状态。

（3）模仿尝试法：运用模仿尝试练习，引出本课的重点和难点。

（4）图示法：通过图示法教学，学生能够用最短时间掌握技术，做到事半功倍效果。

（5）直观教学法：教师的优美规范示范与讲解，学生能够建立良好的动作概念。

（6）纠正错误法：通过教师与优生示范、正误对比示范等进行集体或个别纠正常见错误和易犯错误，从而掌握技术动作。

（7）分解练习法：学生通过对技术分解的学习，使动作学习由易到难，循序渐进的较快掌握动作。

2.学法

（1）观察法：学生观察运球突破的技术动作，了解技术动作结构与组成。

（2）模仿法：学生模仿运球突破，建立直觉感受，提高学习效率。

（3）分组练习法：学生根据自己能力或互教互学，提高学习兴趣和积极性。

（4）合作练习法：学生小组合作。

（5）自我评价法：通过小组总结进行自我评价。

充分发挥学生主体地位和教师主导作用，利用循序渐进的练习过程，使学生掌握运球突破的技术，努力完成教学目标，培养学生的善于观察思考的自学能力，增强自信心，提高合作能力，培养团队精神。

（六）说教学流程

1.开始部分（7分钟）

（1）课堂常规：整队集合、清点人数、师生问好、宣布本课内容、安排见习生。

（2）准备活动。

活动名称：冰冻人。

活动方法：分为2个队伍，每位队员一球，红队运球去抓别人，当快被抓到时可以喊冰冻，此时只能原地站立等待队友救援，被抓住只能原地蹲下，比赛几分钟内能把队员全部抓完。

活动规则：喊完冰冻后不能再运球，被抓住后只能原地蹲下。

2.基本部分（28分钟）

（1）练习一：运球变向练习。

教学组织：四边队员同时出发，运球到中间标志物后，运用突破变向假动作，运球到右边队伍后。如图2-43所示。

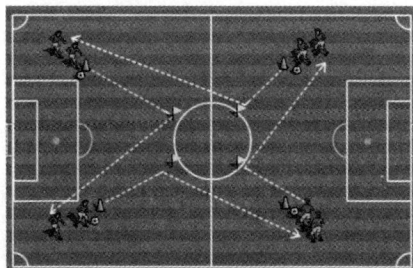

图2-43

练习要求：在运球过程中，通过变向假动作来达到突破的结果。

（2）练习二：1对1攻守两球门练习。

教学组织：队员①传球给②后立马上前防守，②持球通过变向来抵达到左右两侧球门区域。如图2-44所示。

图2-44

练习要求：变速变向。

（3）练习三："逃生通道"。

教学组织：进攻球员站在起跑线上，双脚分开，球位于两脚之间，而防守球员直接站在进攻球员身后。防守球员用脚尖把球从进攻球员的两腿之间捅出去，比赛开始。进攻球员的目标是首先抢到球，然后带球从任意一个小门跑出。如果防守球员使进攻球员失去对球的控制，或者把球踢出了游戏场地，那么防守球员获胜。如图2-45所示。

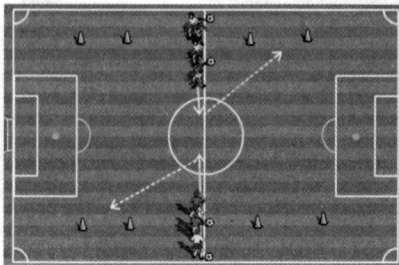

图2-45

练习要求：进攻拿到球后再防守。

3.结束部分（5分钟）

（1）集合整队。

（2）教师评价总结。

（3）拉伸放松。

（4）收拾器材。

（5）下课。

（七）说场地器材

足球场一个，足球若干。

（八）说预计效果

根据本课设计，能顺利完成教学任务，并能达成预设的教学目标，预计本节课的练习密度为60%左右，最高心率为160～175次/分，平均心率达到120～130次/分。

附录一：编写依据

运球突破技术是足球个人技术运用的重要内容。在水平四阶段，学生正处于发育期，对于身体对抗类项目特别感兴趣，本课多创设师生和谐互动，突破形式灵活多样，营造良好的课堂气氛。通过生生对抗突破，师生对抗突破，不同的突破路径选择，丰富课堂效果。在教学步骤中，同时选择了情境教学如练习三的"逃生通道"，尊重学生的学习需要，激发学生的运动兴趣，培养学生公平竞争和遵守规则的良好体育品德。

附录二：运球过人教学步骤

（1）练习一：运球变向练习。同图2-43。

练习要求：在运球过程中，通过变向假动作来达到突破的结果。

（2）练习二：1对1攻守两球门练习。同图2-44。

（3）练习三："逃生通道"。同图2-45。

（4）练习四：运球过障碍物突破练习，两人同时出发，到中间标志桶分别进行内跨外拨、左跨右拨、左晃右拨，运球到对面队伍后面。如图2-46所示。

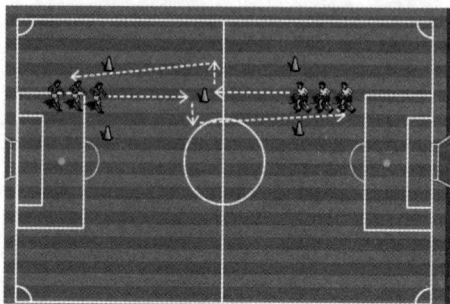

图2-46

（5）练习五：区域内做变向假动作后脚外侧拨球从两侧标志物间任一侧运球到对面如图，依次循环进行练习。如图2-47所示。

图2-47

（9）练习九：叫号1对1突破练习。分为4个小组，每组若干一名学生。其中一名学生在中间供球，给两组学生分别进行编号，当供球者喊1号时，两边1号同时正面抢劫球并且突破至对面两个球门。成功者得一分。以此循环练习。如图2-48所示。

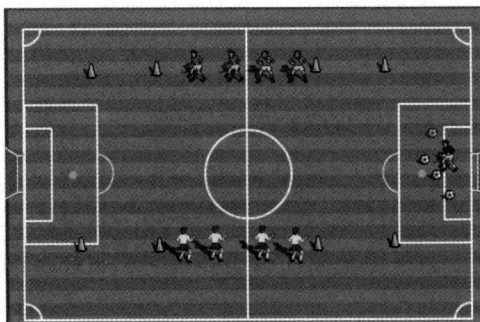

图2-48

案例13：前额正面头顶球

（一）说指导思想

本课根据新课程标准要求，以"健康第一"为指导思想，以学生发展为中心，体现学生的主体地位，关注学生的不同要求，在教学中启发引导学生自学、自练、探讨合作学习方式结合信息技术方法手段，激发学生的学习的兴趣。发展学生的协调性、灵敏性和柔韧性等身体素质，培养学生的拓展能力，养成积极主动地参与体育活动习惯和克服心理困难的优良品质。培养敢于挑战自我的能力。

（二）说教材分析

学习头顶球技术，作为足球基本技术之一，在比赛中得到广泛应用。它是高空进攻和防守高空球的主要手段，良好的头顶球技术不仅可以提高和改善防守质量，还可以丰富进攻套路，提高整体战术效果，经常成为比赛胜负的致命武器。同时，头顶球技术是提高上下肢协调性和灵敏性常用的足球技术练习手段。发展学生下肢力量以及身体灵敏性、协调能力。本课选自人教版《体育与健康》初中年级全一册内容中的足球部分，根据本单元的教学安排，针对头顶球技术安排三课次，本课为第一课次，重点：前额触球部位；

难点身体的摆动。

（三）说学情分析（以水平四为例）

初中学生体育的运动技能虽有个体差异，学生总体身体素质都比较好，有体育特长学生领导，组织纪律性和集体荣誉感很强，同时对足球的运球、发传球、射门有一定的了解，虽然对头球有心理恐惧，会害怕空中来球。但是由于该技术对于学生比较新奇，更容易产生兴趣。

（四）说教学目标

（1）认知目标：知道顶球的部位是前额，能用自己的语言说出原地头顶球的基本动作要领。

（2）技能目标：学生通过本次课的学习，80%学生能够做出自抛球头顶球动作，50%以上学生会近距离顶同伴抛出的球；发展学生腰腹力量及协调能力。

（3）情感目标：乐于帮助他人，共同合作完成练习，勇于克服困难，积极展示自己。

（五）说教法学法

1.教法

（1）设疑法："前额正面头顶球在比赛中的主要作用？"激发学生积极思考，认识头顶球的在比赛中的重要作用，激发学习头顶球技术的学习热情。

（2）游戏导入法：用小游戏"海豚顶球"，提高学习兴趣，使学生身心快速进入学习状态。

（3）模仿尝试法：运用模仿尝试练习，引出本课的重点和难点。

（4）图示法：通过图示法教学，学生能够用最短时间掌握前额正面头顶球技术，做到事半功倍效果。

（5）直观教学法：教师的优美规范示范与讲解，学生能够建立良好的动作概念

（6）纠正错误法：通过教师与优生示范、正误对比示范等进行集体或个别纠正常见错误和易犯错误，从而掌握技术动作。

2.学法

（1）观察法：学生了解排球正面双手垫球的技术动作结构与组成。

（2）模仿法：模仿正面双手垫球的蹬地用力以及手臂"插、夹、提"的关键，建立直觉感受，提高学习效率。

（3）分组练习法：根据自己能力或互教互学，提高学习兴趣和积极性。

（4）合作练习法：通过互相垫球等合作练习，互相取长补短。

（5）自我评价法：对动作的表现进行自我评价。

（六）说教学流程

1.开始部分（7分钟）

（1）课堂常规：整队集合、清点人数、师生问好、宣布本课内容、安排见习生。

（2）准备活动：球性活动。

①原地双手交替踩球。

②脚内侧拨球练习。

③踩单车练习。

④颠球练习。

2.基本部分（28分钟）

（1）练习一：单手吊绳头顶固定球（跪姿）。

教学组织：拿球同学站顶球同学侧面，顶球同学面向场地中间，两人一组，通过跪姿头顶固定球来感受触球部位。

练习要求：头顶球时不闭眼。练习5～8次。

（2）练习二：自抛自顶练习。

教学组织：四列横队，前后两人一组。每人一球，自己抛到相应固定位置，通过蹬地摆体进行顶球练习。

练习要求：自抛同时判断落点蹬地摆体顶球。基本掌握前额正面头顶球的正确触球部位。练习5~10次。

（3）练习三：你抛我顶练习。

教学组织：四列横队，前后两人一组。一人抛球一人顶球，每人各顶十次后交换练习。

练习要求：准确判断球的落点。练习5~8次。

（4）练习四：合作头顶球计分赛。

教学组织：四列横排，前后两人一组，一人抛球，另一人顶球，目标小垫子，每人顶5次，顶到垫子得一分，总分10分，比一比谁先到达10分。

练习要求：击球的准确性。练习2~3次。

3. 结束部分（5分钟）

（1）集合整队。

（2）教师评价总结。

（3）拉伸放松。

（4）收拾器材。

（5）下课。

（七）说场地器材

足球场一个，足球若干，便捷式音响一个，垫子若干个。

（八）说预计效果

根据本课设计，能顺利完成教学任务，并能达成预设的教学目标，预计本节课的练习密度为70%左右，最高心率为160~175次/分，平均心率达到120~130次/分。

附录一：编写依据

以终身体育、健康第一为主要关键词，通过对前额正面头顶球的教学，培养学生克服困难和心理恐惧的能力，对于八年级学生来说前额正面头顶球的难度相对较大，但是通过教学实施让学生能够克服恐惧学习技术，为今后比赛运用打下基础，案例中对重难点的把握，对身体的摆动、触球部位关键内容，安排以下几个练习步骤：练习一：单手吊绳头顶固定球（跪姿）；练习二：自抛自顶练习；练习三：你抛我顶练习；练习四：合作头顶球计分赛。由固定球到自抛自顶能够有效地控制落点和触球部位，在合作练习法中，通过一抛我顶和合作团队头顶球，培养学生互相合作的能力。

附录二：前额正面头顶球教学步骤

（1）练习一：单手吊绳头顶固定球（跪姿）。

教学组织：拿球同学站顶球同学侧面，顶球同学面向场地中间，两人一组，通过跪姿头顶固定球来感受触球部位。

练习要求：头顶球时不闭眼。

（2）练习二：自抛自顶练习。

教学组织：四列横队，前后两人一组。每人一球，自己抛到相应固定位置，通过蹬地摆体进行顶球练习。

练习要求：自抛同时判断落点蹬地摆体顶球。基本掌握前额正面头顶球的正确触球部位。

（3）练习三：你抛我顶练习。

教学组织：四列横队，前后两人一组。一人抛球一人顶球，每人各顶十次后交换练习。

练习要求：准确判断球的落点。

（4）练习四：合作头顶球计分赛。

教学组织：四列横排，两人一组，一人抛球，另一人顶球，目标小垫子，每人顶5次，顶到垫子得一分，总分10分，比一比谁先到达10分。

练习要求：击球的准确性。

（5）练习五：顶横杆吊球练习。

教学组织：分为四个小组，每小组学生逆时针旋转，体会顶不同高度的球。

练习要求：是让学生学会调整不同身体姿势来顶球。

（6）练习六：行进间头顶球。

教学组织：四列横队，前后两人一组。一人左右进行抛球，另一人通过移动来寻找落点击球，要求做动作时与顶球时机配合合理，身体摆幅加大，相互评价。

练习要求：学生在行进间移动过程中判断球的能力。

（7）练习七：三角头球攻门练习。

教学组织：三人一组，散点练习。用角旗竿摆门，一人抛、一人顶、一人守，抛球距离可以控制在3～5米。依次轮流练习。

练习要求：明确顶球的时机与落点。

（8）练习八：头球攻门比赛。

教学组织：11人一组，对抗练习。11v11篮球方式传球，攻门用头顶球。

练习要求：积极参加，争取胜利，多传球，有配合，丢球不埋怨，互相鼓励，按规则进行比赛。

三、排球

案例14：正面双手垫球

（一）说指导思想

本课依据体育与健康课程的性质，以运动技能的学练为主线，发挥运动技能的载体作用，挖掘教材本身的教育、健身等功能，根据体育教学的相关规律，选择适当的教学方法和策略进行体育运动知识和技能的教学，在获得体育运动知识和技能的同时，感受收获与成功的快乐，体会合作交流等，确保学习目标的达成与实现。培养学生学会合作的精神。

（二）说教材分析

垫球是排球运动中最重要的基本技术，是接发球和防守最常用的技术。起着组织全队，相互配合的重要作用，是排球教学重要组成部分，也是更好的学习各种技术和战术的基础。本教材选自人教版《体育与健康》水平四的教学内容，根据单元安排，针对正面双手垫球，安排三课次，本课为第一课次，通过排球练习发展学生的协调能力，提高灵敏性，培养学生的集体主义精神。

（三）说学情分析（以水平四为例）

初中阶段的学生已在小学体育与健康课程学习的基础上，通过各种练习的手段，不同程度地发展了速度、灵敏、有氧耐力，因此具备一定的运动能力和运动的基础。同时，初中阶段的学生进入青春发育期，精力充沛，活泼好动，喜爱体育运动，在运动中展示自我。由于我校采取男女分班授课制，加之中国女排精神对女生的影响较大，因此对排球的教学兴趣浓厚且充满期待，有利于教学的实施。

（四）说教学目标

（1）认知目标：通过学习，正确认识垫球部位在垫球技术中的重要性，能准确地说出正面双手垫球的基本手型和垫球部位，了解在比赛中的应用。

（2）技能目标：通过学习，学生初步掌握垫球的动作，能根据球的高度，击球点等特征，主动调整身体位置，表现出控球的稳定性，连续性，锻炼学生肩部力量、身体的协调和下肢力量。发展学生的速度、灵敏素质和控制球的能力。

（3）情感目标：培养学生想象力和创新能力，学生在学习过程中体验快乐，培养学生独立完成动作和集体合作能力、团队竞争意识。

（五）说教法学法

1.教法

（1）图像法：运用图片进行教学，不仅可以激发学生的学习兴趣，还可以给予学生想象的空间及正确的动作形象和概念，让学生有一个感性的认识。

（2）启发教学法：通过启发式提问让学生更好地了解、掌握排球垫球的基本知识和技术要领，激发学生的学习兴趣。

（3）分解法：让学生从简到难的学习，使学生更容易掌握技术。

（4）游戏法：通过游戏竞赛活跃课堂气氛，巩固技术，培养学生的团结协作能力和集体主义精神。

2.学法

（1）尝试法：个人尝试垫球，发展创造能力，充分体现学习的主体性。

（2）展示法：通过合作垫球，展示优势，有利于进行创造性的学习。

（3）游戏法：提高学生的兴趣，活跃课堂气氛，巩固技术。

（4）评价法：通过评价发现问题，解决问题，进一步激发学生的学习兴趣。

（六）说教学流程

1.开始部分（7分钟）

（1）课堂常规：整队集合、清点人数、师生问好、宣布本课内容、安排见习生。

（2）准备活动：球性练习。

①抛接球练习。

②坐地传球练习。

③双足夹球跳扔练习。

2.基本部分（28分钟）

（1）练习一：徒手模仿练习。

教学组织：四列横队，成广播体操队形，集体听口令进行练习。

练习要求：一插、二夹、三提肩，下肢蹬伸、中心跟。练习5～8次。

（2）练习二：垫击固定球练习。

教学组织：四列横队，成广播体操队形，前后两人一组，集体分组练习。

练习要求：正确的击球点和击球部位，练习5～10次。

（3）练习三：单人垫球回传练习。

教学组织：四列横队，成广播体操队形，前后两人一组，一人抛球，另一人垫球回传。

练习要求：相距4米，垫球人判断准确、移动及时将球垫回。练习5～8次。

（4）练习四：自抛自垫练习。

教学组织：四列横队，成广播体操队形，前后两人一组，讲解动作要领并示范练习。

练习要求：主要体会插、夹、压、蹬、提、抬动作，明确击球部位。

（5）练习五：垫落地反弹球练习。

教学组织：四列横队，成广播体操队形，前后两人一组，一人将球击地，另一人接到反弹球后对垫。

练习要求：掌握球的落点。

3.结束部分（5分钟）

（1）集合整队。

（2）教师评价总结。

（3）拉伸放松。

（4）收拾器材。

（5）下课。

（七）说场地器材

排球场一个，排球若干，便捷式音响一个。

（八）说预计效果

根据本课设计，能顺利完成教学任务，并能达成预设的教学目标，预计本节课的练习密度为50%左右，最高心率为160～175次/分，平均心率达到120～130次/分。

附录一：编写依据

本课在进行排球正面双手垫球教学时，依据教学目标来选择教学内容，根据排球教材内容的特点和学理规律来进行教学设计和组织实施。体育教学内容编排体系的最大特点是重复性，在不断地重复练习正面双手垫球技术中，提高技能、发展身体。这种重复不是简单的重复回到原点，而是一个螺旋形上升的提高过程。选择实用价值高和锻炼身体作用大的教学内容。考虑水平四这一阶段学生的年龄、学段和身心发展状况等个体差异，来设置本节课课堂目标的要求。

附录二：正面双手垫球教学步骤

（1）练习一：口令指挥徒手模仿练习。四列横队，每人一球，在练习中能有明显感受动作要领，做到一插、二夹、三提肩，下肢蹬伸，中心跟。

（2）练习二：垫击固定球练习，两人一组，交换练习。目的是了解手臂正确击球的部位。

（3）练习三：自抛自垫球练习。体会垫球的完整动作，掌握正确的垫球手型部位，目的是强化夹、提、迎、送的动作感觉。

（4）练习四：单人垫球回传练习（距离逐渐增加或左右移动垫球或前后移动）。垫球人判断准确、移动及时将球垫回。

（5）练习五：垫落地反弹球练习。两人一组体会身体的移动与垫球用力的配合。

（6）练习六：双人垫球对传练习。相距2～3米，目的是能够准确判断落点并垫回，强化接移动球的感觉。

（7）练习七：两人对墙垫反弹球练习。距墙2～3米进行练习，明确垫球反弹落点，移动垫球。目的是加大练习密度，体会垫球的用力顺序和肢体的协调配合。

（8）练习八：绕杆自垫球接球接力练习。

（9）练习九：垫球钻网接力练习（可用绳子替代网）。

（10）练习十：一对一垫离身体左侧/右侧2米的固定球。

（11）练习十一：穿梭跑动垫球练习。隔网各成两路纵队，垫完球后马上回到自己队伍后，依次循环练习。

（12）练习十二：隔网2v2轮流移动垫球（垫完后交叉移动）。

（13）练习十三："躲避球"游戏。若干人一组围成一圈，圈内几名队员进行躲避，圈外队员进行不同方向的垫球对传练习，寻找适当时机进行扣球，将球扣击到中间队员，中间队员则淘汰加入外圈，直至最后一名队员胜出。

（14）练习十四：游戏：大家围成圆圈，按顺时针方向由排头开始依次报数，每人记住自己的数字，共用一球，先由一人将球向上垫起，向上垫起的同时喊出下一个数字，被叫到数字的同学尽可能将球垫起，跶起高度要达到4米以上，在刚开始的时候要将球垫向圆圈的中央。

（15）练习十五：6对6隔网对抗比赛。

案例15：正面双手传球

（一）说指导思想

本课以体育与健康教学大纲的基本精神，遵循教学规律，坚持"以人为本，健康第一"的指导思想，依据体育课程自身以实践练习为主的教学特点，以增进学生健康为主要目的，通过多种形式的教学手段充分体现学生的主动性。发展学生的身体素质，培养学生终身体育的意识，并能在各项体育活动中体验乐趣。

（二）说教材分析（以水平四为例）

传球是排球运动的基本技术之一，主要用于衔接防守和进攻。传球的种类很多，正面双手传球是排球传球技术的基础。通过排球传球技术动作的学习，可以提高球性，增强对运动物体的判断能力，发展学生的灵敏性和身体的协调性，培养学生乐于挑战的精神。根据单元安排，针对正面双手传球设置2课次，本课为第1课次。主要学习排球的正面双手传球基本技术。重点：触球部位；难点：掌握用力顺序，身体协调。

（三）说学情分析

初中阶段的学生已在小学体育与健康课程中排球学习的基础上，通过各种练习的手段，不同程度地发展了速度、灵敏、有氧耐力，因此具备一定的运动能力和运动的基础。同时，初中阶段的学生进入青春发育期，精力充沛，活泼好动，喜爱体育运动，在运动中展示自我。

（四）说教学目标

（1）认知目标：通过学习，能准确地说出正面双手传球的基本手型和传球部位，培养学生对排球的兴趣。

（2）技能目标：通过学习，学生基本掌握传球的动作，能根据球的高度、击球点等特征，主动调整身体位置，表现出控球的稳定性、连续性，发展学生协调和控制球的能力。

（3）情感目标：培养学生想象力和创新能力，学生在学习过程中体验快乐，培养学生独立完成动作和集体合作能力、团队竞争意识。

（五）说教法学法

1.教法

（1）图像法：运用排球正面双手垫球的挂图进行教学，激发学生的学习兴趣，给予学生想象的空间及正确的动作形象和概念，让学生有一个感性的认识。

（2）启发教学法：通过启发式提问让学生更好地了解、掌握排球传球的基本知识和技术要领，激发学生的学习兴趣。

（3）分解法：让学生从简到难的学习，使学生更容易掌握技术。

（4）游戏法：通过游戏竞赛活跃课堂气氛，巩固技术，培养学生的团结协作能力和集体主义精神。

2.学法

（1）尝试法：发展创造能力，充分体现学习的主体性。

（2）展示法：通过展示有利于进行创造性的学习。

（3）游戏法：提高学生的兴趣，活跃课堂气氛，巩固技术。

（4）合作学习法：通过合作学习，培养团结协作精神。

（六）说教学流程

1.开始部分（7分钟）

（1）课堂常规：整队集合、清点人数、师生问好、宣布本课内容、安排见习生。

（2）准备活动：球性练习。

①原地抛接球练习。

②原地不同体位的传接球练习。

③原地垫球练习。

2.基本部分（28分钟）

（1）练习一：单人回传练习（距离逐渐增加或左右移动垫球）。

教学组织：四列横队，两人一组，近/远距离一人抛球，另一传球人判断准确、移动及时将球传回。每人十次进行交换。

练习要求：传球部位准确。练习10～20次。

（2）练习二：双人对传练习。

教学组织：四列横队，两人面对面相距2～3米隔网进行传球。

练习要求：判断球的落点。练习10～20次。

（3）练习三：两人对墙传反弹球练习。

教学组织：四列横队，两人一组，散点练习，巡回指导。

练习要求：距墙2～3米进行练习，明确传球反弹落点，移动传球。练习15～20次。

（4）练习四：多人隔网对传练习。

教学组织：5人一组，隔网对传练习，在本队必须传球3次以上才可以传球给对面。

练习要求：隔网各成两路纵队，传完球后马上回到自己队伍后，依次循环练习。练习2～3次。

3.结束部分（5分钟）

（1）集合整队。

（2）教师评价总结。

（3）拉伸放松。

（4）收拾器材。

（5）下课。

（七）说场地器材

排球场一个，排球若干。

（八）说预计效果

根据本课设计，能顺利完成教学任务，并能达成预设的教学目标，预计本节课的练习密度为60%左右，最高心率为160～175次/分，平均心率达到120～130次/分。

附录一：编写依据

体育教学要让学生学会和掌握一定的运动技能，排球正面双手传球动作技能的形成需要经历从不会到会、从不熟练到熟练的过程，运动技能形成提高的过程是：粗略掌握动作阶段；改进与提高动作阶段；动作的巩固与运用自如阶段。本节课为第一次课，学生处于动作技能形成的粗略掌握动作阶段，教师应该采用新颖的教学内容和训练方法，刺激学生的学习兴趣，学生的注意力较为集中，学习效果比较明显，教师要认真分析，学生学习技术动作时存在的主客观因素，把握运动规律，有的放矢，达到事半功倍的效果。

附录二：正面双手传球教学步骤

（1）练习一：口令指挥徒手模仿练习。四列横队，每人一球，在练习中能有明显感受动作要领，蹬地、伸臂动作和全身协调动作。

（2）练习二：传固定球练习，两人一组，交换练习。一人持球，另一人作传球，体会伸臂及手指手腕的缓冲动作。

（3）练习三：自抛自传球练习。体会传球的完整动作，掌握正确的垫球手型部位。

（4）练习四：单人回传练习（距离逐渐增加或左右移动垫球）。近/远距离一人抛球，另一传球人判断准确、移动及时将球传回。每人十次进行交换。

（5）练习五：双人对传练习。两人面对面相距2～3米隔网进行传球，目的是能够准确判断落点并传回

（6）练习六：两人对墙传反弹球练习。距墙2～3米进行练习，明确传球反弹落点，移动传球。

（7）练习七：多人隔网对传练习。隔网各成两路纵队，传完球后马上回到自己队伍后，依次循环练习。

（8）练习八："躲避球"游戏。若干人一组围成一圈，圈内几名队员进行躲避，圈外队员进行不同方向的对传练习，寻找适当时机进行扣球，将球扣击到中间队员，中间队员则淘汰加入外圈，直至最后一名队员胜出。

（9）练习九：移动至网前，将球传给进攻队员，观察球的飞行路线，准确跑位，做好准备姿势出手传球练习。

案例16：正面屈体扣球

（一）说指导思想

本课以"技术、体能、运用"为核心支撑的体育课堂为导向，以练习方法为线，结合体能，融入技术运用。课堂教学设计以"排球游戏"为切入点，选择符合技术原理的教学手段进行针对性的练习。从而达到进一步掌握排球正面屈体扣球实际运用效果。同时关注学生差异发展，提倡团队合作，为培养学生的终身体育锻炼意识奠定坚实基础。

（二）说教材分析

扣球是排球比赛中最积极，攻击性最强，最有效的进攻手段，正面扣球是比赛中运用最多的一项进攻技术，便于观察对方拦网和防守情况，进攻效果好，适合近网和远网扣球，排球正面屈体扣球是水平四，八年级排球单元的主要教学内容，根据单元安排，针对排球扣球共安排四课次，本课为第一次课。重点：助跑起跳的结合；难点：落点扣球的时机。

（三）说学情分析（以水平四为例）

本班学生绝大部分学生对排球的学习热情较高，正处于青春期初期，朝气蓬勃，富于想象力和挑战，表现出较强的求知欲。同时，他们在初中阶段对排球已经有过初步的了解和简单的接触，具备了学习排球4号位助跑起跳的基础。

（四）说教学目标

（1）认知目标：让学生参与到教学中，了解排球正面扣球的基本动作要领和口诀，熟悉锻炼下肢力量的方法。

（2）技能目标：多数学生基本掌握原地挥臂击球的技术动作，能用正确的全掌包满球手法击球的后中部，发展学生上肢爆发力和全身协调用力目标的能力。

（3）情感目标：让学生在参与中体验学习的乐趣，在活动中与同伴建立良好的人际关系。

（五）说教法学法

（1）讲解法与直观法：通过准确的语言、优美的动作示范来感染学生，提高学生学习的兴趣。

（2）纠正错误法：由于学生间的个体差异，完成练习的情况各有不同，通过纠正获得正确动作，提高学习的信心。

（3）循序渐进法：在教学过程中，做到由浅入深、由易到难，学生逐步掌握动作。

（4）重复练习法：学生根据技术特征与教师的不同要求，重复练习扣球的脚步动作。

（5）比赛法：通过比赛，在轻松愉快的课堂气氛中学会扣球的动作。

（六）说教学流程

1.开始部分（7分钟）

（1）课堂常规：整队集合、清点人数、师生问好、宣布本课内容、安排见习生。

（2）准备活动。

活动名称：拔河。

活动方法：两人相互交叉扣在排球上，用力向后拉，看谁能把对方拉动。

活动规则：不可使用蛮力乱拉。

2.基本部分（28分钟）

（1）练习一：徒手模仿正面屈体扣球的练习。

教学组织：四列横队，集体练习。

练习要求：听口令练习。练习10～20次。

（2）练习二：扣固定球。

教学组织：两人一组一球，一人持球于头上正前方，另一人做原地挥臂轻扣练习。

练习要求：挥臂路线与方向正确，最高点全掌击球的后中上部。练习10～20次。

（3）练习三：原地对墙扣球方法。

教学组织：散点练习自抛球后扣击球。

练习要求：体会挥臂与鞭打动作，注意全身协调用力。练习10～20次。

（4）练习四：自抛上步扣球。

教学组织：四路纵队，组织练习，评价纠错。

练习要求：正确选择起跳时机，合理选取球与人的位置，在最高点击球。练习5～8次。

3.结束部分（5分钟）

（1）集合整队。

（2）教师评价总结。

（3）拉伸放松。

（4）收拾器材。

（5）下课。

（七）说场地器材

排球场一个，排球若干。

（八）说预计效果

根据本课设计，能顺利完成教学任务，并能达成预设的教学目标，预计本节课的练习密度为50%左右，最高心率为160～175次/分，平均心率达到

120～130次/分。

附录一：编写依据

新课程标准提倡的"以学生为主体"的教学理念，把学习活动的主动权交给学生，给了每个学生充分选择机会和发展空间，让他们按照自己的爱好和兴趣来确定自己的学习内容和学习方式。在排球正面屈体扣球教学中，采用分小组的活动，既可以解决学生练习频率问题，又可以使学生之间能够更好地沟通、交流，还能充分锻炼部分学生的组织指挥能力。积极进行及时评价，教师在课堂中，及时评价学生行为，让学生在教师的评价中充分感受到一份成功的喜悦和进步的快感。

附录二：正面屈体扣球教学步骤

（1）徒手练习。采用集体、独立或分组自由结伴的教学组织形式。在网前也可在指定区域，先按动作方法与要领，作分解练习，再做完整的徒手模仿练习。

①挥臂练习。要求：按正确动作要点，挥臂路线、方向要正确，动作协调，挥臂迅速有力。

②步法练习。要求：步伐清晰，助跑有节奏。起跳快速用力，做到一小、二大、三起跳。

③完整动作练习。要求：正确取位，助跑有节奏，起跳用力，助跑起跳衔接流畅，腰腹用力带动手臂快速挥向前上方，压腕鞭打动作快，落地缓冲稍屈膝。

（2）扣固定球。采用分组或自由结伴的教学组织形式，重点强调挥臂速度与方向，以及各动作环节的衔接。体会全掌击球与击球点和击球部位的准确性。

①两人一组原地练习方法：一人持球于头上正前方，另一人作原地挥臂轻扣练习。要求：挥臂路线与方向正确，最高点全掌击球的后中上部。

②扣吊球或就地取材（利用树枝叶作标记）的完整动作练习要求：动作连贯、协调，强调选择好人与球的合适距离，在最高点扣击，挥臂速度与方向要快而正。

（3）原地扣球。采用分组或独立练习的教学组织形式。重点强调挥臂速度与击球力量和协调用力方法的掌握。

①原地对墙扣球方法：自抛球后扣击球。要求：体会挥臂与鞭打动作，注意全身协调用力。

②扣击传球方法：两人相隔6—8米。自抛球后扣击球，也可一人对墙连续扣击。要求：体会全掌击球与腰腹用力的配合，有意识控制球的落点。

（4）扣抛球。采用分组或两人一组自由结伴的教学组织形式，重点强调各动作环节的衔接和同伴间的合作，体会准确判断、动作的连贯和协调的配合对较好完成扣球技术动作的重要作用。

①一人将球抛起，另一人助跑起跳扣击球。要求：合理取位，准确起跳，击球要准。

②自抛上步扣球。要求：正确选择起跳时机，合理选取球与人的位置，在最高点击球。

（5）网前扣球练习。采用分组练习的教学组织形式。重点强调正确判断、准确取位、快速起跳，最高点用全掌击准球，动作协调连贯。

①网前低网扣球练习。要求：注意动作的规范性，落地收腹，屈膝缓冲控制重心，勿触网。

②4号位扣球练习。要求：一人在3号位处将球抛至或传至4号位，另一人进行扣球练习。注意动作的连贯性，能扣出过网长线球。

（6）三人一组垫、传、扣球练习。

方法：场内3、4、5号位站位，接短距离隔网正面上手发球或抛球后进行传、扣球练习。

要求：加强已学技术动作的组合练习，强调正确判断取位，灵活运用技术，体现合作学习。

案例17：正面上手发球

（一）说指导思想

本课依据"以生为本、以标为纲、以学为主、以导为方"的"四为"课堂教育理念。通过"趣味学、多样练、模仿赛"的教学策略，充分激发学生的学练兴趣，从单一运动技能学习模式转向学会运动，培养学生身体协调能力，同时通过排球运动能够更好地培养学生的团队合作精神。

（二）说教材分析

发球技术是排球运动中最基础也是最重要的技术之一，通过排球上手发球技术动作的学习，可以掌握发球技巧，增强对比赛认识的能力，发展学生的灵敏性和身体的协调性，培养学生乐于挑战的精神。本堂课是排球单元教学（共五课时）的第三次课，主要学习排球的正面上手发球。本节课的重点：抛球手法，击球手型以及击球点和挥臂击球动作的正确规范；难点：抛球与挥臂击球的协调配合、球的落点控制。

（三）说学情分析（以水平四为例）

初中学生已经掌握垫球等基本技术，对排球有一定的认识，但是正面上手发球上下肢用力不协调，不能更好地控制球，由此会有一定的心理障碍。因此在教学中设计新颖、有趣的练习方法。通过游戏诱导学生，正确利用学生活泼好动，争强好胜，善于模仿的特点。

（四）说教学目标

（1）认知目标：通过学习，能准确地说出正面上手发球的基本手型和发球部位，培养学生对排球的兴趣。

（2）技能目标：通过学习，学生基本掌握发球的动作，能根据球的高度，击球点等特征，主动调整身体位置，表现出控球的稳定性，连续性，发展学生协调和控制球的能力。

（3）情感目标：培养学生想象力和创新能力，学生在学习过程中体验快乐，培养学生独立完成动作和集体合作能力、团队竞争意识。

（五）说教法学法

1.教法

（1）语言法。

①讲解正面上手发球的动作要领和重要性。

②口令指导正面上手发球的错误动作。

③口头互相评价动作的规范性。

（2）直观法。

①动作示范正面上手发球。

②直观教具与模型演示。

③预防和纠正错误法。

④强化概念法。

2.学法

（1）模仿练习法。学生能在老师的带领下模仿教师动作，体会篮球的快乐。

（2）分层练习法。通过友情分组活动，帮助学生树立成功感受，提高学生自信心，体验学习和成功带来的乐趣。

（3）互帮互学法。在互学互练中，提高学生的合作能力，看到自己的不足，学习别人的优点。

（六）说教学流程

1.开始部分（5分钟）

（1）准备部分：球性练习。

①抛球引臂练习。

②单手垫球练习。

③左右抛接球练习。

④击地垫球练习。

2.基本部分（28分钟）

（1）练习一：对墙发球练习。

教学组织：分为2组，分别在排球场的两边，通过墙体上划线的方法，充分利用现有的场地资源进行教学。

练习要求：发球准确。练习5～8次。

（2）练习二：两人一组，互相发球练习。

教学组织：两人一组，相距4～6米进行正面上手发球合作练习。将场地沿纵向的中线分为两个半场区域，学生站在场地左侧底线后面进行发球，对面站在同一半边发球后跑至对面队伍后。依次循环练习。

练习要求：根据自身能力确定适合的练习距离。练习4～5次。

（3）练习三：发球过网比赛。

教学组织：分为4组，轮流发球，讲解比赛方法与规则，对全班学生进行分组，要充分考虑两队组之间实力均衡。

练习要求：每人只发一次球。练习5～8次。

3.结束部分（5分钟）

（1）集合整队。

（2）教师评价总结。

（3）拉伸放松。

（4）收拾器材。

（5）下课。

（七）说场地器材

排球场两个，排球若干。

（八）说预计效果

根据本课设计，能顺利完成教学任务，并能达成预设的教学目标，预计本节课的练习密度为60%左右，最高心率为160～175次/分，平均心率达到

120～130次/分。

附录一：编写依据

本课教学内容是排球正面上手发球。此技术在比赛中可直接作为进攻，发球质量的好坏直接影响技战术的发挥，所以学好发球技术是我们高中排球教学的重点之一。通过学习正面上手发球的技术和方法，明确正面上手发球对自身发展的价值。根据初中学生的生理、心理特点，通过设计不同的教学目标，采取不同的教学方法，引导学生自主、合作、探究学习，发展学生的力量和协调能力，培养学生团结合作精神，展现学生的青春活力，锻炼学生的观察、评价和自主学习能力。

附录二：正面上手发球教学步骤

（1）练习一：徒手模仿练习。四列横队，每人一球，在练习中能有明显感受动作要领。

（2）练习二：原地抛接球练习。要求抛球垂直、稳定，能够将球控制在一定高度。

（3）练习三：原地抛击球练习。体会击球时机和击球部位。

（4）练习四：对墙或隔网不同距离的发球练习。

（5）练习五：直线发球练习。将场地沿纵向的中线分为两个半场区域，学生站在场地左侧底线后面进行发球，对面站在同一半边发球后跑至对面队伍后。依次循环练习。

练习六：斜线发球练习。每人一球将场地沿纵向的中线分为两个半场区域，学生站在场地左侧底线后发球至纵向另半边场地。发球后自己捡球跑到对面队伍后。依次循环练习。

案例18：正面下手发球

（一）说指导思想

本课依据"以生为本、以标为纲、以学为主、以导为方"的"四为"课堂教育理念。通过"趣味学、多样练、模仿赛"的教学策略，充分激发学生的学练兴趣，从单一运动技能学习模式转向学会运动，学会锻炼方法，发展学生运动能力为重点，使学科核心素养的要求在教学中落地。

（二）说教材分析（以水平四为例）

排球正面下手发球是排球运动基本技术之一，在发球技术中动作难度相对较小，其动作结构主要由身体基本姿势与持球、抛球、引臂击球、击球后身体动作等几个部分，是水平四排球单元的主要教学内容。根据本单元教学安排，针对正面下手发球共安排3课次，本课设置为第1课次。本次课教学重点：击球手型以及击球点和挥臂击球动作的正确规范。教学难点：抛球与挥臂击球的协调配合、球的落点控制。

（三）说学情分析

初中学生已经掌握正面双手传球，对排球有一定的认识，但是正面双手传接球上下肢用力不协调，不能更好地控制球，由此会有一定的心理障碍。因此在教学中设计新颖、有趣的练习方法。通过游戏诱导学生，正确利用学生活泼好动，争强好胜，善于模仿的特点。

（四）说教学目标

（1）认知目标：学生认识击球点和击球时机对正面下手发球出球质量的重要影响，并能说出正面下手发球的基本动作要点。

（2）技能目标：通过教学使75%以上男生和65%以上女生能较好地掌握抛球与击球相结合动作，并能在自主练习中做到抛球高度合适，击球时机得当。

（3）情感目标：培养学生想象力和创新能力，学生在学习过程中体验快乐，培养学生独立完成动作和集体合作能力、团队竞争意识。

（五）说教法学法

1.教法

（1）讲解示范法：通过形象的口诀法和优美的示范帮助学生建立动作概念，理解动作要领。

（2）直观法：观看电影、电视、幻灯、录像来加深动作理解。

（3）游戏法：根据教学目标选择合适的活动内容与形式，采取相应的规则和要求。

（4）纠错与帮助法：在学生练习中，通过观察及时纠正学生的错误动作，引导学生学习规范优美的动作。

（5）竞赛法：组织学生进行行进间运球比赛，促进学生最大限度发挥机体的功能能力。

2.学法

（1）模仿练习法：学生能在老师的带领下模仿教师动作，体会篮球的快乐。

（2）分层练习法：通过友情分组活动，帮助学生树立成功感受，提高学生自信心，体验学习和成功带来的乐趣。

（3）互帮互学法：在互学互练中，提高学生的合作能力，看到自己的不足，学习别人的优点。

（六）说教学流程

1.开始部分（7分钟）

（1）课堂常规：整队集合、清点人数、师生问好、宣布本课内容、安排见习生。

（2）准备活动：球性练习。

①自抛自垫练习

②互相传球练习

③互相垫球练习

2.基本部分（28分钟）

（1）练习一：徒手模仿练习。

教学组织：四列横队，集体练习。

练习要求：听口令练习。练习5～8次。

（2）练习二：短距离轮换发球（3～6米）。

教学组织：两人一组相距3～6米，逐步提高练习标准。

练习要求：能够准确地把握和找准击球点与击球部位。练习8～10次。

（3）练习三：对墙进行发球练习。

教学组织：分为四组，面对墙面练习，关注个体，适时进行指导。

练习要求：体会挥臂速度与挥臂方向。练习5～8次。

（4）练习四：原地发球比准。

教学组织：分组教学，鼓励评价。

练习要求：发球质量高。练习5～8次。

3.结束部分（5分钟）

（1）集合整队。

（2）教师评价总结。

（3）拉伸放松。

（4）收拾器材。

（5）下课。

（七）说场地器材

排球场一个，排球若干。

（八）说预计效果

根据本课设计，能顺利完成教学任务，并能达成预设的教学目标，预计本节课的练习密度为50%左右，最高心率为160～175次/分，平均心率达到120～130次/分。

附录一：编写依据

本节课安排排球正面下手发球教学，要使学生能正确描述正面下手发球的动作过程和接发球规则，并能使学生基本掌握正面下手发球的动作技术着手，由发球、击球、完整教学组成，第一课次从建立完整动作表象开始学习抛球，因发球技术动作的好坏与抛球有着直接的关系，一般正确良好的抛球技术能使学生尽快掌握正面下手发球技术，为击球奠定基础，确保学生击球动作正确，通过多种形式的固定抛球练习对学生的兴趣是一种提高。

附录二：正面下手发球教学步骤

（1）练习一：徒手练习。

在学习的初始，应多采用徒手练习，体会正确的技术动作过程。强调挥臂路线与方向。提示学生在练习中牢记动作要点，注意观察。

（2）练习二：抛球练习。

重点强调抛球的高度和方向，可采用集体练习与个体独立练习相结合的方法，提高抛球的稳固性；可利用游戏法帮助学生学习，如"抛球比准游戏"，两三人一组以标志物为基准，反复上抛触目标，要求抛球方向正，能准确控制高度。

（3）练习三：击球练习。

可自制一些教具配合练习。如：在绳子上等距离地系些小布条或在塑料袋中装一些废纸球、用小球网装排球系在绳子上等，进行徒手击物练习。高度可根据学生的具体情况和练习要求适时调整。主要让学生能准确地把握和找准击球点与击球部位，体会挥臂速度与挥臂方向对发球质量的影响。

（4）练习四：抛、击球练习。

利用现有教具或自制教具进行独立或合作练习的方法，进行抛、击球的分解练习，逐渐过渡到击固定球再到短距离小力量的击球练习。主要让学生体验、思考，强调抛球高度与抛球位置、击球部位与击球点对发球质量的影响，练习时要不断提示学生注意各技术动作环节的合理衔接。

（5）练习五：5～6米对发、隔网发球练习。

强调完整动作的连贯性与挥臂击球的准确性，注意练习的层次性和递进性，应考虑七年级学生上肢力量的实际情况，合理制定练习要求，逐渐提高标准要求。也可以借助软式排球进行教学。到学习的中后期可采取自主学习和合作学习的方法，让学生根据自己的学力水平自定学习目标。如：自定距离或自定个数的量性标准进行学练，并利用比较、分析的方法促进个体学习。

第二节 小球类项目

一、网球

案例19：正手击球

（一）说指导思想

在教会学生学习的思想指导下，本着"健康第一"的目标。依据新课程标准，结合学生身心发展特点，以面向全体学生为宗旨，发展学生专长，培养终身体育意识为目的，结合实际，充分利用课程资源。通过各种教学手段，让每个学生参与其中，体验网球运动带来的乐趣。使学生身心得到全面发展，为终身体育奠定基础，形成长期坚持锻炼的意识和能力，培养学生团结、果断和坚毅的优良品质。

（二）说教材分析

正手击球是最基本的网球击球技术，也是一项重要的进攻技术。正手击球是指在网球运动员持拍手同侧的地方击落地球的打法，是最基本的进攻和防守的手段，亦可为其他技术学习奠定良好的基础。该技术是水平四《体育与健康》网球单元教学的内容之一，根据单元教学内容，将正手击球设置为二课次，本课为新授课。本次课教学重点：碎步调整找到最佳击球点，在身体侧前方腰部高度击球。难点：击球时手腕固定，重心由后腿转移到前腿，随挥动作完整。

（三）说学情分析（以水平四为例）

本次课的教学对象为九年级学生，其身心发展趋成熟，已经具备了独立思考，判断和概括等能力，在身体锻炼中也具备了较高的基本运动能力。在之前的教学中已了解和掌握不同的握拍方法，但由于是初次接触网球运动，运动技术相对薄弱，需要进行大量的练习使正确动作定型。本节课以正手击球为主要教学内容，通过学习正确的击球动作，提高学生的网球运动水平和兴趣。

（四）说教学目标

（1）认知目标：通过教学，使学生懂得正手击球的动作要领，领会击球的节奏感。

（2）技能目标：脚步移动熟练，步法比较准确。通过教学，使70%学生能做出正确击球动作，30%的学生能控制击球方向。

（3）情感目标：培养学生团结、果断、坚毅与克服困难的优良品质，发展学生自学、自练、自控、自调、自评的能力，体验成功感。

（五）说教法学法

1.教法

（1）讲解法：先讲解正手击球的组成部分，然后逐个讲解要领。

（2）讨论法：教师抛出问题，以小组形式围绕中心问题进行讨论。

（3）动作示范法：教师示范过程中，示范面以侧面和背面为主，示范动作以中速为宜。通过示范法，学生能够初步建立正手击球的动作概念。

（4）通过纠正动作错误与帮助法，对学生的基本动作进行纠错，使学生更快掌握正确动作。

（5）通过分解练习法，对正手击球的准备姿势、后摆引拍、挥拍击球和随挥跟进的四个动作环节进行分解练习。

（6）通过完整练习法，保证正手发高远球动作结构完整性。

2.学法

（1）听讲法：听讲正手击球的组成部分的讲解，了解正手击球技术动作结构和组成。

（2）模仿法：观看正手击球的动作示范，认真模仿准备姿势、后摆引拍、挥拍击球和挥拍跟进的四个动作，建立正确的直观感受。

（3）分组练习法：通过学生自主分组，帮助学生体会正确击球的成功感受，提高学生自信心。

（4）合作练习法：在互帮互练中，发现自身的不足，学习别人的优点，掌握正手击球动作，提高学生的合作交流能力。

（六）说教学流程

1.开始部分（7分钟）

（1）课堂常规：整队集合、清点人数、师生问好、检查服装、安排见习生。

（2）准备部分：球性练习。

①颠球练习

②拍球练习

③对颠练习

④脚背正面卸球练习

2.基本部分（28分钟）

（1）练习一：无球模仿练习。

教学组织：四列横队，成体操队形。根据教师的动作示范，采用东方式握拍方法进行无球模仿练习，学生应注意动作的准确性和协调性，教师应随时纠正学生的错误动作。

练习要求：认真模仿，击球动作准确协调。练习5～10次。

（2）练习二：引拍练习。

教学组织：四列横队，成体操队形。学生按口令有节奏地连续向后引拍，练习多次后，突然定位，检查引拍的一次到位情况。

练习要求：积极主动练习，要求引拍时拍柄底部对准击球点。练习10～15次。

（3）练习三：挥拍练习。

教学组织：四列横队，成体操队形。先将动作分为几个重要环节，教师运用口令来指挥练习，如准备姿势是1.引拍，2.击球，3.回位来指挥练习。然后再进行连贯动作的挥拍直至动力定型。

练习要求：挥拍时身体放松，保证动作的连贯性。练习5～10次。

（4）练习四：原地侧身站位击打落地球练习。

教学组织：四路纵队，一个半场为一路纵队，分布于四个半场，学生原地侧身作引拍动作，教师和同伴站在其持拍手一侧，将球高举在其击球点上方的位置，让球以自由落体的形式下落，球落地反弹跳起后，在腰部高度挥拍击球。

练习要求：在身体侧前方腰部高度击球，击球时拍面垂直地面，重心前移。练习5～10次。

3.结束部分（5分钟）

（1）集合整队。

（2）教师评价总结。

（3）拉伸放松。

（4）收拾器材。

（5）下课。

（七）说场地器材

网球场地，网球若干，网球球拍若干。

（八）说预计效果

根据本课设计，能顺利完成教学任务，并能达成预设的教学目标，预计本节课的练习密度为60%左右，最高心率为150～160次/分，平均心率达到120～130次/分。

附录一：编写依据

将"健康第一"作为指导思想，体育与健康课程以促进学生身体、心理和社会适应能力整体健康水平的提高为目标，构建了技能、认识、情感、行为等领域并行推进的课程结构，融合了体育、生理、心理卫生保健、环境、社会、安全、营养等诸多学科领域的有关知识。内容很多，涉及的知识面很广。但做到真正关注学生的健康意识、锻炼习惯和卫生习惯的养成，必须确保健康第一思想落到实处。

附录二：正手击球教学设计

（1）练习一：无球模仿练习，四列横队，成体操队形。根据教师的动作示范，采用东方式握拍方法进行无球模仿练习，学生应注意动作的准确性和协调性，教师应随时纠正学生的错误动作。要求：认真模仿，击球动作准确协调。

（2）练习二：引拍练习，四列横队，成体操队形。学生按口令有节奏地连续向后引拍，练习多次后，突然定位，检查引拍的一次到位情况。要求：积极主动练习，要求引拍时拍柄底部对准击球点。

（3）练习三：挥拍练习，四列横队，成体操队形。先将动作分为几个重要环节，教师运用口令来指挥练习，如准备姿势是1.引拍，2.击球，3.回位来指挥练习。然后再进行连贯动作的挥拍直至动力定型。要求：挥拍时身体放松，保证动作的连贯性。

（4）练习四：原地侧身站位击打落地球练习，四路纵队，一个半场为一路纵队，分布于四个半场。学生原地侧身作引拍动作，教师和同伴站在其持拍手一侧，将球高举在其击球点上方的位置，让球以自由落体的形式下落，球落地反弹跳起后，在腰部高度挥拍击球。要求：在身体侧前方腰部高度击球，击球时拍面垂直地面，重心前移。

（5）练习五：侧身站立击手抛球练习，四路纵队，一个半场为一路纵队，分布于四个半场。学生侧身对着击球方向，左手在体前张开，向后引拍。同伴在其右前方将球高举在其击球点上方的位置，让球以自由落体的形式下落，球落地反弹跳起后，学生侧身在腰部高度挥拍击球。

（6）练习六：准备姿势站立击手抛球练习，四路纵队，一个半场为一路纵队，分布于四个半场。学生面对击球方向以准备姿势站立，同伴在其右前方将球用下手抛过来。在球落地弹起后，侧身在腰部高度击球。注意碎步调整站位，找准击球点。

（7）练习七：对网球墙击球练习，对于初学者来说，网球墙是非常好的球伴，因为它能把你打过去的球都弹回来，充分保证练习的连续性。对墙的练习可以进行自抛球练习，也可以进行连续击球练习。先距离墙五到六米，熟练后逐渐退至十米远左右，用适当的力量对墙上某一固定区域击球，使球弹回到有利于下次击球的位置。练习时注意击球的力量不宜过大，逐渐提高连续对墙击打的次数。

（8）练习八：教师在网前用球拍喂球。学生击球位置可以从半场逐步退到底线附近，教师根据学生的水平变化改变送球的位置、节奏速度和角度。

（9）练习九：学生正手直线对练，两人一组，在场内进行正手直线对拉，开始练习时注意控制击球的力量、速度和幅度，尽量增加击球次。

案例20：下手发球

（一）说指导思想

在教会学生学习的思想指导下，本着"健康第一"的目标。依据新课程标准，结合学生身心发展特点，以面向全体学生为宗旨，发展学生专长，培养终身体育意识为目的，结合实际，充分利用课程资源。通过各种教学手段，让每个学生参与其中，体验网球运动带来的乐趣。使学生身心得到全面发展，为终身体育奠定基础，形成长期坚持锻炼的意识和能力，培养学生团结、果断和坚毅的优良品质。

（二）说教材分析

发球是网球运动中尤为重要的技术之一，是赢得比赛胜利的主要得分手段，也是唯一完全由自己控制而不受对方选手影响的技术动作，因而能最大限度地发挥个人技术特点。下手发球技术是水平四《体育与健康》网球单元教学的主要教材内容之一，根据单元教学安排，正面下手发球设置三课次，本课为新授课。本次课教学重点：抛球的位置固定、击球时机的把握。难点：充分运用蹬地和转体的力量带动手臂挥拍。

（三）说学情分析

本次课的教学对象为九年级学生，其身心发展趋于成熟，已经具备了独立思考，判断和概括等能力，在身体锻炼中也具备了较高的基本运动能力。在之前的教学中已了解和掌握不同的握拍方法，以及正确的正手击球动作，但由于是初次接触网球运动，运动技术相对薄弱，需要进行大量的练习使正确动作定型。本节课以下手发球为主要教学内容，通过学习正确的发球动作，提高学生的网球运动水平和兴趣。

（四）说教学目标

（1）认知目标：了解发球在网球比赛中的重要性，知道发球技术的种类，明确网球比赛规则中对发球的规定。

（2）技能目标：初步掌握下手发球的动作要领，在教学比赛中能够运用下手发球动作。

（3）情感目标：培养学生不怕挫折的意志品质和大胆展示自我的自信心，在学习中积极主动完成学习任务和主动帮助同伴的行为表现。

（五）说教法学法

1.教法

（1）讲解法：先讲解下手发球的组成部分，然后逐个讲解要领。

（2）讨论法：教师抛出问题，以小组形式围绕中心问题进行讨论。

（3）动作示范法：教师在示范下手发球动作中，示范位置应使每一名学生都能看清楚动作，示范点要依队形的长短及场地情况而定。动作以中速为宜。通过示范法，学生能够初步建立下手发球的动作概念。

（4）通过纠正动作错误与帮助法，对学生的基本动作进行纠错，使学生更快掌握正确动作。

（5）通过分解练习法，对下手的准备姿势、引拍、抛球、击球和随挥的五个动作环节进行分解练习。

（6）通过完整练习法，保证正手发高远球动作结构完整性。

2.学法

（1）听讲法：听讲下手发球的组成部分的讲解，了解下手发球技术动作结构和组成。

（2）模仿法：观看下手发球的动作示范，认真模仿准备姿势、引拍、抛球、击球和随挥五个动作，建立正确的直观感受。

（3）分组练习法：通过学生自主分组，帮助学生体会正确发球的成功感受，提高学生自信心。

（4）合作练习法：在互帮互练中，发现自身的不足，学习别人的优点，掌握下手发球动作，提高学生的合作交流能力。

（六）说教学流程

1.开始部分（7分钟）

（1）课堂常规：整队集合、清点人数、师生问好、检查服装、安排见习生。

（2）准备部分：球性练习。

①颠球练习。

②拍球练习。

③对颠练习。

④抛球练习。

2.基本部分（28分钟）

（1）练习一：徒手模仿练习。

教学组织：四列横排，成体操队形。根据教师的动作示范，徒手作发球的准备姿势，模仿抛球及发球的完整动作，多体会放松、准确、协调、完整、舒展的发球动作。教师在练习中应随时纠正学生的错误动作。

练习要求：运用蹬地和转体的力量带动手臂挥拍，发球动作连贯、舒展、完整。练习10~20次。

（2）练习二：互相纠错练习。

教学组织：两人一组，面对面相距一米。一人做徒手模仿练习，一人观察纠错。

练习要求：认真练习，仔细观察，正确纠错。练习10~20次。

（3）练习三：抛球练习。

教学组织：一路纵队，教师站在练习者右侧，教师抛球，学生用发球的动作来完成发球（学生自己不用抛球，确保抛球的高度及稳定性）。

练习要求：击球时充分运用蹬地和转体的力量，击球瞬间拍面垂直地面。练习5~10次。

（4）练习四：发定点球练习。

教学组织：四路纵队，两两半场，练习者站在发球区内。在对方的发球区内设定三个目标，分别放在内角、中间、外角，可以选用圆桶或垫子等作为目标。进行发球练习时，要不断轮换发球区练习。

练习要求：引拍、抛球、击球和随挥这四个动作环节要一气呵成，连贯。练习5~10次。

3.结束部分（5分钟）

（1）集合整队。

（2）教师评价总结。

（3）拉伸放松。

（4）收拾器材。

（5）下课。

（七）说场地器材

网球场地、网球若干、网球拍若干、圆通若干。

（八）说预计效果

根据本课设计，能顺利完成教学任务，并能达成预设的教学目标，预计本节课的练习密度为60%左右，最高心率为150～160次/分，平均心率达到120～130次/分。

附录一：编写依据

从新课程标准所设置的学习目标来看，在义务教育阶段，应注重学生基本的运动知识、运动技能的掌握和应用，不过分追求运动技能传授的系统和完整，不苛求技术动作的细节。因此在网球下手发球教学中，不苛求学生技术动作，让学生在学习中体验、参与、感受下手发球的要领。充分利用场地器材，将下手发球与吊球、球网结合。在课堂中让学生在玩中学，学中乐，乐中练，寓教于乐，寓乐于教学过程中，积极鼓励学生参与教学中来，挖掘学生自身的内在潜力，充分调动学生的积极性，使《体育与健康课》对学生的培养更全面、更具体、更具实效性。

附录二：下手发球教学步骤

（1）练习一：

徒手模仿练习，四列横排，成体操队形。学生根据教师的动作示范，徒手作发球的准备姿势，模仿抛球及发球的完整动作，多体会放松、准确、协调、完整、舒展的发球动作。教师在练习中应随时纠正学生的错误动作。要求：运用蹬地和转体的力量带动手臂挥拍，发球动作连贯、舒展、完整。

（2）练习二：

互相纠错练习，两人一组，面对面相距一米。一人做徒手模仿练习，一人观察纠错。目的是通过学生发现别人错误，从而思考自身不足，同时提高学生的合作交流能力。

（3）练习三：

给抛球练习，一路纵队，教师站在练习者右侧。教师抛球，学生用发球的动作来完成发球（学生自己不用抛球，确保抛球的高度及稳定性）。击球时要充分运用蹬地和转体的力量，击球瞬间拍面垂直地面。

（4）练习四：

发定点球练习，四路纵队，两两半场，练习者站在发球区内。在对方的发球区内设定三个目标，分别放在内角、中间、外角，可以选用圆桶或垫子等作为目标。进行发球练习时，要不断轮换发球区练习。在引拍、抛球、击球和随挥这四个动作环节时要一气呵成，连贯。

（5）练习五：

多球练习，学生自发组队，在场地上运用多球进行发球练习，边练习、边体会。

（6）练习六：

一定距离的发球练习，四路纵队，两两半场，练习者站在发球线后站立，练习向对方发球区发球；练习至熟练后，向后移动2至3米，继续练习最后移至底线处练习发球。

（7）练习七：

发球团体赛，学生分为两组分别隔网站在球场底线后。在他们各自的发球线上放有相同数目的网球，当听到老师开始的口令，两组学生的第一名学生迅速来到各自的那堆球前，拾起一个网球发过球网。如果落在发球有效区内，这名学生就回到自己队伍的末尾，否则将取回这个失误的网球，重新站在发球线发球直到成功为止。最后看哪组先将所有的球发完，就是胜利方。教师鼓励学生在同伴遇到发球失误时给予支持和鼓励，面对发球技术中出现的错误应及时语言提示。

（8）练习八：

教学比赛，在比赛中巩固提高下手发球动作。

二、羽毛球

案例21：正手发高远球

（一）说指导思想

本课以"健康第一"为指导思想；以新课程标准为基本理念；以面向全体学生为宗旨；以发展学生专长，培养终身体育意识为目的，结合实际，充分利用课程资源。通过各种教学手段，让每个学生参与其中，体验身体运动带来的乐趣。使学生身心得到全面发展，为终身体育奠定基础，形成长期坚持锻炼的意识和能力。

（二）说教材分析

正手发高远球技术是羽毛球运动中最基础和主要的部分，学好该技术对羽毛球运动以后的动作技术学习有着积极的促进作用。正手发高远球是水平四《体育与健康》羽毛球单元教学的主要教材内容之一，根据单元教学安排，正手发高远球设置为三课次，本课为新授课。本次课教学重点：手臂内旋和手腕外展动作。难点：放球与挥拍动作之间的协调；击球时机和击球点的把握。

（三）说学情分析（以水平四为例）

九年级学生具有独立思考，自主探究的能力，接受能力较强且快，在课堂上能够自我约束，观察力具有一定的目的性、系统性、全面性。羽毛球是一项非常普及且易于开展的体育运动，深受学生喜爱，多数同学已有一定的羽毛球基础，而且在之前的教学中已进行握拍、准备姿势和移动的教学。本节课以正手发高远球技术动作为主要教学内容，通过学习正确的发球技术动作，提高学生的羽毛球运动水平和兴趣。

（四）说教学目标

（1）认知目标：让学生了解正手发高远球的正确技术动作，知道发球的动作要领和发球规则。

（2）技能目标：在教师的指导下70%—80%的学生能够正手发高远球将球击出一定的距离和高度，30%—40%的学生能将球击到后场指定区域。

（3）情感目标：激发学生的学习积极性，培养学生积极向上、自主探究、合作学习的精神。

（五）说教法学法

1.教法

（1）通过讲解法，对于羽毛球正手发高远球动作要领以及重要性进行讲解。

（2）通过讨论法，教师抛出问题，以小组形式围绕中心问题进行讨论。

（3）通过动作示范法，学生能够初步建立正手发高远球的动作概念。

（4）通过纠正动作错误与帮助法，对学生的基本动作进行纠错。

（5）通过完整练习法，保证正手发高远球动作结构完整性。

2.学法

（1）观察法：了解正手发高远球的技术动作结构与组成。

（2）模仿法：模拟正手发高远球的挥拍动作，建立直觉感受，提高学习效率。

（3）分组练习法：根据自己能力或互教互学，提高学习兴趣和积极性。

（六）说教学流程

1.开始部分（7分钟）

（1）课堂常规：整队集合、清点人数、师生问好、检查服装、安排见习生。

（2）准备活动：球性练习。

①卸球练习。

②连续垫球练习。

③托球练习。

2.基本部分（28分钟）

（1）练习一：持拍无球模仿练习。

教学组织：四列横排，丁字型站位，进行假设有球的持拍模仿发高远球动作，每人练习发球次数至少为15次。

练习要求：认真模仿，发球时手臂内旋，手腕外展。

（2）练习二：相互发球练习。

教学组织：四列横排，两人一组，相距四米。两人同时进行有球的正手发高远球，寻找击球时机和击球点，每人练习发球次数至少为15次。在练习过程中，教师巡回指导，纠正错误。

练习要求：积极主动练习，发球动作协调、连贯。

（3）练习三：隔网发球练习。

教学组织：同一块场地，四人一组，两两半场。四人同时在发球区进行发球，一轮发球结束后，各自查看球的落点位置，估算发球距离。

练习要求：积极主动练习，发球轨迹为弧线，达到一定高度。

（4）练习四：发定点球练习。

教学组织：同一块场地，四人一组，两两半场。四人同时在发球区进行发球，以发到双打端线为球的落点位置，每人发球次数至少20次。

练习要求：积极主动练习，发球轨迹为弧线，发球距离要求达到半场距离，发球时动作要求协调连贯。

3.结束部分（5分钟）

（1）集合整队。

（2）教师评价总结。

（3）拉伸放松。

（4）收拾器材。

（5）下课。

（七）说场地器材

羽毛球场地，羽毛球若干，羽毛球拍若干。

（八）说预计效果

根据本课设计，能顺利完成教学任务，并能达成预设的教学目标，预计本节课的练习密度为60%左右，最高心率为150～160次/分，平均心率达到120～130次/分。

附录一：编写依据

坚持"健康第一"的指导思想，发挥教师主导作用，确立学生主体地位，在羽毛球正手发高远球教学中，以激发兴趣为前提，提高身体、心理素质，重视培养学生合作学习、探究学习的能力，注重个体差异、分层教学，掌握运动专长及养成终生体育锻炼的习惯。根据高中学生自学能力较强的特点，采用了自主学习、合作学练的学法，重视学生的主体地位，关注学生个体不同需求，提高自我锻炼能力，发展学生个性。通过自主创编游戏，发展学生的创新思维，提高分析问题和解决问题的能力。

附录二：正手发高远球教学步骤

（1）练习一：持拍无球模仿练习，四列横排，丁字型站位，进行假设有球的持拍模仿发高远球动作，每人练习发球次数至少为15次。目的是让学生建立初步的动作概念，体会正手发高远球的持拍动作，要求手臂内旋，手腕外展。

（2）练习二：击吊线球练习，球用细绳吊住，高度与练习者的膝关节同高。练习者位于球后方作高远球慢速挥拍练习，体会击球点和击球拍面。熟悉后可用发高远球动作击打吊线球。

（3）练习三：相互发球练习，两人一组，相距四米，同时进行有球的正手发高远球，寻找击球时机和击球点，每人练习发球次数至少为15次。在练习过程中，教师巡回指导，纠正错误。目的是启发学生观察、思考练习中存在的问题，重点体会放球与挥拍动作之间的协调。

（4）练习四：对墙发球练习：每个学生拿球对墙发球，体会放球与挥拍动作之间的协调。

（5）练习五：隔网发球练习，同一块场地，四人一组，两两半场。四人同时在发球区进行发球，一轮发球结束后，各自查看球的落点位置，估算发球距离。目的是让学生自己评价自己的发球动作，思考存在的问题。要求：积极主动练习，发球轨迹为弧线，达到一定高度。

（6）练习六：发定点球练习。四人同时在发球区进行发球，以发到双打端线为球的落点位置，每人发球次数至少20次。目的是让学生建立完整的动作概念，以达到比赛时的发球要求，重点体会动作的协调连贯。

（7）练习七：个人争先赛——发球比远。

三、乒乓球

案例22：正手攻球

（一）说指导思想

根据"以健康第一"的教育理念，以及小学生的身体和心理发展特点，将运动规则简化。采用学习乒乓球技术与游戏相结合的形式进行教学。激发学生的学习兴趣，发挥学生的主体作用和主观能动性。

（二）说教材分析

正手攻球是乒乓球运动进攻的一种主要技术，具有速度快、力量大、攻击性强、应用范围广泛等特点，深受广大学生的喜爱。该技术是水平三《体育与健康》乒乓球单元教学中的章节教材内容之一，根据单元教学安排，正手攻球安排3课次，本课为新授课。本次课教学重点：持拍手以前臂快速内收发力，配合手腕内转沿球体弧线挥动。难点：在球的上升期击球的中上部。

（三）说学情分析

本次课教学对象为五年级学生，好奇心重，求知欲强，模仿能力较强，能独立思考，创造能力较强，善于学习和自我评价。由于乒乓球运动不需太大体力，多数同学在正式教学前已接触过或了解过乒乓球运动。本节课以正手攻球为主要教学内容，通过学习正确的攻球动作，提高学生的乒乓球兴趣。

（四）说教学目标

（1）认知目标：通过学习，学生了解正手攻球的相关技术，并且知道正手攻球的动作方法与特点。

（2）技能目标：通过学习，85%学生能够基本掌握正手攻球技术，通过练习技术动作逐渐巩固和提高，在比赛中能够灵活运用。

（3）情感目标：培养学生的机智、果敢、沉着、冷静等优良品质，有效提高学生的反应和思维能力。

（五）说教法学法

1.教法

（1）讲解法：先讲解正手攻球的组成部分，然后逐个讲解要领。

（2）讨论法：教师抛出问题，以小组形式围绕中心问题进行讨论。

（3）动作示范法：教师示范过程中，示范面以侧面和背面为主，示范动作以中速为宜。通过示范法，学生能够初步建立正手攻球的动作概念。

（4）通过纠正动作错误与帮助法，对学生的基本动作进行纠错，使学生更快掌握正确动作。

（5）通过分解练习法，对正手攻球的站位、引拍、挥拍的几个动作环节进行分解练习。

（6）通过完整练习法，保证正手攻球动作结构完整性。

（7）通过运动竞赛法，以托、颠球接力为主要练习手段，提高竞争意识。

2.学法

（1）听讲法：听讲正手攻球的组成部分的讲解，了解正手攻球技术动作结构和组成。

（2）模仿法：观看正手攻球的动作示范，认真模仿站位、引拍、挥拍的三个动作，建立正确的直观感受。

（3）分组练习法：通过学生自主分组，帮助学生体会正确攻球的成功感受，提高学生自信心。

（4）合作练习法：在互帮互练中，发现自身的不足，学习别人的优点，掌握正手攻球动作，提高学生的合作交流能力。

（六）说教学流程

1.开始部分（7分钟）

（1）课堂常规：整队集合、清点人数、师生问好、检查服装、安排见习生。

（2）准备活动。

活动名称：托、颠球游戏。

活动方法：分为两组，由小组长带领本组成员到指定球台，比赛开始后，第一位同学从球台一端开始颠球5次接着托球绕球台2圈后把球传给第二位同学，依次进行，用时少的小组为胜。

活动规则：在跑动中球不能落地。

2.基本部分（28分钟）

（1）练习一：徒手挥拍模仿练习。

教学组织：四列横队，成体操队形。教师示范正手攻球动作，学生进行徒手挥拍模仿练习，反复做连续挥拍动作练习，体会挥臂、转腰等动作要领，每名同学至少挥拍15次。

练习要求：注意上臂与身体的夹角适中，动作连贯。练习10～15次。

（2）练习二：正手攻自抛反弹球练习。

教学组织：四路纵队，两路纵队为一组，站在球台附近。学生自己将球抛向球台，球从台面反弹到最高点时作正手攻球练习。第一位同学做完后，第二位同学接着做，依次进行。

练习要求：充分体会技术动作要领，手脚协调。10个为一组，每人做4～5次。

（3）练习三：移动+正手攻球。

教学组织：两路纵队，分别站在球台附近。教师喂球，将球击到练习者右侧，学生提前移动，预判来球位置，进行正手攻球练习。

练习要求：注意滑步转腰，体会击球时机和击球部位。练习3～8次。

（4）练习四：一人发平击球、多人依次攻球练习。

教学组织：两路纵队，分别站在球台附近。教师多次发平击球，将球击到练习者右侧，学生提前移动，预判来球位置，进行正手攻球练习。第一位同学做完后，第二位同学接着做，依次进行。

练习要求：每人练习5次，依次循环练习。

3.结束部分（5分钟）

（1）集合整队。

（2）教师评价总结。

（3）拉伸放松。

（4）收拾器材。

（5）下课。

（七）说场地器材

乒乓球台若干、乒乓球若干、乒乓球若干。

（八）说预计效果

根据本课设计，能顺利完成教学任务，并能达成预设的教学目标，预计本节课的练习密度为60%左右，最高心率为150~160次/分，平均心率达到120~130次/分。

附录一：编写依据

本课以"健康第一"为指导思想，强调以学生发展为中心，根据水平三《体育与健康标准》教材的乒乓球单元内容，选择正手攻球技术作为教学内容。水平三学生活泼好动，求知欲强，在正手攻球技术的教学中，可采用学习技术与游戏相结合的形式进行教学，以徒手挥拍模仿练习、正手攻自抛反弹球练习、移动+正手攻球、一人发平击球，多人依次攻球练习为主要教学步骤，遵循了水平三学生的身心发展规律，能激发学生学习兴趣，促使学生由被动运动向主动运动转变。

附录二：正手快攻教学步骤

（1）练习一：徒手挥拍模仿练习，四列横队，成体操队形。教师示范正手攻球动作，学生进行徒手挥拍模仿练习，反复做连续挥拍动作练习，体会挥臂、转腰等动作要领，每名同学至少挥拍15次。

（2）练习二：正手攻自抛反弹球练习：自己将球抛向球台，反弹时作正手攻球练习，充分体会技术动作要领，手脚协调。10个为一组，每人做4~5次。

（3）练习三：滑步步法+正手攻球。16个为一组，每人练习3组。注意动作的完整性，滑步转腰，体会击球时机和击球部位。

（4）练习四：滑步步法+正手三点攻球。16个为一组，每人练习3组。注意滑步转腰，体会击球时机和击球部位。

（5）练习五：一人发平击球、多人依次攻球练习。教师多次发平击球，将球击到练习者右侧，学生提前移动，预判来球位置，进行正手攻球练习。第一位同学做完后，第二位同学接着做，依次进行。每人练习5次，依次循环练习。

（6）练习六：教学比赛练习。组成双打进行比赛，一方先得5分为胜。在移动过程中明确击球点，正确蹬腿转腰发力。

案例23：正手发球

（一）说指导思想

本课以"健康第一"为指导思想，以《体育课程标准》为依据，按照水平四课程目标要求，结合初中体育与健康教学形式和学生的实际情况，全面贯彻"课堂教学以学生为主体，促进学生全面发展"的教育理念，注重培养学生的创新精神和实践能力，课堂教学以"生动、愉快、健康"为主调，开启学生心智，提高学生自主、合作、探究学习能力。在教学过程中，培养学生自信及合作互助的良好人际关系，让学生在欢乐中精神得到陶冶，体验到成功的快乐。

（二）说教材分析

乒乓球运动在我国开展比较广泛，有着深厚的群众基础，被誉为"国球"。乒乓球运动的特点在于健身、娱乐和观赏性较强，可以培养学生灵活性、协调性和速度能力，促进心肺功能发展，帮助学生增强身体素质。该技术是水平四《体育与健康》乒乓球单元教学中的教材内容之一，根据教学安排，正手发球设置为2课次，本课为新授课。本次课教学重点：抛球和引拍的动作协调性并掌握好时机。难点：抛球的高度和路线，以及击球的时机和落点。

（三）说学情分析

本次课教学对象为七年级学生，能独立思考，发现问题、解决问题的能力较强，身体素质和运动能力较强，有很强的胜负欲。学生在之前的教学中接触过乒乓球运动，了解和掌握了乒乓球握拍方式，有一定的兴趣，但缺乏系统的乒乓球学习和训练。本次课以正手发平击球为主要教学内容，通过学习正确的发球动作，提高学生的乒乓球水平。

（四）说教学目标

（1）认知目标：通过学习，学生了解正手发球的相关技术，并且知道正手发球的动作方法与特点。

（2）技能目标：通过学习，85%学生能够基本掌握正手发球技术，通过练习技术动作逐渐巩固和提高，在比赛中能够灵活运用。

（3）情感目标：培养学生的机智果敢、沉着冷静、团结合作等优良品质，有效提高学生的反应和思维能力。

（五）说教法学法

1.教法

（1）讲解法：老师讲解正手发球的技术动作方法，学生注意观察老师在教学过程中的身体重心位置，以及求得落点。

（2）讨论法：教师抛出问题，以小组形式围绕中心问题进行讨论。

（3）动作示范法：教师示范过程中，示范面以侧面和背面为主，示范动作以中速为宜。通过示范法，学生能够初步建立正手发球的动作概念。

（4）通过纠正动作错误与帮助法，对学生的基本动作进行纠错，使学生更快掌握正确动作。

（5）通过分解练习法，对正手发球的转腰、抛球、蹬转旋腕击球、上步的几个动作环节进行分解练习。

（6）通过完整练习法，保证正手发球动作结构完整性。

（7）通过运动竞赛法，以托、颠球接力为主要练习手段，提高竞争意识。

2.学法

（1）听讲法：听讲正手发球的组成部分的讲解，了解正手发球技术动作结构和组成。

（2）模仿法：观看正手发球的动作示范，认真模仿转腰、抛球、蹬转旋腕击球、上步的四个动作，建立正确的直观感受。

（3）分组练习法：通过学生自主分组，帮助学生体会正确发球的成功感受，提高学生自信心。

（4）合作练习法：在互帮互练中，发现自身的不足，学习别人的优点，掌握正手发球动作，提高学生的合作交流能力。

（六）说教学流程

1.开始部分（7分钟）

（1）课堂常规：整队集合、清点人数、师生问好、检查服装、安排见习生。

（2）准备活动。

活动名称：托、颠球游戏。

活动方法：分为两组，由小组长带领本组成员到指定球台，比赛开始后，第一位同学从球台一端开始颠球5次接着托球绕球台2圈后把球传给第二位同学，依次进行，用时少的小组为胜。

活动规则：在跑动中球不能落地。

2.基本部分（28分钟）

（1）练习一：抛球练习。

教学组织：四列横队，成体操队形，教师口令指挥学生抛球，具体是教师一吹哨，学生立即抛球，并接住自己所抛的球。

练习要求：球向上垂直抛起。练习5～10次。

（2）练习二：无球摆臂挥拍动作练习。

教学组织：四列横队，成体操队形，教师讲解示范无球摆臂挥拍动作要领，学生认真听讲，并进行模仿练习。

练习要求：注意转身后引动作，向前直线摆动挥拍。练习5～8次。

（3）练习三：无球完整练习。

教学组织：四列横队，成体操队形，学生听教师口令，集体做无球的正手发平击球的完整动作。随后学生自主练习，教师巡回指导纠错。

练习要求：动作的连贯性，转腰、抛球、蹬转旋腕击球、上步动作要充分展现出来。练习5～8次。

（4）练习四：有球完整动作练习。

教学组织：分为四组，一个球台一组学生，学生自主练习，每人发球次数至少为15次，教师巡回指导纠错。

练习要求：注意抛球的高度和稳定性，把握击球时机。练习5～10次。

3.结束部分（5分钟）

（1）集合整队。

（2）教师评价总结。

（3）拉伸放松。

（4）收拾器材。

（5）下课。

（七）说场地器材

乒乓球台若干、乒乓球若干、乒乓球拍若干。

（八）说预计效果

根据本课设计，能顺利完成教学任务，并能达成预设的教学目标，预计本节课的练习密度为60%左右，最高心率为150～160次/分，平均心率达到120～130次/分。

附录一：编写依据

本课以"健康第一"为指导思想，以《体育课程标准》为依据，按照水平四课程目标要求，选择乒乓球单元内容中的正手发球技术为主要教学内容。水平四学生身体素质和运动能力较强，本课结合初中体育与健康教学形式和学生的实际情况，采用抛球练习、无球摆臂挥拍动作练习、无球完整练习和有球完整练习作为主要教学步骤。在准备活动中采取托、颠球游戏激发学生学习兴趣，在基本部分中采取分组练习提高学生自主、合作、探究学习能力。在教学过程中，培养学生自信及合作互助的良好人际关系，让学生在欢乐中精神得到陶冶，体验到成功的快乐。

附录二：正手发球教学设计

（1）练习一：

抛球练习，四列横队，成体操队形。教师口令指挥学生抛球，具体是教师一吹哨，学生立即抛球，并接住自己所抛的球。注意球向上垂直抛起，目的是练习抛球的稳定性。

（2）练习二：

无球摆臂挥拍动作练习四列横队，成体操队形。教师讲解示范无球摆臂挥拍动作要领，学生认真听讲，并进行模仿练习。注意转身后引动作，向前直线摆动挥拍。

（3）练习三：

无球完整练习，四列横队，成体操队形。学生听教师口令，集体做无球的正手发平击球的完整动作。随后学生自主练习，教师巡回指导纠错。要求：动作的连贯性，转腰、抛球、蹬转旋腕击球、上步动作要充分展现出来。

（4）练习四：

有球完整动作练习，分为四组，一个球台一组学生。学生自主练习，每人发球次数至少为15次，教师巡回指导纠错。要求：注意抛球的高度和稳定性，把握击球时机。

（5）练习五：

分组练习，学生自主分组，两人一组互相观察，同时纠正错误，目的是提高学生交流合作能力，培养学生团结友爱品质。

（6）练习六：

发球入圈游戏，分两组进行游戏比赛，教师在球桌对面用白粉笔画一个圆圈，学生通过发球将球击入规定范围内，比一比哪组击入圈内的数量多。

第三节　田径类项目

一、跑类

案例24：快速跑

（一）说指导思想

本教学设计根据水平二学生的身心特点，以新课程理念为指导，以"学生发展"，"强身育人"为教育目标，将快速跑中的快速反应练习启动快的技术动作进行游戏化处理，通过游戏及师生互动、生生互动的"实践体悟——自主探索——合作交流"的学练过程中，知道快速跑中快速反应练习的重要性，以及通过练习掌握快速跑中启动迅速、步频快、手脚协调配合等技术要点。

（二）说教材分析

快速跑是小学田径教材中最为重要的内容之一，是五年级的重要教学内容，也是小学生非常喜欢的一个运动项目。它可以培养学生拼搏精神，团队精神。经常进行练习，能有效地发展学生的速度、灵敏、力量等身体素质，提高肢体的协调能力及培养学生良好的身体姿态及勇敢、顽强、互帮互助的良好品质。根据本单元教学安排，快速跑为一课次。重点：反应速度；难点：摆臂协调。

（三）说学情分析（以水平三为例）

五、六年级的学生在水平二阶段已经学习和掌握了快速跑的基本方法和动作要领，而且身心发育发展已近青春期的早期，具有较强的竞争意识。本学段在技术上主要帮助学生重点掌握50米途中跑的技术，提高快速跑的能力，同时在教学方式和方法、手段的设计上，要多样化、兴趣化，并适当引入竞争因素，培养学生敢于拼搏、勇于竞争的精神，以加强对学生的教育。

（四）说教学目标

（1）运动参与：通过教学，进一步激发学生良好的学习兴趣，使学生能够积极主动地参与各种跑的游戏活动，从而感受到积极参与游戏所带来的乐趣。

（2）技能目标：进一步学习正确的跑步姿势与方法，使90%以上的学生基本能用正确的方法进行跑的游戏活动。发展学生灵敏、协调素质及快速奔跑的能力，并能在各种游戏活动中，保持正确的身体姿势。

（3）情感目标：激发练习中的竞争意识，培养勇敢果断、不怕苦、不怕累的意志品质及养成在活动中懂得遵守规则，尊重他人的良好习惯。

（五）说教法学法

1.教法
（1）语言法。
①讲解快速跑的动作要领以及相应练习方法。
②口令与指示，通过口令信号，提高学生的反应能力。
③口头评价。
（2）直观法。
①动作示范快速跑的动作。
②直观教具与模型演示。
③预防和纠正错误法，纠正摆臂的方法。
④强化快速跑的概念法。

2.学法

（1）合作学习法：通过游戏的合作，互相提高。

（2）观察比较法：通过踩对方地鼠来比较反应速度能力。

（3）自我评价法：评价自我的摆臂方法。

（六）说教学流程

1.开始部分（7分钟）

（1）课堂常规：整队集合、清点人数、师生问好、检查服装、安排见习生。

（2）准备活动。

活动名称：听信号"踩地鼠"。

活动方法：标志垫作为"地鼠"，跳绳围成一个圈作为"地鼠洞"；"地鼠"和"地鼠洞"的数量与参加游戏学生的人数相等。活动前，学生们按照老师指定的位置，将跳绳围成一个圈，作为"地鼠洞"，套在"地鼠"上。游戏开始时，老师带领学生成一路纵队在慢跑的行进中会吹响哨声，表示"地鼠"露头，每个学生快速就近踩"地鼠"。

活动规则：跑步过程中注意安全，如果相遇靠右走，不要碰到"地鼠洞"和"地鼠"，以免惊动"地鼠"。听到哨声后，每人踩一个"地鼠"。

2.基本部分（28分钟）

（1）练习一：踩对方"地鼠"。

教学组织：标志垫作为"地鼠"，跳绳对折拉直放在标志垫前面，利用跳绳作为起点线和终点线。学生两人一组面对面站立，相距3米左右。学生站在自己的跳绳后面，按老师要求做原地摆臂练习，听到老师哨声，快速启动，跑到对方跳绳后面，踩对方的"地鼠"踩到"地鼠"后面向老师举手示意。

练习要求：提示学生出发时站在自己跳绳右后方，跑动中注意安全。练习1~3次。

（2）练习二：探测"地鼠"。

教学组织：标志垫作为"地鼠"，跳绳对折拉直放在脚前，作为起点线和终点线，四个"地鼠"间隔一定距离摆在跳绳前面。学生四人一组，站在跳绳后面，准备姿势为站立式起跑，当听到老师口令后，迅速启动向前S形绕过前方四个"地鼠"后，折返跑回队尾，依次进行。

练习要求：快速跑时，摆臂动作要正确，要绕过每一个"地鼠"，不能从"地鼠"上跨越过去。练习1~3次。

（3）练习三：踩"地鼠"接力。

教学组织：标志垫作为"地鼠"，跳绳对折拉直放在脚前，作为起点线和终点线，四个"地鼠"间隔一定距离，第一个"地鼠"距离起跑线10米。学生四人一组，站在跳绳后面，准备姿势为站立式起跑，每组第一个学生听到老师口令后，迅速启动向前跑，如听到老师报"3"，快速跑至"3"号处踩"地鼠"，每次老师会在"1、2、3、4"号中任意报数，踩完最后一个"地鼠"后，从中间的直道快速折返跑回，与下一个学生击掌，直至最后一个学生完成，看哪一队学生最快即为优胜队（可以变为计时踩"地鼠"比赛，规定时间内，看哪组踩"地鼠"次数多）。

练习要求：出发时一律从"地鼠"的右侧行进，按照老师的报号，精确踩到数字号"地鼠"，不能漏踩"地鼠"；游戏中要团结合作，与同学交换时要击掌后方能出发，否则判犯规。练习2~3次。

3.结束部分（5分钟）

（1）集合整队。

（2）教师评价总结。

（3）拉伸放松。

（4）收拾器材。

（5）下课。

（七）说场地器材

田径场、标志垫。

（八）说预计效果

根据本课设计，能顺利完成教学任务，并能达成预设的教学目标，预计本节课的练习密度为56%左右，最高心率为160～175次/分，平均心率达到120～130次/分。

附录一：编写依据

在三年级快速跑教学中，将踩"地鼠"游戏贯穿课的始终，一是有效地抓住了学生注意力，充分调动了学生学习的兴趣，学生乐于参与练习；二是教学过程由易到难，循序渐进，让更多学生掌握快速跑的技术动作；三是提高了学生的身体素质，发展了学生快速跑的能力；四是运动项目游戏化的开发，促进了快速跑教学方法的改进。

附录二：快速跑的教学步骤

（1）练习一：照镜子游戏。

教学组织：两人一组面对面两脚前后站立，原地进行前后摆臂练习，根据音乐或击掌声的节奏，调整前后摆臂的速度。

练习要求：不断的练习中掌握一定的规律，找出属于自己的节奏。互相检查动作规范，如何去进行调整。

（2）练习二：踩对方"地鼠"。

教学组织：标志垫作为"地鼠"，跳绳对折拉直放在标志垫前面，利用跳绳作为起点线和终点线。学生两人一组面对面站立，相距3米左右。学生站在自己的跳绳后面，按老师要求做原地摆臂练习，听到老师哨声，快速启动，跑到对方跳绳后面，踩对方的"地鼠"踩到"地鼠"后面向老师举手示意。

练习要求：提示学生出发时站在自己跳绳右后方，跑动中注意安全。

（3）练习三：探测"地鼠"。

教学组织：标志垫作为"地鼠"，跳绳对折拉直放在脚前，作为起点线和终点线，四个"地鼠"间隔一定距离摆在跳绳前面。学生四人一组，站在跳绳后面，准备姿势为站立式起跑，当听到老师口令后，迅速启动向前S形绕过前方四个"地鼠"后，折返跑回队尾，依次进行。

练习要求：快速跑时，摆臂动作要正确，要绕过每一个"地鼠"，不能从"地鼠"上跨越过去。

（4）练习四：踩"地鼠"接力。

教学组织：标志垫作为"地鼠"，跳绳对折拉直放在脚前，作为起点线和终点线，四个"地鼠"间隔一定距离，第一个"地鼠"距离起跑线10米。学生四人一组，站在跳绳后面，准备姿势为站立式起跑，每组第一个学生听到老师口令后，迅速启动向前跑，如听到老师报"3"，快速跑至"3"号处踩"地鼠"，每次老师会在"1、2、3、4"号中任意报数，踩完最后一个"地鼠"后，从中间的直道快速折返跑回，与下一个学生击掌，直至最后一个学生完成，看哪一队学生最快即为优胜队（可以变为计时踩"地鼠"比赛，规定时间内，看哪组踩"地鼠"次数多）。

练习要求：出发时一律从"地鼠"的右侧行进，按照老师的报号，精确踩到数字号"地鼠"，不能漏踩"地鼠"；游戏中要团结合作，与同学交换时要击掌后方能出发，否则判犯规。

（5）练习五：斗牛游戏。

教学组织：在两人一组下，面对面站在相隔1.5米左右的平行线上，一位同学左手与另一同学的右手十指紧扣掌心相对、手臂伸直，听口令开始用力相向蹬地奔跑，以占据对方的起跑线为胜。

练习要求：用力蹬地。

（6）练习六：长江黄河游戏。

教学组织：两列横队，左右两臂距离，把学生平均分两队，一队为"黄河"一队为"长江"，面对面站在间隔距离1.5~2米的线后，当口令是"黄河"时，"长江"转身跑，"黄河"直追"长江"拍到对方得1分，如超过了边线则不能记分。没有追到不得分。如口令是"长江"时，方法同"黄河"。最后哪组得分多为胜。在有效范围内拍或抓到才有效，才可得分。

练习要求：转身跑直线。

（7）练习七：贴人游戏。

教学组织：围成双层圆圈，左右间隔两臂，前后人员身体靠近。先由两名参赛者开始，一人圈内为追人者，另一人站圈内为被追者当被追的人即将被摸到或者不再想要逃奔时，从外圈钻入内圈，并以自己背部紧贴任何一组成员的身前，临时造成三人重叠的一组，此时这三人重叠的最外层的人应立即代替贴在前面的人成为被追逐者。

练习要求：凡在被追逐者已经组成三层小组之前未被摸着者，原来的被追者为安全，追逐者必须开始追最外层的另一人（即第三人），使圆圈上的双层队伍始终保持双人。

（8）练习八：让距跑。

教学组织：四路纵队，前后各编号1、2，1号学生站在2号学生前3米，进行让距追逐跑。

练习要求：跑动过程中，超过即可。

案例25：田径——接力跑"下压式"传接棒技术

（一）说指导思想

本课依据《体育与健康课程标准》学习领域水平发展目标，深度挖掘作为田径运动中的集体项目——接力跑教材的教育价值，在帮助学生学会接力跑技术的同时，引导学生学会与同伴合作，培养团队意识，提高人际交往能力，努力创设有利于学生主动参与、乐于探究、勇于实践的教学环境，通过尝试体验、探究学习和合作学习，提高学生体育学习和增进健康的能力。

（二）说教材分析

接力跑是以几个人互相配合，密切协作，分别跑完各自规定距离的集体项目，又是在田径运动中唯一体现集体合作的运动项目。是水平三田径教材中重要的教学内容。接力跑既可以发展速度素质，协调性和培养快速奔跑能力的有效手段，又可以培养密切合作的集体主义精神。根据单元安排，接力跑共四课次，本课为第一课次。重点："下压式"传接棒技术动作；难点：传接棒动作精密衔接，交接时机的掌握。

（三）说学情分析（以水平三为例）

水平三学生已经学习和掌握了迎面接力传接棒的方法，具有一定的运动基础，且处于青春期初始阶段，好动，喜欢竞争，在接力跑教学中可以多安排一些教学比赛，在比赛中发展学生快速奔跑的能力，培养学生团结协作的集体主义精神。

（四）说教学目标

（1）认知目标：通过学习，建立下压式交接棒动作概念，能准确地说出下压式交接棒的姿势和动作要领。

（2）技能目标：90%学生能正确掌握"下压式"异侧传接棒的技术要领，80%学生能够合理地传接棒。

（3）情感目标：通过比赛让学生了解团队的重要性，培养学生的合作意识和社会适应能力。

（五）说教法学法

1.教法

（1）直观法：结合挂图等直观教具，讲解传接棒技术要点，帮助学生建立正确的动作表象。

（2）完整法：通过下压式交接棒的完整练习，明确接棒的衔接流畅。

（3）强化概念法（口诀强化概念法）。

（4）个人与小组成果展示法。

2.学法

（1）听讲法：听讲快速跑的组成部分的讲解，了解快速跑技术动作结构和组成。

（2）模仿法：观看快速跑的动作示范，认真模仿摆臂动作，建立正确的直观感受。

175

（3）分组练习法：通过学生自主分组，帮助学生体会快跑的奔跑感受，提高学生自信心。

（4）合作练习法：在互帮互练中，发现自身的不足，学习别人的优点，掌握快速跑的节奏和摆臂方法，提高学生的合作交流能力。

（六）说教学流程

1.开始部分（7分钟）

（1）课堂常规：整队集合、清点人数、师生问好、检查服装、安排见习生。

（2）准备活动。

活动名称：长江黄河游戏。

活动方法：把学生平均分两队，一队为"黄河"一队为"长江"，面对面站在间隔距离1.5~2米的线后，当口令是"黄河"时，"长江"转身跑，"黄河"直追"长江"拍到对方得1分，如超过了边线则不能记分。没有追到不得分。如口令是"长江"时，方法同"黄河"。最后哪组得分多为胜。

2.基本部分（28分钟）

（1）练习一：原地交接棒练习。

教学组织：四路纵队，前后两一组，集体按口令做下压式的传、接棒练习。

练习要求：传棒人与接棒人前后相距1.5米左右，传棒人的右侧对着接棒人的左侧。练习2~3次。

（2）练习二：拉大距离传接棒练习。

教学组织：两人一组，前后4米距离进行传接棒练习。

练习要求：拉大间距，发令后从后向前依次传棒，传棒动作和接棒动作信号明确。练习5~10次。

（3）练习三：交接棒练习。

教学组织：以纵队为单位，第一位队员从起点出发，跑至对面标志桶后返回起点绕过标志桶，下一位学生在第一标志桶和第二标志桶中间的接力区等待交接棒，在固定区域中完成交接棒练习。

练习要求：交接棒衔接流畅，在预跑区内进行交接。练习5~10次。

3.结束部分（5分钟）

（1）集合整队。

（2）教师评价总结。

（3）拉伸放松。

（4）收拾器材。

（5）下课。

（七）说场地器材

田径场、标志桶。

（八）说预计效果

根据本课设计，能顺利完成教学任务，并能达成预设的教学目标，预计本节课的练习密度为46%左右，最高心率为160~175次/分，平均心率达到120~130次/分。

附录一：编写依据

依据《体育与健康课程标准》，落实立德树人根本任务和健康第一指导思想，促进学生健康与全面发展，尊重学生的学习需求，培养学生对运动的喜爱，接力跑是水平三的跑单元的主要教学内容，也是田径比赛中较为激烈的比赛，学生学习兴趣高。在本课教学步骤安排中对接力跑的下压式交接棒通过原地，短距离慢跑，快速跑接力，有接力区的交接棒进行练习。此外通过竞赛方式来发展学生交接运用能力。

附录二：接力跑的教学步骤

（1）练习一：原地传接棒。

（2）练习二：慢跑过程中传接棒。

（3）练习三：短距离传接。

（4）练习四：快速跑传接练习。

（5）练习五：长距离传接棒练习。

（6）练习六：圆周接力。

（7）练习七：短距离接力比赛。

（8）练习八：长距离接力比赛。

二、跳类

案例26：背越式跳高——腾空过杆

（一）说指导思想

以《中学体育教学大纲》为指导思想，以高二年级教材为依据，遵循体育教学规律、结合当前素质教育的要求，避开以往体育教学中普遍存在的单一、枯燥、趣味性不足，对学生缺乏魅力的弱点，以及竞技色彩较浓的倾向，改革教学方法、探索成功体育教学。培养自学、自练、自评的实践能力和创新意识，同时，增强学生的组织纪律性和集体荣誉感，寓教于练，使学生在宽松、愉快、热烈的课堂气氛中学习知识、掌握技能，使身心得到健康的发展。

（二）说教材分析

背越式跳高是田径教学模块中的必修内容。背越式跳高主要由助跑、助跑与起跳的结合、起跳、过杆和落地五个连贯部分组成。根据单元安排，将背越式跳高设置为5课次，本课为第1课次，主要学习腾空过杆技术，是掌握背越式跳高技术的重点部分。本节课的重点：空中倒肩挺髋技术；难点：空中保持姿态的能力。

（三）说学情分析（以水平五为例）

高中学生在该年龄段正处于生长加速期，朝气蓬勃，富于想象，有很强的求知欲和表现欲。力量、协调、速度各方面身体素质都有了良好的发展，本班学生已经学习了助跑与起跳的结合技术教学后，为本次课打下了良好基础。

（四）说教学目标

（1）通过学习，学生能了解背越式跳高"腾空过杆技术"的特点及其原理和锻炼价值。

（2）通过学习，60%的学生能原地跳起做出背越式跳高的过杆动作，20%的学生能起跳后适时沉肩，空中做出"背弓"，20%的学生能在教师和同学的帮助下完成原地跳起过杆动作；发展下肢力量，提高空中身体控制能力。

（3）学习中能克服恐惧心理，具有挑战自我的勇气与决心。

（五）说教法学法

1.教法

（1）讲解法与直观法：通过准确的语言、优美的动作示范来感染学生，提高学生学习的兴趣。

（2）纠正错误法：由于学生间的个体差异，完成练习的情况各有不同，通过纠正获得正确动作，提高学习的信心。

（3）循序渐进法：在教学过程中，做到由浅入深、由易到难，学生逐步掌握动作。

（4）重复练习法：学生根据技术特征与教师的不同要求，重复练习倒肩动作。

（5）比赛法：通过比赛，在轻松愉快的课堂气氛中学会跳高的过杆技术。

2.学法

（1）听讲法：听讲背越式跳高的腾空过杆技术讲解，了解过杆动作结构和组成。

（2）模仿法：观看背越式跳高的动作示范，认真模仿倒肩动作，建立正确的直观感受。

（3）分组练习法：通过学生自主分组，帮助学生腾空过杆的成功感受，提高学生自信心。

（4）合作练习法：在互帮互练中，发现自身的不足，学习别人的优点，掌握腾空过杆的挺髋方法，提高学生的合作交流能力。

（六）说教学流程

1.开始部分（7分钟）

（1）课堂常规：整队集合、清点人数、师生问好、宣布本课内容、安排见习生。

（2）准备活动。

①弧线各种跑、跳的练习。

②两人一组压肩练习。

③两人一组互背练习。

2.基本部分（28分钟）

（1）练习一：原地倒肩挺髋练习。

教学组织：教师讲解示范，帮助分组练习，巡回指导。如图2-49所示。

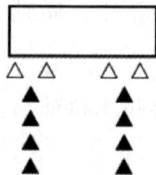

图2-49

练习要求：学生认真观看、模仿；听从口令，认真练习；分组练习。

（2）练习二：跳起倒肩挺髋练习。

教学组织：教师讲解示范，帮助分组练习，巡回指导。如图2-50所示。

练习要求：认真练习，动作到位。

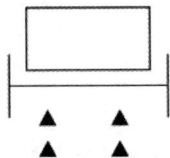

图2-50

（3）练习三：借助踏跳板的过橡皮筋练习。

教学组织：动作示范，组织分组。如图2-51所示。

练习要求：橡皮筋高度根据学生情况制定。

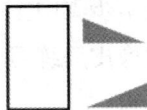

图2-51

（4）练习四：借助橡皮筋的跳起倒肩挺髋练习。

教学组织：教师讲解示范，帮助分组练习，巡回指导。

练习要求：模仿动作，体会空中挺髋感觉。

3.结束部分（5分钟）

（1）集合整队。

（2）教师评价总结。

（3）拉伸放松。

（4）收拾器材。

（5）下课。

（七）说场地器材

田径场，跳高垫，绳子。

（八）说预计效果

通过课的周密计划，采用合理的教法和手段，85%以上的学生应能较好地掌握动作，全面完成教学任务。预计最高心率可达到150~160次／分，平均心率为120~130次／分，练习密度为50%。

附录一：编写依据

落实立德树人根本任务和健康第一指导思想，促进学生健康与全面发展，重视培养学生不怕困难、挑战自我、顽强拼搏的精神。高中学生具有较强的身体素质，背越式跳高具有一定的挑战性，特别在过杆技术学习中，本课在过杆技术的新授课中，在教学步骤中主要安排原地倒肩挺髋练习，跳起倒肩挺髋练习，借助踏跳板的过橡皮筋练习，借助橡皮筋的跳起倒肩挺髋练习。逐步加大难度来提高过杆能力。

附录二：背越式跳高教学步骤

（1）助跑技术。

①学习丈量步点：距离横杆大概一肩宽的起跳点沿与横线平行的路线，向外自然走5步，由此并于这条线垂直向远离跳坑的方向走6步，划第二标记点，在继续向前走6~7步，画一起跑点。采用前4步为直线助跑，后4步为弧线助跑的8步助跑。

②丈量步点，反复助跑，均匀加速练习。目的是解决助跑捣步子，节奏不明确的问题。

（2）起跳技术。

①原地摆腿练习：要求屈膝折叠摆动，结束时提起身体重心。

②行进间上一步摆腿练习。

③上一步起跳练习：要求加强臂和腿的摆动，带动身体向上跳起，可以

在直线上上一步起跳练习，然后利用弧线做上一步起跳练习，体会在圆弧上的起跳动作。

④在圆圈上做三步起跳练习：要求后两步迅速过渡到起跳，注意腿和臂的协调配合，带动身体向上跳起。

⑤短程助跑起跳头、膝、手触高练习。目的是改进起跳技术，提高起跳效果。

（3）助跑与起跳结合技术。

①在圆圈（直径10～15米）做5步弧线助跑起跳练习。

②对着高横杆（或不架横杆）做3～5步助跑起跳练习。

（4）过杆技术。

①原地背身挺髋后倒练习，要求倒肩展体，挺髋成弓姿势。

②背身挺髋后跳练习，原地跳起在空中完成挺髋和甩腿。

③背身处于高处后倒挺髋着垫练习。使学生在一定高度下完成动作，循序渐进，克服心理障碍，为下一步教学做基础。

④背身挺髋后跳越过一定高度的皮筋绳练习。目的是让学生体会挺髋对于过杆的重要性，该练习有一定调整性，增强学习兴趣。

⑤上一步/短程助跑在起跳板上起跳背卧在一定高度的海绵垫，目的是容易获得一定的腾空高度，更好地体会形成背弓动作。

⑥在跳箱盖上起跳做背越式过杆练习。

⑦八步助跑完整技术练习。并能跳过一定的高度。过杆时表现出顺势、依次、连贯的动作。

案例27：蹲踞式跳远

（一）说指导思想

树立"健康第一"为本课的指导思想，课程的教学内容、教学组织等活动，紧紧围绕这个中心。本次课教学教法将遵循"学生为主体，教师为主导"的原则，以学生练习为主贯穿整节课。通过教学使学生在欢乐的氛围中进行，以培养兴趣为主，并在练习中掌握技能，提高灵活、协调能力、增进学生身心健康。通过教学，培养学生克服困难的坚强意志、潜在竞争进取的意识以及培养学生终身体育的意识。

（二）说教材分析

蹲踞式跳远是人体在短时间内高强度神经活动和肌肉用力克服障碍的运动，对提高学生身体控制和集中用力有重要作用，是有效增强学生速度素质、节奏感和弹跳及身体协调能力的重要途径，是水平四跳跃单元的基本内容之一。根据学生身心特点，本单元教材的教学以腾空步结合技术为中心，体验身体腾空时的感觉，同时发展跳跃能力。根据单元内容安排将蹲踞式跳远安排6课次，本课是第3课次。重点：起跳腾空落地。难点：屈膝和落地缓冲以及腾空角度。

（三）说学情分析（以水平四为例）

中学生是各项身体素质发展的敏感期，教学必须围绕发展体能和学习技能为主。蹲踞式跳远从小学已经有所涉及，初中一年级是借这一教材来发展学生的跳跃能力，体验助跑与起跳相结合的技术动作。

（四）说教学目标

（1）通过教学，使学生初步了解蹲踞式跳远腾空步的动作要点。即腾起后起跳腿充分蹬直，摆动腿积极向前上方摆，身体成"空中弓步"姿势。

（2）通过教学，使大部分学生初步掌握蹲踞式跳远的腾空步，即蹬地有力、摆动积极；基本做出空中弓步，并能判断动作的正确度；发展学生的爆发力及快速奔跑能力。

（3）提高相互交流的能力，增强学生团结协作能力。

（五）说教法学法

1.教法

（1）讲解法与直观法：通过准确的语言、优美的动作示范来感染学生，提高学生学习的兴趣。

（2）纠正错误法：由于学生间的个体差异，完成练习的情况各有不同，通过纠正获得正确动作，提高学习的信心。

（3）循序渐进法：在教学过程中，做到由浅入深、由易到难，学生逐步掌握动作。

（4）重复练习法：学生根据技术特征与教师的不同要求，重复练习起跳与腾空步动作。

（5）比赛法：通过比赛，在轻松愉快的课堂气氛中学会跳远的腾空技术。

2.学法

（1）合作学习法：通过游戏的合作，互相提高。

（2）观察比较法：通过比较挺髋程度进行互相学习。

（3）自我评价法：评价过杆挺髋的方法。

（六）说教学流程

1.开始部分（7分钟）

（1）课堂常规：整队集合、清点人数、师生问好、宣布本课内容、安排见习生。

（2）准备活动。

①趣味皮筋抛接。

②高抬腿碰皮筋。

③皮筋上的弓步跳。

④跨越皮筋。

2.基本部分（28分钟）

（1）练习一："腾空步"蹬摆模仿练习。

教学组织：四列横队，集体模仿原地蹬摆、上一步蹬摆、上三步蹬摆、助跑三步蹬摆动作。

练习要求：蹬地腿蹬直，摆动腿屈膝高抬。

（2）练习二：3～5步助跑起跳腾空步练习。

教学组织：根据难度分为三个层次：①皮筋高度50厘米，起跳板前端距离皮筋；②80c皮筋高度60厘米，起跳板前端距离皮筋100厘米；③皮筋高度70厘米，起跳板前端距离皮筋120厘米。要求：蹬地有力、摆动积极。如图2-52所示。

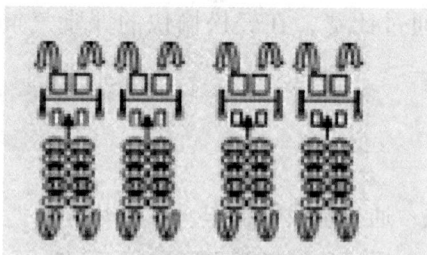

图2-52

练习要求：落地时候屈膝缓冲。

（3）练习三：体验助跑3～5步蹲距式跳远完整动作。

教学组织：分组进行完整动作体验。

练习要求：助跑不能超过5步，落地要屈膝缓冲。

3.结束部分（5分钟）

（1）集合整队。

（2）教师评价总结。

（3）拉伸放松。

（4）收拾器材。

（5）下课。

（七）说场地器材

田径场、绳子、体操垫。

（八）说预计效果

根据本课设计，能顺利完成教学任务，并能达成预设的教学目标，预计本节课的练习密度为36%左右，最高心率为160～175次/分，平均心率达到120～130次/分。

附录一：编写依据

根据健康第一的指导思想，本课主要学习蹲踞式跳远的腾空技术，对学生情况进行分析，处于初中阶段，在小学阶段已经学习过急停跳远，对助跑与起跳技术有一定的基础后进行学习腾空步技术，通过教学步骤中不同难度的练习，练习一："腾空步"蹬摆模仿练习；练习二：3～5步助跑起跳腾空步练习；练习三：体验助跑3～5步蹲距式跳远完整动作。从分解到完整动作练习来提高腾空步技术。

附录二：蹲踞式跳远的教学步骤

（1）练习一：踏跳准确练习。

教学组织：在"有效起跳区"起跳后落入A区或B区，如图2-53所示。

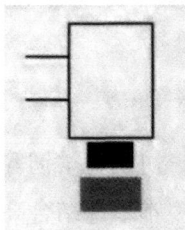

图2-53

练习要求：起跳准确与有效。

（2）练习二："腾空步"蹬摆模仿练习。

教学组织：四列横队，集体模仿原地蹬摆、上一步蹬摆、上三步蹬摆、助跑三步蹬摆动作。

练习要求：蹬地腿蹬直，摆动腿屈膝高抬。

（3）练习三：3～5步助跑起跳腾空步练习。同图2-52。

练习要求：落地时候屈膝缓冲。

（4）练习四：体验助跑3～5步蹲距式跳远完整动作。

教学组织：分组进行完整动作体验。

练习要求：助跑不能超过5步，落地要屈膝缓冲。

（5）练习五：越过一定高度的绳子进行完整动作练习。

案例28：挺身式跳远

（一）说指导思想

本课牢固树立健康第一的指导思想，以新课程标准为依据，根据高中生身心特点，采取多种教法手段，促进学生身心健康，体质增强，强健体魄。在课程中传授知识的同时着重培养学生的能力，充分发挥教师的主导和学生的主体作用，构建民主和谐的师生关系。通过小组探究学习、练习，开发学生思维，培养创新能力，培养合作意识，让学生学会学习，掌握科学锻炼身体的方法，培养终身体育意识。

（二）说教材分析

挺身式跳远能够发展力量、协调、柔韧等体能，增强弹跳力，提高身体在空中的控制力，增强自信心。本节课结合高二年级学生身体特点和实际掌握情况进行教学，选择主教材"挺身式跳远腾空步技术"发展学生的速度、力量及协调性等身体素质，从而达到提高掌握技术动作能力的目的。本单元针对挺身式跳远共安排六课次，本课为第二课次主要学习腾空步技术。重点：腾空挺身；难点：协调发力。

（三）说学情分析（以水平五为例）

高中学生在该年龄段正处于生长加速期，朝气蓬勃，富于想象，有很强的求知欲和表现欲。力量、协调、速度各方面身体素质都有了良好的发展，学生作为个体，具有独立性。在教学中给学生一个充分展示自己的想象力、模仿能力的舞台，发挥学生的主动性。

（四）说教学目标

（1）认知目标：通过学习，学生基本建立动作概念以及完成动作的相关原理，了解挺身式跳远动作概念，学会自我评价的方法。

（2）技能目标：90%以上的学生初步掌握挺身式跳远的动作方法，能够较好地完成腾空步与落地技术动作，发展下肢力量和身体协调性，提高跳跃能力。

（3）情感目标：培养学生想象力和创新能力，学生在学习过程中体验快乐，培养学生独立完成动作和集体合作能力、团队竞争意识。

（五）说教法学法

1.教法

（1）语言法。

①讲解挺身式跳远的腾空步技术。

②口令与指示。

③口头评价。

（2）直观法。

①动作示范。

②直观教具与模型演示。

③预防和纠正错误法。

2.学法

（1）合作学习法：通过游戏的合作，互相提高。

（2）观察比较法：通过腾空步学习，互相观察。

（3）自我评价法：评价腾空步方法。

（六）说教学流程

1.开始部分（7分钟）

（1）课堂常规：整队集合、清点人数、师生问好、宣布本课内容、安排见习生。

（2）准备活动。

①弓箭步跳跃。

②开合跳。

③高抬腿。

2.基本部分（28分钟）

（1）练习一：原地模仿腾空步练习。

教学组织：四列横队，在教师口令下做动作，学生以单脚支撑，以落地脚为起跳腿，空中腿为摆动腿，由上至下、到后、再向前摆动反复练习，同时配合双臂摆动空中划弧，动作轨迹也是从上至下、向后、向前反复摆动练习。

练习要求：动作到位。

（2）练习二：借助踏跳板一步、三步助跑练习。

教学组织：四路纵队，增加起跳高度，落地时摆动腿摆至前方与起跳腿合拢，重复练习，多次练习腾空摆动腿和上体展体动作。

练习要求：在触及踏跳板时要求快速有力着地，有利于增加腾空后的初速度和垂直速度，在腾空过程中要求身体自然放松，小腿自然下摆，主动做圆弧轨迹，充分展体，将髋关节努力打开至最大，落地前两腿收拢，直至落地。

（3）练习三：助跑越过一定高度绳子的练习（高度1.2.3）。

教学组织：分为四组，在踏跳点前（80～120厘米的地方），放置30～50厘米高的皮筋，做越过皮筋的辅助性练习，帮助学生体会空中位置感。

练习要求：根据自身条件选择适宜皮筋的高度。

3. 结束部分（5分钟）

（1）集合整队。

（2）教师评价总结。

（3）拉伸放松。

（4）收拾器材。

（5）下课。

（七）说场地器材

田径场、垫子、绳子。

（八）说预计效果

根据本课设计，能顺利完成教学任务，并能达成预设的教学目标，预计本节课的练习密度为50%左右，最高心率为160～175次/分，平均心率达到120～130次/分。

附录一：编写依据

以健康第一的指导思想，注重学生全面发展。高中阶段的学生，身体素质较好，挺身式跳远作为本课主要教学内容，在水平五跳类单元中安排了五课次，本课为对于挺身式跳远的教学，根据学情和教材分析，在挺身式跳远中提高学生跳跃能力。

附录二：挺身式跳远教学步骤

（1）助跑练习。

①短距离的加速跑练习，如反复进行30米加速跑练习，保持速度和身体的稳定性，固定步数和步长，谨记跑步的节奏感。

②在踏板旁边固定标志物，以其作为参考，结合自身的特点，纠正自身

的步伐大小，反复进行练习，固定节奏和步数。

（2）学习快速助跑与正确起跳相结合技术。

①学习测量步点，固定助跑启动方式，反复做加速跑，正确使用助跑标志，体会并找到合适的助跑距离，目的是让学生体会节奏，在快速跑中固定助跑的动作幅度、步频和节奏。

②起跳动作模仿练习。

原地模仿起跳练习，目的是感受起跳动作。

上一步起跳练习，目的是体会快速起跳的感觉。

三步或五步助跑起跳练习。

③在跑道上连续做无固定起跳点的三步或五步助跑起跳练习，用摆动腿落地。

跑动中起跳练习短距离助跑起跳练习。目的是解决助跑与起跳动作的衔接。

（3）学习挺身式跳远空中和落地动作。

①原地模仿挺身式跳远的空中动作。动作方法：支撑脚为起跳腿，摆动腿屈膝前摆，随即放腿并向右摆，髋部前展，同时两臂配合腿的动作向下侧后方绕摆至侧上方，注意体会放腿与展髋的动作。

②起跳腿支撑站立，随口令做摆臂、摆腿、放腿、挺身、展髋的单足立定跳远，着重体会手臂与腿的配合动作。

（4）助跑越过一定高度绳子的练习（高度1.2.3），在踏跳点前（80～120厘米的地方），放置30～50厘米高的皮筋，做越过皮筋的辅助性练习，帮助学生体会空中位置感，注意皮筋的高度要适宜。

（5）辅助"送髋"练习。仰卧在垫子上，起跳脚垫高30厘米，挺髋并带动摆动腿屈膝上举。目的是解决起跳时髋没有积极前"送"。

（6）借助弹簧板等器材做短程助跑起跳成腾空步后，下放摆动腿落入沙坑或垫子练习。目的帮助学生掌握起跳和起跳后腾空步技术，体会摆臂与展体的动作。

（7）助跑起跳后头或手触击悬挂物练习。目的是体会身体空中滞停感觉，解决起跳腾空过低，做不出"腾空步动作"。注意悬挂物的高度要合适，以经过努力能触击为宜。

（8）全程助跑挺身式跳远练习。

三、投掷类

案例29：原地双手前掷实心球

（一）说指导思想

本课以《体育与健康课程标准》为依据，充分体现了"健康第一"的教学指导思想，落实在新课程标准下技术动作教学的新理念，培养学生协调配合的能力，同时，注重学生在体育运动中的创新、自主学习和团队合作等能力的培养。

（二）说教材分析

双手头上前掷实心球是国家学生体质健康测试的标准项目，是发展身体各部位肌肉力量的主要练习内容，是水平四投掷单元的主要教学内容，根据单元内容安排，针对双手头上前掷实心球安排3课次，本次课设置为第一课次。教学重点：掷实心球的出手速度与角度。教学难点：掷实心球时全身的协调用力。

（三）说学情分析（以水平四为例）

本课参与的对象是八年级学生，具有一定的辨别思维和动手能力，注意力指向性较强，对新鲜事物感到好奇，认知和技能有一定的提升，在小学阶段已经学习过单手肩上投掷以及发展投掷能力的游戏，对学习双手前掷实心球有一定基础。

（四）说教学目标

（1）认知目标：通过原地双手前掷实心球技能的巩固与提升，让学生了解实心球的投掷方法与锻炼价值，了解投掷动作在日常生活和运动中的运用方法。

（2）技能目标：通过情景模拟的学练方法，让学生学习体验快速挥臂的鞭打动作和合理的出手角度；发展学生体能，增强上下肢和腰背腹肌力量；培养学生所学技术的拓展运用能力。

（3）情感目标：通过教学，让学生在实践中挑战自我，超越目标，体验成功的喜悦，增强学生的团队精神与安全意识。

（五）说教法学法

1.教法

（1）语言法

①讲解双手前掷实心球的动作要领。

②口令指挥练习。

③口头评价。

（2）直观法

①示范双手前掷实心球的动作。

②直观教具与模型演示，通过双手前掷实心球的挂图。

③预防和纠正错误法。

④强化概念法：运用双手前掷实心球的口诀：引臂、拱腰、蹬地、收腹、挥臂、压腕来强化学对动作概念的理解。

2.学法

（1）合作学习法：通过游戏的合作，互相提高。

（2）观察比较法：通过练习前掷实心球的动作互相比较观察。

（3）自我评价法：评价动作的规范。

（六）说教学流程

1.开始部分（7分钟）

（1）课堂常规：整队集合、清点人数、师生问好、宣布本课内容、安排见习生。

（2）准备活动。

活动名称：捕小鱼。

活动方法：用大呼啦圈为渔网，用一根竹竿作为网柄。教师此时变成了渔夫，而学生则是欢快活泼的小鱼。在节奏欢快的音乐中，渔夫手拿渔网在湖面上辛勤地捕鱼，而小鱼儿们则左躲右闪，不让渔夫的"网子"将自己套住。

活动规则：注意抬头，不能和其他小鱼碰撞。

2.基本部分（28分钟）

（1）练习一：满弓练习。

教学组织：四列横队，两人一组，一位同学成马步站立，腿部顶住另一位同学的腰部做搭桥练习。

练习要求：注意仰头。练习3~5次。

（2）练习二：拨球鞭打练习。

教学组织：四列横队，每人一球，向空中垂直拨球，或者往地上垂直砸球体会手指拨球和手的鞭打动作。

练习要求：体会手指拨球的感觉。练习5~10次。

（3）练习三：出手角度练习。

教学组织：四列横队，标记练习法，找到一面墙或者类似参照物，确定一定高的地方做一个标记，相距合适距离，以定好的标记为掷球目标进行练习。

练习要求：找到适合的出手角度。练习8~10次。

3.结束部分（5分钟）

（1）集合整队。

（2）教师评价总结。

（3）拉伸放松。

（4）收拾器材。

（5）下课。

（七）说场地器材

田径场、实心球。

（八）说预计效果

根据本课设计，能顺利完成教学任务，并能达成预设的教学目标，预计本节课的练习密度为36%左右，最高心率为160～175次/分，平均心率达到120～130次/分。

附录一：编写依据

以《体育与健康课程标准》为依据，充分体现了"健康第一"的教学指导思想，针对水平四的"双手前掷实心球"内容，分析该教学内容是国家学生体质健康测试的标准项目，是发展身体各部位肌肉力量的主要练习内容，符合水平四学生学情教学。注重学生的自主学习、合作学习和探究学习，在教学步骤中安排练习一：满弓练习；练习二：拨球鞭打练习；练习三：出手角度练习。通过对多样的练习形式，解决体育与健康实践中的问题，促进学生学科核心素养的发展，培养学生的创新精神、综合能力和优良品格。

附录二：原地双手前掷实心球教学步骤

（1）练习一：满弓练习。

教学组织：四列横队，前后两人一组，一位同学成马步站立，腿部顶住另一位同学的腰部做搭桥练习。

练习要求：注意仰头。

（2）练习二：拨球鞭打练习。

教学组织：四列横队，每人一球，往空中垂直拨球，或者往地上垂直砸球体会手指拨球和手的鞭打动作。

练习要求：体会手指拨球的感觉。

（3）练习三：出手角度练习。

教学组织：四列横队，标记练习法，找到一面墙或者类似参照物，确定一定高的地方做一个标记，相距合适距离。

练习要求：以定好的标记为掷球目标进行练习。

（4）练习四：不同姿势的投掷练习。

教学组织：四列横队，通过跪姿投掷，弓步投掷，站立投掷来进行分组练习。

练习要求：体会发力过程。

第四节　操舞类项目

一、体操

案例30：侧手翻

（一）说指导思想

根据《体育与健康课程标准》理念，以"健康第一"为指导思想，以学生发展为中心，体现学生的主体地位，关注学生的不同需求，激发学生的学习兴趣，在教学中运用多种教学方法，启发学生自创、自学、自练、合作练习，发展学生的学习能力，培养合作意识和社会适应能力，形成积极主动的学习与生活态度。

（二）说教材分析

通过学习侧手翻动作，对发展学生的上肢、腰部肌肉力量以及全身协调平衡控制能力具有较高要求，能够发展学生柔韧性、柔韧性和空间感等身体素质，是体操教学技巧中较为重要的一项学习内容。侧手翻，选自人教版《体育与健康》课程水平三体操技巧项目的手翻类教材，是体操基本项目之一。根据本单元安排，针对侧手翻共三节课，本次课为第一次课，重点是推手、展体，难点是手脚支撑尽量落在一条直线上。

（三）说学情分析（以水平三为例）

五年级学生，已经掌握了一些简单的技巧动作，但普遍上肢力量差，尤其是对侧手翻时身体倒置的动作有畏难情绪，给技术带来困难，因此在学习侧手翻时，要重点加强有人扶持的手倒立、靠墙手倒立的教学，帮助学生克服心理障碍，同时尊重学生个体差异，注意调节课堂气氛，引导学生进行自我保护与提高安全意识。

（四）说教学目标

（1）认知目标：通过学习，能准确地说出侧手翻动作的要点，了解保护与帮助的方法，培养学生对体操的兴趣。

（2）技能目标：通过分组学习和自主学习，学生在保护与帮助下做出侧手翻推手、展体的动作，发展学生的身体协调性和柔韧性等素质，提高自我保护的能力。

（3）通过教学，培养学生勇敢果断的优良品质，培养学生团队协作的精神和保护帮助意识。

（五）说教法学法

1.教法

（1）讲解法：通过形象的口诀法和优美的示范帮助学生建立侧手翻动作概念，理解动作要领。

（2）游戏法：根据教学目标选择合适的活动内容与形式，采取相应的规则和要求。

（3）纠正动作错误与帮助法：在学生练习中，通过观察及时纠正学生的错误动作，引导学生学习规范优美的动作。

（4）动作示范法：在每一个练习前进行示范，帮助学生形成侧手翻动作表象。

2.学法

（1）模仿练习法：学生能在老师的带领下模仿教师动作，体会体操的快乐。

（2）互帮互学法：在互学互练中，提高学生的合作能力，看到自己的不足，学习别人的优点。

（六）说教学流程

1.开始部分（7分钟）

（1）课堂常规：整队集合、清点人数、师生问好、检查服装、安排见习生。

（2）准备活动。

活动名称：火车赛跑。

活动方法：参赛队员成一路纵队蹲下，后面队员将双手放在前面队员的肩上。比赛开始，全队同步双脚跳向前，以排尾通过终点线为比赛结束，用时少的队为胜。

活动规则：参赛队员需双手搭肩。

2.基本部分（28分钟）

（1）练习一：直臂支撑练习。

教学组织：四列横队，动作示范法，强调动作要求，讲解法，讲解动作要领。

练习要求：双手直臂支撑在垫子上，双脚伸直，脚尖撑地10秒钟。

（2）练习二：直臂支撑，摆腿练习。

教学组织：四列横队，巡视观察，发现安全问题及时解决。

练习要求：体验直臂之后蹬腿的感觉。练习5～8次。

（3）练习三：直臂支撑，双脚蹬摆垫子两侧。

教学组织：二列横队，动作完成度高、效果好的学生示范动作，强调动作重点，其他同学反思动作，模仿练习。

练习要求：掌握路线和着地顺序。练习5～10次。

（4）练习四：保护与帮助下完成侧手翻动作。

教学组织：二列横队，讲解示范保护与帮助的方法；保护与帮助者站在练习者前跨腿的一侧，两臂交叉扶托练习者的腰部，随着其动作翻转给予助力，帮助其完成侧手翻动作。

练习要求：练习动作，相互观察并反馈。

（5）练习五：独立完成侧手翻动作。

教学组织：四列横队，做到快、稳、收的技术动作。

练习要求：巡视观察，纠正动作。

3.结束部分（5分钟）

（1）集合整队。

（2）教师评价总结。

（3）拉伸放松。

（4）收拾器材。

（5）下课

（七）说场地器材

体操房一个，体操垫若干，便捷式音响一个。

（八）说预计效果

根据本课设计，能顺利完成教学任务，并能达成预设的教学目标，预计本节课的练习密度为58%左右，最高心率为155～165次/分，平均心率达到120～130次/分。

附录一：编写说明

近年来，参加健身锻炼成为人们日常生活中不可缺少的组成部分，健康成了人们关注的热点，终身锻炼的意识已逐渐深入人心。所以体育教师要树立"健康第一"的指导思想，利用体育教学改善学生的心理健康和社会适应能力，从而增进学生身心健康。教材分析中选用直臂支撑练习；直臂支撑，摆腿练习；直臂支撑，双脚蹬摆垫子两侧；保护与帮助下完成侧手翻动作；独立完成侧手翻动作五个练习，是根据学生情况选择的，小学阶段学生模仿能力强，体操基础薄弱，因此要从静态支撑开始，逐步过渡到完整动作展示。

附录二：侧手翻教学步骤

（1）练习一：直臂支撑练习。

（2）练习二：直臂支撑，摆腿练习。

（3）练习三：直臂支撑，双脚蹬摆垫子两侧。

（4）练习四：靠墙分腿倒立、分腿倒立翻转成分腿站立练习。三人为一个小组，一人分腿倒立，两人旁边进行保护帮助。

（5）练习五：在保护与帮助下做侧摆成手倒立练习，要求先摆腿后下手撑地。

（6）练习六：在保护与帮助下做侧手翻，要求经倒立时两臂充分顶肩、分腿大、身体直。

（7）练习七：独立完成侧手翻，做到快、稳、收的技术动作。

（8）练习八：用手沾水进行练习，观察手印，掌握正确的手撑地位置。

（9）练习九：在地上画一条直线做侧手翻，练习者双手、双脚的落点依次落在线上，推手快。

（10）练习十：脚触悬挂物练习，在练习时用脚触悬挂物，有意识地做到展体、伸腿、绷脚尖，使身体在翻转过程中形成扇面。

（11）练习十一：侧手翻过橡皮筋，在练习者前方拉一根橡皮筋，要求腿依次越过橡皮筋上方，有意识地做到展体、伸腿、绷脚尖，使身体在翻转过程中形成扇面。

案例31：后滚翻

（一）说指导思想

本课以主体教育为指导，以新课程标准活动与游戏内容为载体，激发学生运动兴趣，提高学生实践能力。引导学生在体育活动中，体验主动参与并获得成功的乐趣。在游戏实践活动中掌握学习动作的方法，从而培养学生自学、自练、自评及合作学习的能力，使"健康第一，以学生发展为本"落到实处。

（二）说教材分析

后滚翻选自人教版《体育与健康》课程水平二体操技巧项目的滚翻类教材，后滚翻动作是体操基本项目之一，也是自我保护的一种方法，是学生在学习了前滚翻的基础上学习。根据本单元教学内容，共设置三次课，本课设置为第一课次，重点是蹬地、推手、团身紧，难点为团身紧，后倒快，推手有力、平衡。通过学习后滚翻技术动作，发展学生柔韧性、柔韧性和空间感等身体素质，能够为今后的技巧组合动作的学习和学生创编动作奠定基础。

（三）说学情分析（以水平二为例）

四年级学生，兴趣广泛、模仿能力强、活泼好动、喜欢游戏，在教学实施中，采用游戏的方式、内容及组织形式，使教材的内容具有趣味性和娱乐性。在教学过程中，通过激情引趣——学习新知发展个性——寓教于乐——恢复调整，四个阶段进行教学，使学生在自主学习活动中，引起思维探索的兴趣，达到教与学的统一。本课通过多种形式，使学生个性得以展示，情绪得到宣泄，心理得到满足，合作得到加强，身心得到发展，在培养团结协作精神的同时，也就提高了相互关注与合作的能力与意识。

（四）说教学目标

（1）认知目标：通过学习，能准确地说出后滚翻动作的要点，了解保护与帮助的方法，培养学生对体操的兴趣。

（2）技能目标：通过分组学习和自主学习，学生基本掌握后滚翻的动作，做出一蹲、二撑、三滚翻的动作，发展学生的身体协调性和柔韧性等素质，提高自我保护的能力。

（3）情感目标：通过教学，培养学生勇敢果断的优良品质，培养学生团队协作的精神和保护帮助意识。

（五）说教法学法

1.教法

（1）以语言传递信息为主的方法

①通过讲解法，对于后滚翻动作要领以及重要性进行讲解。

②通过讨论法，教师抛出问题，以小组形式围绕中心问题进行讨论。

（2）以直接感知为主的方法

①通过动作示范法，学生能够初步建立后滚翻动作概念。

②通过纠正动作错误与帮助法，对学生的基本动作进行纠错。

（3）以身体练习为主的方法

通过完整练习法，保持后滚翻动作连贯性和协调性。

2.学法

（1）观察法：通过观察后滚翻技术动作结构与组成。

（2）模仿法：模仿后滚翻动作，建立直觉感受，提高学习效率。

（3）分组练习法：根据自己能力或互教互学，提高学习兴趣和积极性。

（4）合作练习法：培养合作技术，互相取长补短。

（5）自我评价法：分析讨论，并且掌握运用技术动作。

（六）说教学流程

1.开始部分（7分钟）

（1）课堂常规：整队集合、清点人数、师生问好、检查服装、安排见习生。

（2）准备活动。

活动名称：喊数抱团。

活动方法：游戏者围成一个圆圈，并做逆时针环形慢跑。当听到老师喊出"3"数字口令时，游戏者立即按该数字3个人抱成一团，少于或多于3人均为失败。

活动规则：听到老师喊出某个数字时，立即按该数字相同的人数抱成一团。

活动惩罚：无法完成抱团的同学，原地做5个收腹跳。

2.基本部分（28分钟）

（1）练习一：蹲撑与蹬地协调练习。

教学组织：四列横队，讲解蹲撑与蹬地动作，示范动作，让学生观察并总结动作要领。

练习要求：要求加强低头，团身练习。

（2）练习二：团身前后滚动。

教学组织：四列横队，讲解并示范动作，巡回观察，发现错误问题立刻纠正。

练习要求：向后滚动，两手翻掌放在肩上，同时两肘内夹。让身体部位依次接触垫子，滚动圆滑，体会颈、肩、背、腰、臀依次触垫向前滚动的感觉。

（3）练习三：在保护与帮助下完成后滚翻。

教学组织：二列横队，巡回观察，随后选择优秀学生进行示范，点评总结。

练习要求：保护与帮助者位于练习者侧前方，当练习者上体折叠推撑时，撑其背部或提拉两臂帮助其完成动作。

（4）练习四：独立完成后滚翻。

教学组织：四列横队，强调发力，滚动圆滑，激励表扬。

练习要求：学生后脑勺着地，双手平均用力，团身紧。

3.结束部分（5分钟）

（1）集合整队。

（2）教师评价总结。

（3）拉伸放松。

（4）收拾器材。

（5）下课。

（七）说场地器材

体操房一个，体操垫若干，便捷式音响一个。

（八）说预计效果

根据本课设计，能顺利完成教学任务，并能达成预设的教学目标，预计本节课的练习密度为60%左右，最高心率为160～170次/分，平均心率达到120～130次/分。

附录一：编写说明

指导思想中用"健康第一，快乐体育"为主要关键词，是与后滚翻项目的特点相符；教材分析中选用蹲撑与蹬地协调练习，团身前后滚动，在保护与帮助下完成后滚翻三个练习，是根据新授课的要求来选择，帮助学生初步建立后滚翻技术动作的表象，为之后体操教学建立基础。学生活泼好动，注意力容易分散，但自控能力差，因此课堂中应设置相应的主题和情境，实施游戏与技巧的结合，激发学生的学习兴趣。

附录二：后滚翻教学步骤

（1）练习一：蹲撑与蹬地协调练习。教师口令引导学生手脚同时发力，要求加强低头，团身练习。

（2）练习二：团身前后滚翻，向后滚动，两手翻掌放在肩上，同时两肘内夹。让身体部位依次接触垫子，滚动圆滑，体会颈、肩、背、腰、臀依次触垫，并且向前滚动。

（3）练习三：由头手着地蹲撑开始，做迅速推直两臂的练习。

（4）练习四：坡度后滚翻（下坡）。要求学生后脑勺着地，双手平均用力，团身紧。

（5）练习五：在保护与帮助下完成后滚翻。

（6）练习六：独立完成后滚翻、蹲撑、低头、团身、提臀。

（7）练习七：膝盖中间夹手帕做后滚翻。学生在练习后滚翻时将手帕夹在膝盖处，双手抱住小腿。要求在抬臂、屈臂及团身滚动中手帕不能掉落。

（8）练习八：标点划线后滚翻。在双手接触体操垫的位置画圆，固定位置，两圆圆心相连的中点划线，规定身体滚动轨迹。

（9）练习九：熟练后，可做连续后滚翻，后滚翻接前滚翻，前滚翻两脚交叉转体180度接后滚翻。

案例32：肩肘倒立

（一）说指导思想

本课坚持"健康第一"的指导思想，遵循"学生是主体，教师是主导"的教学理念，根据省编教材和《新课程标准》的指导，课堂教学中采用循序渐进、层层深入的教学方法，设计一些技巧游戏来激发学生的兴趣，在练习中尽可能地让学生多练，多想，多合作，多观察，多欣赏，带着问题去练习，自主体验技术动作，相互交流，探讨，体验成功乐趣，使学生在知识上、情感上和态度上积极发展，最终达到掌握技术动作和锻炼身体的目的，促进学生身心的和谐发展。

（二）说教材分析

本节课选自人教版《体育与健康》水平三小学体育五年级课程，本单元共设置三次课，本节课为肩肘倒立的第一次课，肩肘倒立是体操项目中技巧动作，是在滚翻的基础上以静力性力量为主的运动项目，对学生腰腹部要求较高，因此，在教学过程中采用循序渐进、保护帮助的方式来引导学生进行练习，注重学生身体素质发展的同时，强调安全意识，防止运动损伤的出现。肩肘倒立的教学重点：直腿伸髋，双肘内夹；教学难点：动作连贯，身体稳定。

（三）说学情分析（以水平三为例）

五年级学生简单掌握了基本的运动技能，模仿能力较强，但注意力不集中，身体素质较为薄弱，容易出现厌学情绪。针对这一现象，在教学中可以采用以探究式学习法、合作学习等方法，激发学生学习兴趣，为学习新内容奠定良好的基础，培养学生体育精神。

（四）说教学目标

（1）认知目标：通过学习，学生建立正确的肩肘倒立动作概念，能够说出动作要领理解正确的发力顺序。

（2）技能目标：通过学练结合，学生能做出收腹、举腿、翻臀动作，发展学生腰腹及腿部力量。

（3）情感目标：培养学生团结协作、吃苦耐劳的精神。

（五）说教法学法

1.教法

（1）讲解法：通过形象的口诀法和优美的示范帮助学生建立前滚翻动作概念，理解动作要领。

（2）示范法：通过正面和侧面示范，帮助学生更直观地感受动作。

（3）纠正动作错误与帮助法：在学生练习中，通过观察及时纠正学生的错误动作，引导学生学习规范优美的动作。

2.学法

（1）发现式教学法：提出问题或创设问题情境，反复练习，组织学生提出假设并通过实践进行验证，开展讨论，得出共同结论。

（2）结伴练习法：进行保护与帮助时，注意观察同伴的动作，及时提供反馈，共同进步。

（3）主动展示法：学生反复练习，不断提高动作规格和质量，优秀同学展示动作，帮助其他同学更好理解动作要点。

（六）说教学流程

1.开始部分（7分钟）

（1）课堂常规：整队集合、清点人数、师生问好、检查服装、安排见习生。

（2）准备活动。

活动名称：喊数抱团。

活动方法：口令时：所有队员围成一个圆圈慢跑起来，教师喊出数字，并开始倒数3秒，参赛队员则与邻队队员按所喊数字抱成一团，最后没有抱团成功的被淘汰，抱团人数多的人则选出多出来的人数淘汰。后几局按照同样的规则继续进行，最后留下人获胜。

活动规则：到老师喊出某个数字时，立即按该数字相同的人数抱成一团。

2.基本部分（28分钟）

（1）练习一：原地并腿站立，两手扶腰的背部（手指向下）做两肘内收的练习。

教学组织：四列横队，教师出示图片，学生自主练习，教师巡回指导，及时纠错。

练习要求：原地感受收腹夹肘动作。

（2）练习二：直膝并腿坐，向后倒滚动翻臀举腿，两臂压垫动作。

教学组织：四列横队强调学生两臂压垫，语言鼓励。

练习要求：分组进行练习，动作完全掌握的同学，可辅导、帮助动作掌握欠佳的同学学习肩肘倒立技术动作。

（3）练习三：在保护与帮助下完成肩肘倒立动作。

教学组织：二列横队，讲解保护与帮助的方法，保护与帮助者站在练习者侧方，上提其小腿，必要时可用膝顶其腰背部。

练习要求：挑战自我，眼睛注视脚尖，向正上方伸直髋关节。

（4）练习四：独立完成肩肘倒立动作。

教学组织：四列横队，教师口令引导学生手脚同时发力，挑选表现优秀的同学进行展示。

练习要求：把握重点（翻臀，撑腰，夹肘），克服难点（立腰，举腿，挺髋）。

3.结束部分（5分钟）

（1）集合整队。

（2）教师评价总结。

（3）拉伸放松。

（4）收拾器材。

（5）下课。

（七）说场地器材

体操房一个，体操垫若干，便捷式音响一个。

（八）说预计效果

根据本课设计，能顺利完成教学任务，并能达成预设的教学目标，预计本节课的练习密度为60%左右，最高心率为160～170次/分，平均心率达到120～130次/分。

附录一：编写说明

体育与健康课程以促进学生身体、心理和社会适应能力整体健康水平的提高为目标，构建了技能、认识、情感、行为等领域并行推进的课程结构，融合了体育、生理、心理卫生保健、环境、社会、安全、营养等诸多学科领域的有关知识。内容很多，涉及的知识面很广。但做到真正关注学生的健康意识、锻炼习惯和卫生习惯的养成，必须确保健康第一思想落到实处。

附录二：肩肘倒立教学步骤

（1）练习一：原地并腿站立，两手扶腰的背部（手指向下）做两肘内收的练习。

（2）练习二：直膝并腿坐，向后倒滚动翻臀举腿，两臂压垫动作。

（3）练习三：直膝并腿坐，向后倒滚动翻臀，两臂压垫，两脚脚尖触地、立背练习。

（4）练习四：双腿夹纸肩肘倒立。

（5）练习五：肩肘倒立双脚接触高物。

（6）练习六：保护与帮助练习者完成肩肘倒立。练习者躺地，双手举至头顶，握住保护帮者的踝关节，当练习者双腿上举，保护与帮助者迅速抓住练习者的踝关节往上提。

（7）练习七：独立完成肩肘倒立。

（8）练习八：肩肘倒立接向前接前滚动团身起立或向前滚动分腿起立。

（9）练习九：肩肘倒立接向后单肩后滚翻。

（10）练习十：肩肘倒立接向后单膝跪撑平衡或跪撑。

案例33：山羊分腿腾越

（一）说指导思想

根据《体育与健康课程标准》理念，以"健康第一，快乐体育"的指导思想，以合作性活动为主线，以自主探索学习为主要方式，以身体练习为主要手段，全面实施素质教育，通过多种手段和方法激发学生积极参与体育活动的兴趣，充分发挥学生的主体作用，最终树立终身体育的意识。

（二）说教材分析

山羊分腿腾越选自人教版《体育与健康》课程水平三技术类体操项目的跳跃类教材，支撑跳跃的基本技术是由助跑、踏跳（上板和起跳）、第一腾空、推手、第二腾空、落地等六个环节组成，各环节相互联系、互相制约，是不可分割的整体。山羊分腿腾越对发展学生腿部和上肢的爆发力，增强肩臂、腰腹、下肢肌肉及关节韧带的力量有十分重要的作用，并对发展速度、灵敏、协调性和平衡能力等素质有积极作用，同时有利于培养和发展学生的身体控制能力，逐步树立自信心，培养勇敢、顽强、果断等意志品质。

（三）说学情分析（以水平四为例）

初中生正处于身心发展的关键期，他们活泼好动，思维能力逐渐增强，团体意识逐渐加深，对新鲜事物有一定的好奇心，喜欢通过各种语言和动作来表现自我，展示自我，学习兴趣很高，但是注意力不够集中，情绪不够稳定，对细节动作难以把握。

（四）说教学目标

（1）认知目标：通过学习，能准确地说出山羊分腿腾越动作的要点，了解保护与帮助的方法，培养学生对体操的兴趣。

（2）技能目标：通过分组学习和自主学习，学生初步/基本掌握山羊分腿腾越的动作，改进助跑、踏跳基本动作，发展学生的身体协调性和柔韧性等素质，提高自我保护的能力。

（3）情感目标：通过教学，培养学生勇敢果断的优良品质，培养学生团队协作的精神和保护帮助意识。

（五）说教法学法

1.教法

（1）语言法：通过简洁的语句，总结山羊分腿腾越的动作要点，做到少讲多练。

（2）直观法：教师示范山羊分腿腾越动作，使学生形成关于这一动作的表象，为后续的练习以及重难点的把控奠定基础。

（3）纠正动作错误与帮助法：在学生练习中，强化山羊分腿腾越中各个环节的动作，同时考虑学生仍处于小学水平，应结合学生实际情况降低练习难度。

2.学法

（1）发现式教学法：教师在示范动作前提出问题，如在山羊分腿腾越中涉及的环节有哪些，组织学生提出假设并通过实践进行验证，开展讨论，得出共同结论。

（2）合作学习法：在练习时，每位同学轮流进行保护与帮助，相互反馈，不断改进动作，共同进步。

（六）说教学流程

1.开始部分（7分钟）

（1）课堂常规：整队集合、清点人数、师生问好、检查服装、安排见习生。

（2）准备活动。

活动名称：贴膏药。

活动方法：学生面向圆心站成双层圆形，前后2人对齐为一组，距离一步，各组左右间隔两步，另外从参加者中选出2人做领头人，一人追，一人逃，逃者与追者均可在圆圈内外及各组之间穿插。在追逃中，如果追者用手拍到逃者身体任何部位，则追者与逃者角色互换，但如果逃者贴在任何一组人的前面，逃者立即得到解脱，追者不能再拍他，而这一组的最后一人成了新的逃者。

活动规则：被追人必须从圈外奔跑，不得穿过圆圈。贴人时必须以背部贴靠在别人身前。外层第三人逃开后，共同后退半步，保持圆形队伍。凡以手摸到被追者即为追上，此时追与被追者互换角色，游戏重新开始。被追的人不得跑离圆圈队伍3米以外。

2.基本部分（28分钟）

（1）练习一：原地支撑练习。

教学组织：四列横队，讲解支撑方法，组织学生队形，示范动作。

练习要求：认真听讲支撑方法，感受发力点，维持核心收紧。练习2分钟。

（2）练习二：原地起跳空中分腿练习。

教学组织：二路纵队，教师做助跑、踏跳、撑羊的讲解和示范及保护与帮助的方法；保护与帮助者站在练习者落地点侧方，一手握其上臂，另一手扶其腰帮助越过山羊；保护与帮助者站在山羊的正前方，当练习者撑山羊时，两手握其臂顶肩并顺势上提，同时后退帮助其完成腾跃动作。组织学生分组进行练习，根据差异，设置羊的高度。

练习要求：分组进行练习，动作完全掌握的同学，可辅导、帮助动作掌握欠佳的同学学习山羊分腿腾越技术动作。

（3）练习三：在保护与帮助下完成山羊分腿腾跃动作。

教学组织：二路纵队，巡回观察，及时发现问题并给予解决，对表现好的学生表扬，对较差的同学进行鼓励。

练习要求：学生后脑勺着地，双手平均用力，团身紧。

（4）练习四：独立完成山羊分腿腾跃动作。

教学组织：二路纵队，教师口令引导学生助跑有节奏，踏跳时机准确，推手有力，挑选表现优秀的同学进行展示。

练习要求：做到助跑有节奏，踏跳时机准确，推手有力。

3.结束部分（5分钟）

（1）集合整队。

（2）教师评价总结。

（3）拉伸放松。

（4）收拾器材。

（5）下课。

（七）说场地器材

体操房一个，体操垫若干，便捷式音响一个。

（八）说预计效果

根据本课设计，能顺利完成教学任务，并能达成预设的教学目标，预计本节课的练习密度为60%左右，最高心率为160～170次/分，平均心率达到120～130次/分。

附录一：编写说明

体育教学不仅要育体，而且还要育心。社会越向前发展，对人的道德情操和适宜社会生活能力的要求也越高。体育教学可以培养学生具有一定的适应社会生活要求的个人行为和社会行为，具有符合时代精神的思想品德、文明修养、道德情操等。快乐体育在注重学生的主体地位和发展个性的同时，也要求运动技能在积极参与下的提高，培养终身体育的能力和习惯。

附录二：山羊分腿腾越教学步骤

（1）练习一：原地支撑练习。

（2）练习二：原地起跳空中分腿练习。

（3）练习三：一步单起双落踏跳练习。

（4）练习四：多步单跳双落练习。

（5）练习五：上一步踏跳支撑提臀练习。

（6）练习六：一步至多步单起双落踏跳支撑提臀分腿练习。

（7）练习七：在保护与帮助下分组进行撑人羊练习。

（8）练习八：分组跳背练习。

（9）练习九：低山羊分腿腾跃。

（10）练习十：保护与帮助下完成山羊分腿腾跃。

（11）练习十一：独立完成山羊分腿腾越。

案例34：前滚翻

（一）说指导思想

根据新课标要求，以"健康第一"为理念，本节以互助协作、体验成功为主线，创设情境，诱发学生学习动机，游戏教学，提高学生学习兴趣，充分注意学生身体条件和运动能力等方面的个体差异，满足学生自我发展的需要。培养学生克服困难的优良品质和互帮互助的团队协作意识。

（二）说教材分析

前滚翻动作是体操基本项目之一，也是自我保护的一种方法，掌握好前滚翻动作为继续学习鱼跃前滚翻动作奠定基础。该动作能改善和提高人体平衡和空间感能力，对提高学生的柔韧性、协调性、灵敏、力量素质具有重要作用。滚翻技能技巧是水平二《体育与健康》教学的主要教材内容之一，本单元共设置四课次，本课设置为第一课次。本次课教学重点：蹬地、支撑、团身紧；难点：蹲撑、蹬地的结合，滚动圆滑成直线。

（三）说学情分析（以水平二为例）

本次授课班级为三年级的学生，本班学生以前对滚翻内容没有学习接触过。该阶段是柔韧和灵敏素质发展的敏感时期，也是生长发育关键时期，学生自控能力不强，注意力不能长时间集中，认知能力差，好动，好模仿，乐于参加体育活动，并乐于向同伴展示技术动作。而前滚翻坐起来灵活、轻巧、连贯，符合学生特点，易于教学，有助于提高学生的协调性、灵敏性和空间感。

（四）说教学目标

（1）认知目标：通过学习，学生建立正确的前滚翻动作概念，能够说出动作要领并理解正确的发力顺序。

（2）技能目标：通过学练结合，学生初步掌握一蹲、二撑、三滚翻的动作，发展学生的滚翻能力和自我保护能力，发展学生腿部力量。

（3）情感目标：通过游戏练习，每个学生都能在课堂教学中体验到参与的乐趣，享受到成功的快乐，并能克服困难，勇敢顽强，培养团结协作，积极进取的优良品质。

（五）说教法学法

1.教法

（1）讲解法：通过形象的口诀法和优美的示范帮助学生建立前滚翻动作概念，理解动作要领。

（2）讨论法：教师引导学生围绕教材的中心问题各抒己见，通过讨论，得出前滚翻的动作要点以及重点、难点。

（3）纠正动作错误与帮助法：在学生练习中，通过观察及时纠正学生的错误动作，引导学生学习规范优美的动作。

2.学法

（1）发现式教学法：提出问题或创设问题情境，反复练习，组织学生提出假设并通过实践进行验证，开展讨论，得出共同结论。

（2）合作学习法：提出问题或创设问题情境，反复练习，组织学生提出假设并通过实践进行验证，开展讨论，得出共同结论。

（六）说教学流程

1.开始部分（7分钟）

（1）课堂常规：整队集合、清点人数、师生问好、检查服装、安排见习生。

（2）准备活动。

活动名称：喊数抱团。

活动方法字口令时：所有队员围成一个圆圈慢跑起来，教师喊出数字，并开始倒数3秒，参赛队员则与邻队队员按所喊数字抱成一团，最后没有抱团成功的被淘汰，抱团人数多的人则选出多出来的人数淘汰。后几局按照同样的规则继续进行，最后留下人获胜。

活动规则：到老师喊出某个数字时，立即按该数字相同的人数抱成一团。

2.基本部分（28分钟）

（1）练习一：抱团仰卧滚动练习。

教学组织：四列横队，用动作示范法，示范并启发学生思考，球为什么能滚？让学生明确"团身"和"依次着地"的意义。用讲解法，讲解动作要领。

练习要求：让身体部位依次接触垫子，滚动圆滑，体会颈、肩、背、腰、臀依次触垫向前滚动的感觉。练习5～10次。

（2）练习二：团身抱膝滚动成蹲立。

教学组织：四列横队，提示要点，语言鼓励。

练习要求：分组进行练习，动作完全掌握的同学，可辅导、帮助动作掌握欠佳的同学学习前滚翻技术动作。练习5～8次。

（3）练习三：在保护与帮助下完成前滚翻动作。

教学组织：二列横队，讲解保护与帮助的方法，保护与帮助者跪于练习者的侧前方用手顺势推其背部帮助其成蹲立。

练习要求：学生后脑勺着地，双手平均用力，团身紧。练习4～8次。

（4）练习四：独立完成前滚翻动作。

教学组织：四列横队，教师口令引导学生手脚同时发力，要求加强低头，团身练习，挑选表现优秀的同学进行展示。

练习要求：做到蹬地、支撑、团身紧，滚动圆滑呈直线。练习5～10次。

3.结束部分（5分钟）

（1）集合整队。

（2）教师评价总结。

（3）拉伸放松。

（4）收拾器材。

（5）下课。

（七）说场地器材

体操房一个，体操垫若干，便捷式音响一个。

（八）说预计效果

根据本课设计，能顺利完成教学任务，并能达成预设的教学目标，预计本节课的练习密度为60%左右，最高心率为160～170次/分，平均心率达到120～130次/分。

附录一：编写依据

体育与健康课程以促进学生身体、心理和社会适应能力整体健康水平的提高为目标，构建了技能、认识、情感、行为等领域并行推进的课程结构，融合了体育、生理、心理卫生保健、环境、社会、安全、营养等诸多学科领域的有关知识。内容很多，涉及的知识面很广。教材分析中选抱团仰卧滚动练习。

团身抱膝滚动成蹲立，在保护与帮助下完成前滚翻动作，独立完成前滚翻动作四个练习，是根据复习课的要求来选择。

附录二：前滚翻教学步骤

（1）练习一：蹲撑与蹬地协调练习。教师口令引导学生手脚同时发力，要求加强低头，团身练习。

（2）练习二：抱团仰卧滚动练习，让身体部位依次接触垫子，滚动圆滑，体会颈、肩、背、腰、臀依次触垫向前滚动的感觉。

（3）练习三：团身抱膝滚动成蹲立。

（4）练习四：坡度前滚翻（下坡）。要求学生后脑勺着地，双手平均用力，团身紧。

（5）练习五：在保护与帮助下完成前滚翻。

（6）练习六：独立完成前滚翻、蹲撑、低头、团身、提臀。

（7）练习七：膝盖中间夹一块手帕做前滚翻。学生在练习前滚翻时将手帕夹在膝盖处，双手抱住小腿。要求在抬臀、屈臂及团身滚动中手帕不能掉落。

（8）练习八：标点划线前滚翻。在双手接触体操垫的位置画圆，固定接位置，两圆圆心相连的中点划线，规定身体滚动轨迹。

（9）练习九：前滚翻过呼啦圈。两人一组，利用呼啦圈进行前滚翻练习，引导学生较好地完成团身和蹬地的动作。根据学生的身体、体重，选择合适的呼啦圈直径。

（10）练习十：双臂抱于胸前做前滚翻。

（11）练习十一：双手背在体后做前滚翻。

（12）练习十二：双人组合连续做前滚翻。

案例35：跪跳起

（一）说指导思想

依据新课标的要求，以健康第一为指导思想，以促进学生身心全面发展为目标，在授课过程中坚持"学生为主体，教师为主导"教学原则，充分调动学生的积极性和主动性。

（二）说教材分析

跪跳起选自人教版《体育与健康》课程水平二体操技巧项目的教材，是小学技巧单元的一项重要内容，是体操基本项目之一。本单元共3节课，本次课为第一次课，重点是手臂前摆制动，小腿积极压垫，难点是摆臂、小腿压垫与抬体动作的配合。练习动作有一定的趣味性，对发展学生腰腹力量和身体协调能力有良好的作用，还可以培养坚强意志和克服困难的精神。

（三）说学情分析（以水平三为例）

四年级学生活泼好动、争强好胜、富于想象力，但是由于技巧运动的技术含量较高，学生的腰腹及下肢力量不足，所以在教学中利用学生乐于挑战的心理，设置闯关游戏，达到学会跪跳起目的。

（四）说教学目标

（1）认知目标：通过学习，能准确地说出跪跳起动作的要点，了解保护与帮助的方法，增强学生对体操的兴趣。

（2）技能目标：通过分组学习和自主学习，学生能够独立完成跪跳起的动作，发展学生的身体协调性和柔韧性等素质，提高自我保护的能力。

（3）情感目标：通过教学，培养学生勇敢果断的优良品质，培养学生团队协作的精神和保护帮助意识。

（五）说教法学法

1.教法

（1）讲解法：通过形象的口诀法和优美的示范帮助学生建立跪跳起动作概念，理解动作要领。

（2）游戏法：根据教学目标选择合适的活动内容与形式，采取相应的规则和要求。

（3）纠正动作错误与帮助法：在学生练习中，通过观察及时纠正学生的错误动作，引导学生学习规范优美的动作。

（4）动作示范法：在每一个练习前进行示范，帮助学生形成侧手翻动作表象。

2.学法

（1）归纳听讲法：认真观察教师示范动作，思考并总结跪跳起动作要点，即摆臂、压垫、提膝、收腹。

（2）热情参与法：教师设置问题，积极参与提问。

（3）模仿练习法：模拟效仿教师跪跳起技术与保护与帮助动作，感受动作要点，进行直观学习。

（六）说教学流程

1.开始部分（7分钟）

（1）课堂常规：整队集合、清点人数、师生问好、检查服装、安排见习生。

（2）准备活动。

活动名称："僵尸跳"接力赛。

活动方法：参赛队员在哨声响后，双臂前伸，双脚跳，双手击掌完成接力，下一位同学以同样方式接力，以排尾过终点算比赛结束。

活动规则：参赛队员需双臂前伸，双脚跳，在线后完成击掌进行接力。

2.基本部分（28分钟）

（1）练习一：脚背拍打比响。

教学组织：四列横队，用动作示范法，强调动作要求；用讲解法，讲解动作要领。

练习要求：体会脚背和小腿正确的压垫姿势。

（2）练习二：脚背压垫行走。

教学组织：四列横队，巡视观察，发现安全问题及时解决。

练习要求：掌握小腿积极压垫的方法。

（3）练习三：跪跳"压标志"。

教学组织：四列横队，请动作完成度高、效果好的学生示范动作，强调动作重点，其他同学反思动作，模仿练习。

练习要求：通过"摆臂制动，小腿压垫"，向前上方跳起。

（4）练习四：保护与帮助下完成跪跳起动作。

教学组织：二列横队，讲解示范保护与帮助的方法，即站立在垫子前方，双手向上，托住练习者的双手，在练习者向上跳起时，帮助练习者顺利跳起。

练习要求：练习动作，相互观察并反馈。

（5）练习五：独立完成跪跳起动作。

教学组织：四列横队，巡视观察，纠正动作，激励表扬。

练习要求：做到手臂前摆制动，小腿积极压垫的技术动作。

3.结束部分（5分钟）

（1）集合整队。

（2）教师评价总结。

（3）拉伸放松。

（4）收拾器材。

（5）下课。

（七）说场地器材

体操房一个，体操垫若干。

（八）说预计效果

根据本课设计，能顺利完成教学任务，并能达成预设的教学目标，预计本节课的练习密度为58%左右，最高心率为155~165次/分，平均心率达到120~130次/分。

附录一：编写说明

教师的教是外因，学生的学是内因，外因通过内因才起作用。所以，在教学活动中教师要把学生放在主体的位置，学生是学习认识活动的主人，是学习的主体，在整个教学过程中，无论是知识经验的获得，还是智力、能力的发展，教师都既无法代替学生读书，也无法代替学生分析思考，既不能把知识生硬地灌输到学生的头脑里，也不能把思想观点移植到学生的头脑中。以学生为主体就要让学生动起来，由学会到会学。

附录二：跪跳起教学步骤

（1）练习一：脚背拍打比响。

（2）练习二：脚背压垫行走。

（3）练习三：跪跳预摆。

（4）练习四：跪跳"压标志"。

（5）练习五：跪跳前进。

（6）练习六：跪跳触悬挂物练习。

（7）练习七：跪跳比高。

（8）练习八：跪跳起（高处跳下起）。

（9）练习九：跪跳起（平垫跳起）。

（10）练习十：跪跳触悬挂物练习。

（11）练习十一：保护与帮助下完成跪跳起动作。

（12）练习十二：独立完成跪跳起动作。

案例36：燕式平衡

（一）说指导思想

本课坚持"健康第一，快乐体育"的指导思想，遵循"学生是主体，教师是主导"的教学理念，根据省编教材和《新课程标准》的指导，课堂教学中采用循序渐进，层层深入的教学方法，设计一些技巧游戏来激发学生的兴趣，在练习中尽可能地让学生多练，多想，多合作，多观察，多欣赏，带着问题去练习，自主体验技术动作，相互交流，探讨，体验成功乐趣，使学生在知识上、情感上和态度上积极发展，最终达到掌握技术动作和锻炼身体的目的，促进学生身心的和谐发展。

（二）说教材分析

本节课选自人教版《体育与健康》水平四初中一年级课程，针对燕式平衡共设置三课次，本节课为燕式平衡的第一次课，燕式平衡是体操项目中基本技巧动作之一，能够发展学生的平衡能力和身体的控制能力。燕式平衡相对比较枯燥，技巧性较强，在教学过程中要注重以学生发展为中心，采用循序渐进、保护帮助的方式引导学生进行练习。燕式平衡的教学重点：控制身体平衡；教学难点：身体姿态及后举腿高度（高于肩）。

（三）说学情分析（以水平四为例）

初一年级学生活泼好动，乐于动脑，喜欢新鲜的、有挑战性的运动，并且对技巧动作有一定了解，但自控能力低。培养兴趣和重在参与意识的疏导非常重要。因此课程应该设计循序渐进的练习方法结合生动的情景教学，激发学生练习兴趣。

（四）说教学目标

（1）认知目标：通过学习，学生建立正确的燕式平衡动作概念，能够说出动作要领并理解正确的发力顺序。

（2）技能目标：通过学练结合，学生能独立完成燕式平衡动作，做出紧腰控制重心稳，先举腿后上体前屈动作，发展学生平衡能力和身体的控制能力。

（3）情感目标：培养学生积极上进、积极与他人合作，团结互助的集体主义精神。

（五）说教法学法

1.教法

（1）讲解法：通过形象的口诀法和优美的示范帮助学生建立燕式平衡动作概念，理解动作要领。

（2）示范法：通过正面和侧面示范，帮助学生更直观地感受燕式平衡动作。

（3）纠正动作错误与帮助法：在学生练习中，通过观察及时纠正学生的错误动作，引导学生学习规范优美的动作。

（4）保护与帮助法：在练习中强调安全问题，讲解保护与帮助的重要性并提供讲解示范方法。

2.学法

（1）发现式教学法：提出问题身体是如何维持平衡的，组织学生提出假设并通过实践进行验证，开展讨论，得出共同结论。

（2）结伴练习法：进行保护与帮助时，注意观察同伴的动作，及时提供反馈，共同进步。

（3）模仿练习法：学生反复练习，不断提高动作规格和质量，优秀同学展示动作，帮助其他同学更好理解动作要点。

（六）说教学流程

1.开始部分（7分钟）

（1）课堂常规：整队集合、清点人数、师生问好、检查服装、安排见习生。

（2）准备活动。

活动名称：123木头人。

活动方法：选一个领头人，其他人跟在领头人后面，游戏时要喊口令"一二三，木头人"。喊"一二三"时，众人随意行走，当到"木头人"的时候，众人停止不动；谁动了就要接受惩罚，退出游戏；游戏反复进行，直到剩下一个人为止。

活动规则：口令喊道"木头人"时保持静止不动。

2.基本部分（28分钟）

（1）练习一：柔韧性练习，包括腿向前、侧、后的压、踢、控练习；腰向后的压、耗、甩的练习。

教学组织：四列横队，讲解示范动作，强调柔韧性对燕式平衡的重要性。

练习要求：动作尽可能充分舒展，活动腿部韧带。

（2）练习二：手扶器械的平衡练习。

教学组织：一列横队，巡回观察，强调学生紧腰控制重心，语言鼓励。

练习要求：手扶器械，感受单腿站立时身体重心的变化，核心收紧，维持身体平衡。

（3）练习三：在保护与帮助下完成燕式平衡动作。

教学组织：二列横队，讲解保护与帮助的方法，即保护与帮助者站在练习者侧方，一手托其腿，一手托其上臂，帮助身体平衡。

练习要求：挑战自我，两人相互反馈，调整动作直至维持重心稳定。

（4）练习四：独立完成肩肘倒立动作。

教学组织：四列横队，教师口令引导学生手脚同时发力，挑选表现优秀的同学进行展示。

练习要求：把握重点控制身体平衡，克服难点身体姿态及后举腿高度（高于肩）。

3.结束部分（5分钟）

（1）集合整队。

（2）教师评价总结。

（3）拉伸放松。

（4）收拾器材。

（5）下课。

（七）说场地器材

体操房一个，体操垫若干，便捷式音响一个。

（八）说预计效果

根据本课设计，能顺利完成教学任务，并能达成预设的教学目标，预计本节课的练习密度为60%左右，最高心率为160～170次/分，平均心率达到120～130次/分。

附录一：编写说明

体育教学是双向多边、复杂的活动。体育教师掌握着教学方向、进度和内容，用自己良好的思想品德、丰富的知识、高超的运动技艺，活泼、生动的形象教育和影响学生，在教学中发挥主导作用。学生是学习的主体，其学习目的、态度、动机、积极性、身体状况、兴趣、思维能力、情绪等都直接影响教学效果。传统的体育理论认为师生之间是命令与服从、上级与下级、教与学的关系，教师神情严肃，不容置疑，学生唯唯诺诺，言听计从。快乐体育强调体育教学中师生之间、学生之间都存在着双向信息交流，建立和谐的师生、生生关系。

附录二：肩肘倒立教学步骤

（1）练习一：柔韧性练习，包括腿向前、侧、后的压、踢、控练习；腰向后的压、耗、甩的练习。

（2）练习二：手扶器械的平衡练习。

（3）练习三：做单脚平衡的静力练习。

（4）练习四：上步前倾，下压平衡练习。

（5）练习五：保护与帮助下完成燕式平衡练习。

（6）练习六：独立完成燕式平衡。

二、健美操

案例37：一级套路

（一）说指导思想

本课以"健康第一，终身体育"为指导思想，以快乐体育为教学模式的情趣美将给学生带来情感体验，引发学生积极的运动参与。本节课通过合作学习、分层教学、成果展示等、充分体现为学习而设计、教师的主导、学生的主体地位的教学原则，能使学生身心得到全面发展，为终身体育奠定良好的基础。

（二）说教材分析

本次课教材选自国家体育总局体操中心出版的《全国大众锻炼标准（3）》。《全国大众锻炼标准（3）》一共有六套健美操套路，我们学习的是一级套路。单元设置为5课次，本课为新授课。一级为健美操大众锻炼标准的初级套路，练习的目的是进行中等强度的有氧练习和低难度的腰腹及上肢力量练习。每个组合均由3—4个基本步伐组成。所有的动作和变化都是有氧操练习中常见的动作和典型动作，因此这级操很适合我校初级班学生的学习水平及身心发展的认知水平与生理规律。本课是健美操选修课的第五课次，起着承上启下的作用，是学习其他动作技术的基础，可发展学生的健美能力和全面发展学生的身体素质。重点：上下肢协调配合及动作的规范性。难点：能够理解掌握音乐内在节奏，跳出操的节奏。

（三）说学情分析（以水平五为例）

本课的教学对象为高中健美操班的40名女生，这些学生身心发展日趋成熟，已具备了独立思考、判断、概括等能力，在身体锻炼中也具备了较高的基本运动能力。具备了美的特点的健美操又是她们所喜爱的一项运动，这为成功教学奠定了基础。存在的问题是：多数以前从未接触过健美操。因此我将通过合作学习、互帮互助、多活动、快反馈、多鼓励、细辅导等活动，帮助她们掌握动作技能。通过师生互动、生生互动，激发学习兴趣，活跃课堂氛围，达成学习目标。

（四）说教学目标

（1）认知目标：通过学习使90%～100%的学生能够感知健美操多具有的美感和动作价值，激发锻炼兴趣。

（2）技能目标：90%～100%的学生能参与动作学习，85%的学生可以跟随音乐节奏完成节奏变换，提高协调性和节奏性。

（3）情感目标：通过小团体协作70%～80%的学生完成造型创编，培养他们的团队协作和美的意识。

（五）说教法学法

1.教法

（1）讲解示范法：通过精练适度的语言讲解，使学生获得正确的动作概念；教师规范优美的示范，利于学生模仿正确的动作。

（2）分解练习法：让学生从简到难按顺序学习，使学生更容易掌握技术。

（3）启发式教学法：高中学生有独立思考能力，具有创造性，课上可以示范一侧动作后，让学生自我练习另一侧动作，教师给予指导。

（4）纠正错误法：由于学生间的个体差异，完成练习的情况各有不同，通过纠正获得正确动作的，提高学生学习的信心。

（5）评价法：学生对于自身动作很难判断是否正确，可以通过教师评价或学生之间互相评价发现问题，解决问题，进一步激发学生的学习兴趣。

2.学情

（1）模仿练习法：学生能在老师的带领下模仿教师动作，体会篮球的快乐。

（2）分层练习法：通过友情分组活动，帮助学生树立成功感受，提高学生自信心，体验学习和成功带来的乐趣。

（3）互帮互学法：在互学互练中，提高学生的合作能力，看到自己的不足，学习别人的优点。

（六）说教学流程

1.开始部分（7分钟）

（1）课堂常规：整队集合、清点人数、师生问好、宣布本课内容、安排见习生。

（2）准备活动。

活动名称：音乐游戏。

活动方法：听音乐打节拍，身体配合摆动。学生围成一个圈，跟着音乐打节拍，跟着音乐做有冲击力的动作（弹动、半蹲等原地动作）。

活动规则：跟上节拍节奏。

2.基本部分（28分钟）

（1）练习一：基本步伐教学。

教学组织：将学生分为A、B两组，A组在教师的带领下喊节奏并说出动作名称，B组快速反应并正确做出相应动作，A组指出B组的错误动作并给予纠正；引导学生通过转换角色，进行反复练习。

练习要求：反应迅速，相互评价。

（2）练习二：在音乐伴奏下进行基本步伐以及上肢动作的配合练习。

教学组织：四列横排，正面、侧面、镜面完整示范动作。

练习要求：动作刚劲有力。

（3）练习三：分组练习。

教学组织：两人一组，互相练习，教师观察巡视，渲染指导。

练习要求：合作学习，互帮互助。

（4）练习四：个人成果展示。

教学组织：分为各小组，小组内进行个人展示，教师分组，组织个人成果展示。

练习要求：组内点评。

3.结束部分（5分钟）

（1）集合整队。

（2）教师评价总结。

（3）拉伸放松。

（4）收拾器材。

（5）下课。

（七）说场地器材

体操房场地，录音机一台。

（八）说预计效果

根据本课设计，能顺利完成教学任务，并能达成预设的教学目标，预计本节课的练习密度为60%左右，最高心率为160～175次/分，平均心率达到120～130次/分。

附录一：编写依据

以快乐体育的教学模式，以挖掘教材情趣美为导向，促使学生更加形象地理解动作，课前采用"先行组织者策略"上传音乐与视频，同化学生，建立认知，加深理解，提高教学效果，在教学步骤中通过多层次、多方法因材施教提高学生学习能力，通过情感体验学习欢乐。在节拍教学中，通过学生双手的击掌或击打身体不同部位（1拍一击，2拍一击，4拍一击），提高准确听出音乐节奏，体验不同音乐节奏的力度和情绪感受来融入课堂，在教学步骤中不只教一项动作技术，而是通过多种动作技术和组合套路的学练进行展示活动。使他们逐步掌握基本的技能，在体验学习成功感和愉悦感的过程中树立自信心。

附录二：健美操教学步骤

（1）练习一：基本步伐教学 。

教学组织：将学生分为A、B两组，A组在教师的带领下喊节奏并说出动作名称，B组快速反应并正确做出相应动作，A组指出B组的错误动作并给予纠正；引导学生通过转换角色，进行反复练习。

练习要求：反应迅速，相互评价。

（2）练习二：指导学生在音乐伴奏下进行基本步伐以及步伐与上肢动作配合练习。

（3）练习三：在音乐伴奏下持续运动3~4分钟。

（4）练习四：跟着节拍进行个人成果展示。

（5）练习五：集体跟随音乐节奏练习。

（6）练习六：分组成果展示。

（7）练习七：组合、造型创编。

第五节　武术类项目

案例38：少年拳

（一）说指导思想

根据《体育与健康课程标准》的要求，本课在教学中坚持"健康第一"的指导思想，促进学生的健康成长。以情景教学为主线，创设故事情景来激发学生的运动兴趣，培养学生体育锻炼的意识；以学生发展为中心，注重"三化"教学和循序渐进的教学原则，以学生为主体，发展学生武术技能，弘扬中华武术精神；关注地区差异和个体差异，保证让每一位学生受益；培养学生终身体育锻炼的习惯，以及自主探究，合作学习的能力；让学生主动参与、乐于参与体育锻炼，学会知识，掌握技能，全面的发展体能和健身能力，提高社会的适应能力；通过武术来培养学生的武德，形成合作意识，学会控制情绪，培养坚强的意志品质，达到教与学的和谐统一。

（二）说教材分析

武术是有攻防含义的技击技术，是按照一定规律连接而成的动作套路、对抗练习，以及有关锻炼身体的功法组成的民族形式体育。少年拳第一套是水平三《体育与健康》单元教学内容之一，是根据小学（五）六年级学生身心发展特点，在复习水平二武术基本功和组合动作的基础上而设计的。本单元共设置4课次，本课为新授课。本次课教学重点：第一套少年拳1—4式的每个动作名称以及动作的规范、动作的力度、动作的准确性、动作的路线和连贯程度。难点：学生手、眼、身法、步法的协调一致。

（三）说学情分析（以水平三为例）

本课的教学对象为五年级的学生，他们之前通过水平二的学习，身体素质得到发展，体能明显的增强。特别是协调性、控制身体的能力要比三、四年级有了很大的进步。经过不断的学习和锻炼，对动作的理解能力也有明显的提高。在动作技能上，他们有了一定的武术基础，如马步、弓步、跃步、冲拳、踢腿等武术基本动作。但是，对于五年级的学生来说，他们活泼好动，有丰富的想象力，喜欢英雄人物，认知能力和表现欲望也逐步增强。通过视频教学以及场景的设计来直观的学习动作，同时又以变换手型趣味游戏比赛的形式，培养学生的团结合作的品质，进一步提高了学生对体育运动的兴趣。

（四）说教学目标

（1）认知目标：了解中华武术的博大精深，并积极主动地参与武术学习

（2）技能目标：95%以上的学生能够掌握第一套少年拳1—4式的动作。发展学生力量、柔韧、灵敏等身体素质，提高身体的协调性。

（3）情感目标：陶冶学生的武德情操，增强组织纪律性。通过游戏，塑造英雄形象，培养学生爱国主义热情，提高在集体与分散活动中与同伴合作的能力，发扬团结互助的优良品德。

（五）说教法学法

1.教法

（1）讲解法：先讲解少年拳1—4式的动作名称，然后逐个讲解动作要领。

（2）讨论法：教师抛出问题：少年拳的1—4式动作中出现了哪几种步型？以小组形式围绕中心问题进行讨论。

（3）动作示范法：教师示范过程中，示范面以侧面和背面为主，示范动

作以中速为宜；通过示范法，学生能够初步建立少年拳的动作概念。

（4）通过纠正动作错误与帮助法，对学生的基本动作进行纠错，使学生更快掌握正确动作。

（5）直观法：播放一段特种兵训练视频，激起学生学习武术的兴趣

（6）通过分解练习法，对少年拳的震脚架打、蹬踢架打、垫步弹踢、马步横打四个动作进行分解练习。

（7）通过完整练习法，保证少年拳1—4式动作结构完整性。

2.学法

（1）听讲法：听讲少年拳的组成部分的讲解，了解少年拳技术动作结构和组成。

（2）模仿法：观看少年拳的动作示范，认真模仿少年拳1—4式动作的基本套路，建立正确的直观感受。

（3）分组练习法：通过学生自主分组，帮助学生体会正确少年拳动作的成功感受，提高学生自信心。

（4）合作练习法：在互帮互练中，发现自身的不足，学习别人的优点，掌握少年拳1—4式动作要领，提高学生的合作交流能力。

（六）说教学流程

1.开始部分（7分钟）

（1）课堂常规：整队集合、清点人数、师生问好、检查服装、安排见习生。

（2）准备活动。

①马步练习。

②弓步练习。

③蹬踢练习。

2.基本部分（28分钟）

（1）练习一：手型变换趣味游戏。

教学组织：四列横队，分成两组，成体操队形面对面站立。两排学生相距1米，左右对面站立，一组做动作，一组监督并记分。开始时学生双手抱拳成武术预备姿势，老师喊"拳或掌或钩"，当声音结束同时迅速做出冲拳或推掌或勾手的动作，按照手型作对与否决定胜负。接着按照拳胜掌、掌胜钩、钩胜拳的顺序决定胜负，一轮过后对换任务。胜利的一方为小小英雄队。

练习要求：不能消极比赛，拳、掌和钩的手型要准确。

（2）练习二：分解练习1—4式动作。

教学组织：四列横队，成体操队形，教师按照少年拳的震脚架打、蹬踢架打、垫步弹踢、马步横打这四个动作顺序，分别给学生做示范，每做完一个示范，学生模仿练习一个动作，教师巡回指导，纠正错误。

练习要求：步型正确，上下肢协调。

（3）练习三：1—4式动作完整练习。

教学组织：四列横队，成体操队形。教师口令指挥学生进行1—4式动作的完整练习。

练习要求：1—4式动作连贯，准确。

（4）练习四：技能大比武练习。

教学组织：四列横队，成体操队形，每一横队为一组，共四组，各小组分别为自己的小分队起一个别致的名字，如：男生一组——"霹雳虎"；男生二组——"精武门"；女生一组——"霸王花"；女生二组——"火凤凰"。然后分组展示，技能大比武。每组为单位依次进行少年拳1—4式动作展示，其他组成员相互观摩，相互学习，相互评价。展示完后，教师给予积极的评价并提出几点建议。最后老师带领全班同学集体操练一遍。

练习要求：展示时声音洪亮，动作规范，精神饱满，连贯到位。

3.结束部分（5分钟）

（1）集合整队。

（2）教师评价总结。

（3）拉伸放松。

（4）收拾器材。

（5）下课。

（七）说场地器材

武术房。

（八）说预计效果

根据本课设计，能顺利完成教学任务，并能达成预设的教学目标，预计本节课的练习密度为60%左右，最高心率为160～175次/分，平均心率达到120～130次/分。

附录一：编写依据

本课旨在通过复习和巩固三、四年级学过的基本功和组合动作基础上，使学生掌握连续进行武术动作或攻防技击时控制身形、表现精神、顺达用力的方法，以此体验和表现武术精、气、神的运动风格。少年拳是学生在水平一、水平二初步掌握武术基本功和组合动作基础上，进一步学习和体验的武术套路动作。要求学生掌握各种规范的步型、步法与手型、手法的合理连接与运用，和以腰为媒介带动四肢的发力次序、眼随手动、协调连贯、节奏鲜明的演练技巧，以及相关手法、腿法和组合动作的实用攻防方法。在本课教学中主要通过示范法来引导学生进行练习，提高学生对武术学习的兴趣，发展身体协调性、灵敏性和柔韧性等素质，培养迎难而上、机敏果敢、沉着冷静、崇尚武德的精神。

附录二：少年拳教学设计

（1）练习一：手型变换趣味游戏，四列横队，分成两组，成体操队形面对面站立。两排学生相距1米，左右对面站立，一组做动作，一组监督并记分。开始时学生双手抱拳成武术预备姿势，老师喊"拳或掌或钩"，当声音结束同时迅速做出冲拳或推掌或勾手的动作，按照手型作对与否决定胜负。接着按照拳胜掌、掌胜钩、钩胜拳的顺序决定胜负，一轮过后对换任务。

（2）练习二：分解练习1—4式动作，四列横队，成体操队形。教师按照少年拳的震脚架打、蹬踢架打、垫步弹踢、马步横打这四个动作顺序，分别给学生做示范，每做完一个示范，学生模仿练习一个动作，教师巡回指导，纠正错误。要求：步型正确，上下肢协调。

（3）练习三：1—4式动作完整练习，教师口令指挥学生进行1—4式动作的完整练习。

（4）练习四：技能大比武练习，四列横队，成体操队形，每一横队为一组，共四组。各小组分别为自己的小分队起一个别致的名字，如：男生一组——"霹雳虎"；男生二组——"精武门"；女生一组——"霸王花"；女生二组——"火凤凰"。然后分组展示，技能大比武。每组为单位依次进行少年拳1—4式动作展示，其他组成员相互观摩，相互学习，相互评价。展示完后，教师给予积极的评价并提出几点建议。最后老师带领全班同学集体操练一遍。要求：展示时声音洪亮，动作规范，精神饱满，连贯到位。

（5）练习五：游戏比赛—抢滩登陆—保卫边疆。游戏规则：把男女分别平均分成两组，同时开始比赛，首先是连续双脚跳过围墙（3个跨栏），接着快速跑5米，然后爬过险滩（垫子），接着跳过沼泽地（5个呼啦圈），然后跑5米跑到标志物，第一名同学跳完围墙之后，第二名同学立即开始起跑，依次类推，最后一名同学手拿小红旗跑到标志物的时候，要把小红旗插到标志物上。看看哪一小组最先完成"抢滩登陆"，并被评为"精英小分队"。这个环节是把素质练习设计在游戏里面，既增强了练习的趣味性又锻炼了身体素质，并且提高了他们的团结协作的能力，培养他们不怕吃苦、克服困难的优良品质。

（6）练习六：互相指导练习，两人一组，一人做完整1—4式动作练习，另一人指出错误，目的是发现别人优点，找出自身不足，提高学生交流合作能力。

案例39：五步拳

（一）说指导思想

本节课以新《体育与健康课程标准》为理论依据，坚持"健康第一"的指导思想，以学生的发展为中心，注重学生学习兴趣的培养。采取以竞赛的形式分组来进行练习、教师集中示范讲解、巡视指导等方式进行教学，使学生了解武术，培养其热爱祖国思想品质。

（二）说教材分析

武术作为一种民族体育项目，受到学生们的普遍喜爱。学生通过学习武术学到一些防身、自卫技能。武术基本功练习和五步拳为学习少年拳奠定基础，初步建立武术套路的概念。该动作是体育与健康武术单元教学内容之一，本单元共设置3课次。本课为武术课的第2课次，为复习课。本次课教学重点：武术的基本手型、步型的准确性。难点：攻架准确，套路熟练。

（三）说学情分析（以水平四为例）

本节课教学对象为初中学生，已具备独立思考、模仿、判断、概括能力，在身体锻炼中也具备了一定的基本活动能力。武术是初中生喜爱的体育项目之一，对武术的学习充满了强烈的愿望和浓厚的兴趣，特别是简单动作的组合给学生带来了极大的吸引力。学生已经学习了武术的基本手形和步形内容，对于组合动作有更强烈的学习欲望，更能激发自己的学习兴趣。

（四）说教学目标

（1）认知目标：通过学习五步拳，学生对基本步型和手型能做到观其形知其名，在五步拳1—4式动作学习中，能找出套路中出现的基本步型。

（2）技能目标：通过学习五步拳，使学生学会仆步、马步、弓步、冲拳的技术动作，基本掌握五步拳的1—4式动作路线和技术要点，发展学生的动作稳定性和协调性。

（3）情感目标：培养学生高尚的武德，培养学生勤学苦练、自尊自信等优良品质，养成锻炼身体的习惯。

（五）说教法学法

1.教法

（1）讲解法：先讲解五步拳是由弓步、马步、歇步、仆步和虚步等五种基本步型组合的基本套路，然后逐个讲解要领。

（2）讨论法：教师抛出问题，如五步拳的1—4式动作中出现了哪几种步型？以小组形式围绕中心问题进行讨论。

（3）动作示范法：教师示范过程中，示范面以侧面和背面为主，示范动作以中速为宜。通过示范法，学生能够初步建立五步拳的动作概念。

（4）通过纠正动作错误与帮助法，对学生的基本动作进行纠错，使学生更快掌握正确动作。

（5）通过分解练习法，对五步拳的弓步、马步、歇步、仆步和虚步等五种基本步型组合的基本套路进行分解练习。

（6）通过完整练习法，保证五步拳1—4式动作结构完整性。

2.学法

（1）听讲法：听讲五步拳的组成部分的讲解，了解五步拳技术动作结构和组成。

（2）模仿法：观看五步拳的动作示范，认真模仿准弓步、马步、歇步、仆步和虚步等五种基本步型组合的基本套路，建立正确的直观感受。

（3）分组练习法：通过学生自主分组，帮助学生体会正确击球的成功感受，提高学生自信心。

（4）合作练习法：在互帮互练中，发现自身的不足，学习别人的优点，掌握五步拳1—4式动作要领，提高学生的合作交流能力。

（六）说教学流程

1.开始部分（7分钟）

（1）课堂常规：整队集合、清点人数、师生问好、检查服装、安排见习生。

（2）准备活动。

活动名称："石头剪刀布"。

活动方法：弓步冲拳对应石头，弹腿冲拳对应剪刀，马步架打对应布，进行武术游戏，学生分成四组，两组比拼，再决出获胜组，每个同学2次机会，输了轮换下一位同学，看哪组同学存活到最后。目的是活跃课堂，使学生能够快速进入课堂学习。

活动要求：石头剪刀布对应的武术动作要准确，出手时要喊出自己出的是石头、剪刀，还是步。

2.基本部分（28分钟）

（1）练习一：复习基本步型、手型。

教学组织：四列横队，成体操队形，听老师口令，复习弓步、马步、歇步、仆步、虚步，手型：拳、掌、勾。

练习要求：步子稳，身体不晃动；手型准确。

（2）练习二：模仿练习。

教学组织：四列横队，成体操队形，教师采用背面和镜面对五步拳的弓步、马步、歇步、仆步、虚步的五种步型组合的动作进行示范，学生认真观看并模仿。

①并步抱拳礼。

②弓步冲拳。

③弹腿冲拳。

④弓步架打。

练习要求：学生观看中记住动作路线，在练习中体会动作要领。

（3）练习三：喊口令分解练习。

教学组织：四列横队，成体操队形，教师喊口令，如"并步抱拳礼""搂手弓步冲拳""弹腿冲拳""弓步架打"，学生根据教师口令做出相应动作。

练习要求：口令与动作要一致。

（4）练习四：分组练习。

教学组织：四列横队，每一横队为一小组。分组自行练习，组内成员互相交流学习，最后选出一名学习标兵带领练习。

练习要求：积极主动练习，要求五个步型组合连贯，不脱节。

3.结束部分（5分钟）

（1）集合整队。

（2）教师评价总结。

（3）拉伸放松。

（4）收拾器材。

（5）下课。

（七）说场地器材

武术房。

（八）说预计效果

根据本课设计，能顺利完成教学任务，并能达成预设的教学目标，预计本节课的练习密度为60%左右，最高心率为160～175次/分，平均心率达到120～130次/分。

附录一：编写依据

以"健康第一"为主要关键词，在本课五步拳教学中，针对水平四学生在小学阶段掌握了基本手型、手法、步型、步法，有一定的基础，五步拳是基本的武术套路，主要是规范手型、手法、步型、步法的合理连接与运用，在教学内容上主要安排4个动作：并步抱拳礼、弓步冲拳、弹腿冲拳、弓步架打，教师背面示范为主，以各单一的动作内容模仿学习后，两个动作的结合到三个动作的结合。本课主要设置合作学习的情境，引导学生学练动作时相互交流和帮助。安排每一横队为小组，小组学习合作的方式来提高学生的自主学习和探究学习的能力。

附录二：五步拳教学设计

（1）练习一：复习基本手型，四列横队，成体操队形。学生听老师口令，复习弓步、马步、歇步、仆步、虚步，手型：拳、掌、勾。要求：步子稳，身体不晃动；手型准确。

（2）练习二：模仿练习，四列横队，成体操队形。教师采用背面和镜面对五步拳的弓步、马步、歇步、仆步、虚步的五种步型1—4式动作组合进行示范，学生认真观看并模仿。

（3）练习三：喊口令分解练习，四列横队，成体操队形。教师喊口令，如"并步抱拳礼，一""搂手弓步冲拳，二""弹腿冲拳，三""弓步架打，四"，学生根据教师口令做出相应动作。口令与动作要一致。

（4）练习四：分组练习，四列横队，每一横队为一小组。学生分组自行练习，组内成员互相交流学习，最后选出一名学习标兵带领练习。积极主动练习，要求五个步型组合连贯，不脱节。

（5）练习五：慢速练习，四列横队，成体操队形。教师以一二三四的口令指挥学生练习。每喊一次口令后，观看学生动作，并纠正错误。

（6）练习六：分组展示练习，四列横队，成体操队形，每一横队为一小组。学生先自行练习五分钟，随后以小组为单位展示五步拳套路。

（7）练习七：音乐伴奏练习，四列横队，成体操队形。教师带领配合音乐完整练习五步拳1—4式动作组合。

第三章　体育教学设计理论

第一节　体育教学设计概述

一、体育教学设计含义

体育教学设计是依据学生的学习需要、体育教材内容、学习者的情况分析以及教学目的和教学条件、环境等，对某一门课程的单元教学计划和课时教学计划，对其进行的科学化设计，目的是减少本课程在课堂教学活动中的盲目与随意，是提高教学实施的前提保证。

构成教学活动的主要因素有教师、学生、教学内容、教学媒体、教学方法、教学环境等。教学活动有丰富的内容、复杂的对象、不同的形式和多样的方法。要使教学变得高效，必须对构成教学的各种要素（教学内容、教学组织、教学负荷等）进行全面分析。例如，在体育课堂教学之前，教师要对学生现有的运动水平和特点有一定了解，要对课程标准的要求进行分析，更好找出学生已有水平和教学要求之间的差距。在明确差距之后，教师可以清楚地列出学生能够达到的学习结果，从而确定出具体的课堂教学目标、教学策略、教学所需要的材料和教学的具体程序。在这个过程中，要对学生的现状和课程标准有准确分析，就要求教师必须运用相关的理论。如课程理论、学习理论、教学理论等来分析教学问题，同时要具有丰富的学科教学经验。

体育教学设计分为体育教学系统设计和体育教学过程设计。体育教学系统设计属于宏观设计层次，它根据社会发展对人才的需求拟定培养目标，制订课程计划与课程标准，然后选择各种教学资源，以保证教学目标的顺利实现。比如，制订课程教学计划和教学大纲就属于教学系统设计。对一门课程的教学设计称为课程教学设计，对一个单元的教学设计称为单元教学设计，对某一堂课的教学设计称为课堂教学设计，课程教学设计是根据课程标准所规定的教学目标，对教学内容和教学对象进行认真分析，得出每章节的教学目标，从而构建该课程的知识和能力框架。单元教学设计是根据课堂教学设计中总的目标体系，规定每一单元的教学任务。课堂教学设计则是根据单元教学任务以及对学习者已有水平的分析，确定课堂教学目标，选择教学策略和教学媒体，制定课堂教学的活动方案。

二、体育教学设计基本要求

（一）体育教学设计要体现素质教育理念

随着教育教学的不断发展，教育理论和实践探索的不断推进，我国的教育理论已经发生了很多变化，正从传统的应试教育向素质教育发展。在这种新型的素质教育中，着重强调民主、平等、合作的师生关系以及学生的创作、实践能力。因而，基于素质教育下的体育教学设计也应当根据这一理念，充分尊重学生、理解学生，善于引导和调动学生，发挥学生的主动性。有效培养学生的学习兴趣，使学生从被动地学到主动地学。

1. 强调以学生为中心

从不同的角度看问题，看到的情况也不同。体育教学设计也如此，以学生为中心看待教学问题和以教师为中心看待教学问题，两者之间所形成的思路和感受也是截然不同的，进而采取的系列措施和方法也是迥然不同的，体育教学设计结果会因此产生很大差别。素质教育，必然要求从学生本身看问题，即应当充分发挥学生的主体性。体育教学设计应当将学生放在首位，重视学生的学习过程，应基于学生的实际，通过有效的教学方法和手段为学生发展而服务。通过有效的启发和引导去激发学生潜能，使学生主动去学、去问、去想、去练、去总结，充分发挥学生的主观能动性。

2. 坚持"以人为本、健康第一"的教育理念

体育教育应积极探索健康教育之路，和体育教学有效结合在一起，着重帮助和培养学生形成积极锻炼、健康锻炼的体育运动习惯，促进学生全面发展。体育教学设计应当充分体现以学生为主体，重视学生的兴趣需求，重视学生的全面发展。

3. 体现"终身体育"指导思想

终身体育旨在通过体育教学培养学生的体育兴趣以及良好的体育习惯，使学生掌握一定的健身方法并具备良好的锻炼能力，体现可持续发展的健康理念。体育教学设计应在"终身体育"的指导思想下，对体育教学过程重新进行定位，谋求新的发展思路和理念，实现体育人才培养的可持续发展。

（二）体育教学设计要适应体育课程教材内容的多样化

随着体育教学的逐渐发展，我国体育课程的教学内容上逐渐多样化，体育教材体系逐渐完善，同时教学自主性也逐渐增强。因此，在进行体育教学设计时，应当根据课程标准确立的教学目标对已有的教材内容进行筛选、重组等加工处理，达到主次分明、重点突出、结构合理。在选择、安排教学内容的基础上，根据教材内容的特点，应用有效的教学组织形式，采用合理的教学方法和手段，以便更好地贯彻课程标准提出的各项要求，从而有效地实

现教学目标，使教学设计效果最优化。

（三）体育教学设计要运用多种教学组织形式和教学方法手段

随着体育学科的发展，一些新的教学组织形式、教学方法手段被逐步引入体育教学领域，从而使体育教学组织形式、教学方法手段日趋多样化。为了适应素质教育的要求，体育教学设计也应该在教学组织形式和教学方法手段上日趋多样化，以不断适应学生发展的需要。

（四）强调情境对学习的重要作用

建构主义认为，学习总是与一定的社会文化背景及情境相联系的。在传统的体育教学中，尤其是对小学低年级学生，由于不能提供实际情境所具有的生动性、丰富性，使学生对知识的意义建构认识发生困难。加强对体育教学过程中的情境设置有利于培养学生的兴趣、创造性、主动性和探索精神。

（五）强调协作学习对学习的作用

建构主义认为学生对身边环境的交互作用，对学习内容的理解起着关键性的作用。素质教育强调学生在教师的组织和引导下一起练习、学习，共同建立学习群体，共同完成对所学知识、体育技术的领会、理解和掌握。协作学习有利于培养学生的合作精神。

（六）利用各种信息资源支持学生学习

为了支持学生的主动探索和完成意义建构，在学习过程中要为学生提供各种信息资源，这些信息并非用于辅助教师的讲解和示范，而是用于支持学生的自主学习和协作探索。

三、体育教学设计意义与特点

（一）体育教学设计的意义

体育教学设计促进体育教学工作的科学化，提高体育教学的质量和效果。通过有效的体育教学设计，能够更好地调动学生各方面积极因素和外界条件，使学生的知识、能力、情感、个性、人格得到充分发展。

1.有利于体育教学工作的科学化

传统体育教学中，教学方案的撰写通常以教师、书本和课堂为主，教学理念相对固化、陈旧。而且一些教师由于自己的实践经验不足，没有掌握足够的设计方法，理论基础薄弱，因而教案的撰写具有随意性。对此，体育教师若掌握了体育教学设计的相关方法，则利于提高教学的规范性，从而增强教学的科学性。

2.有利于体育教学理论与体育教学实践的结合

对于一门学科的教学研究，我国大多的学者和专家都过于注重理论上的构建和完善，而相对脱离实际，不注重实践，使得教育教学问题无法得到真正有效改善，体育教学不外于此。现如今在体育教学界广泛存在的一个问题是体育教学理论逐渐丰富和完善但体育教师无法应用到真正的体育教学实践工作中去。对此，体育教学设计则可以在理论和实践中起到较好的沟通和连接作用，这主要表现在两方面，即体育教学设计可以将体育教学理论和成果运用到实际的体育教学实际指导中去；可以将优秀体育教师的先进经验和成果凝结于教学科学，丰富体育教学设计内容，促进理论与实践充分结合。

3.有利于科学思维习惯和能力的培养

体育教学设计是系统化地解决体育教学问题的过程，它提出的一整套确定、分析、解决教学问题的理论和方法对于培养人们科学的行为习惯，提高人们科学地分析与解决教学问题的能力具有重要意义。

4.有利于加速对青年教师的培养

体育教学设计最终为教师所操作和运用，在满足教师教授需求的同时，教师本身也要不断完善和充实自己来达成体育教学设计的使用要求。教师可以通过体育教学设计掌握更多的教学理论和实践操作知识，可以从中获取不曾习得的知识和经验，并在实际运用中逐渐内化，进一步充实和丰富自我。

5.有利于体育多媒体教材的开发和质量的提高

随着教学理论的逐渐丰富、现代教育技术的不断发展以及电教器材的日益增加，体育教学技术和手段不断增多和发展。体育多媒体教材包含体育教学方法、体育教学内容两大重要内容，通过体育教学设计，有利于帮助教师有效利用现代教学媒体，从而促进多媒体教材的编制，为体育教学提供更为丰富、精深的教学材料，提高教学质量和水平。

（二）体育教学设计的特点

体育教学设计有利于促进体育教学工作的科学化，提高体育教学的质量和效果。在体育教学的活动正式开展之前，体育教学的设计必不可少。具体来说，它具有以下几个主要特点。

1.针对性

教师在设计教学过程中，以学生原有的水平和需要为出发点，确定和开展教学活动。教学设计应首先分析学生的学习现状，对学生的知识基础、技能基础、学习兴趣、学习动机方面进行深入的了解，在详细掌握有关情况的基础上，有针对性地制订课堂教学目标和设计教学活动。这与传统教学的"以教材为中心"和"以教师为中心"相比，显然是不同的。教学活动是围绕学生的发展而展开的，充分体现学生在学习过程中的主体地位，促进学生主体性的发展。

2.系统性

体育教学设计是一个不断观察、设计、研究的过程，是将不同元素以最优组合形式呈现一个思维逻辑的过程，是一个系统、科学的过程。教师需要运用系统的方法，对这些要素及其要素之间的相互关系做出分析、判断与设计。在工作程序上综合师生、教材、媒体和评价等在体育教学方面的影响与作用，多要素之间协调配合，互相促进，形成最优整体效应，来提高体育教学效果。从"教什么"入手，在对学习需要、学生状况进行分析的基础上，确定出教学目标与内容。然后考虑"怎么教"的问题，制订与目标相匹配的教学策略，选用恰当的媒体。最后对教学效果给出评价，以便对教学设计的各个环节进行调节与修改，保证教学取得最优化的效果。

3.科学性

教学设计基于体育心理学、人体生理学、运动生物化学、体育教学论等诸多学科具体开展研究，提高教学设计过程、设计环节和设计对象的科学性。科学运用系统方法保证教学设计过程的完整性、程序性和可操作性。根据教育的基本规律和原则具体设计来建立教学目标、教学方法以及教学内容，科学运用系统方法分析和策划体育教学设计各方面要素及其组合联系。

4.灵活性

教学设计过程虽然有既定的流程，但在实际的教学设计中也会有一些变化，没有必要完全按照程序来完成所有的步骤。因此，在进行教学设计时，教师应根据具体实际灵活操作，具体决定相对重要的、相对一般的、比较平常的、教学方法以及教学内容，确定教学设计的重点环节，合理删略一些不必要的环节和步骤，灵活而有效地进行教学设计。

5.具体性

教学设计是以一定的学习理论和教学理论为基础的，由于所运用的理论不同，教学设计的具体过程和模式也会有所不同。教学设计过程中的每一个环节也有其独自的功能，呈现出不同的特点。教师在设计每一个教学环节时，需要尽量做到设计内容具体、全面且具有较强的可操作性，可以在开展教学活动方面起到准确的指导作用。

6.艺术性

体育教学设计是一门考虑到体育教学各方面要素并使其最优进行设计组合的一门艺术，一份亮眼的体育教学设计方案，就要做到新颖独特、结构清晰、层次明显，能够给人一种美的感受。

四、优质教学设计标准

作为一个整体的教学设计，需要满足最基本的要求是教学基本要素的完备性。教学设计的基本要素包括学生已有水平分析、教学目标编写、教学策略选择和教学评价设计。而作为优质的教学设计，则应该体现出各个要素之间环环相扣而构成一个有机的整体。除此之外，教学设计还应具有很强的可操作性，与现有的教学条件和教师能力相匹配。教师在检查自己的教学设计方案时，可以参考以下标准来评价其设计的质量。

（1）教学设计应包含对学生学习水平、学习内容、学生特点的深刻分析，这是进行优质教学设计的前提。只有在明确了学生现有的知识和技能基础与课程标准之间的差距之后，教学设计才能具有目的性；同样，也只有在明确了学习内容和分析学生的特点之后，教学才会有针对性，才可能做到因材施教。

（2）教学目标应该用学生的行为结果来表述。教学目标的表述应该以学生为主体阐述学生的学习结果，并且是具体的、明确的，有较强的表现性和可检测性。

（3）教学策略应具有科学性和针对性。具体来说，优质的教学策略应该符合如下6个方面的要求：

①教学策略的选择应该从教学目标出发，能够促进教学目标的实现。

②教学策略的设计应以现代教学理论和学习理论为依据。

③教学策略的设计应与教学内容相匹配。

④教师所使用的教学策略应符合学生的特点。

⑤教学策略应有助于教师充分发挥自身的特长。

⑥教学策略的运用应有相应设备条件的支持，在现有教学条件下具有可行性。

（4）对教学媒体的选择应符合两方面的要求。首先，所选的教学媒体应该能够准确地将学习内容呈现出来；其次，选择教学媒体时应充分考虑学生的年龄、兴趣、知识技能基础等特征，力求教学媒体的使用效果达到最佳，能够有效地激发学生的学习积极性，提高学习效率。

（5）教学评价应当紧扣教学目标，评价的工具和方法应具有科学性和针对性，评价结果要客观、全面，并能形成书面材料，以便为修改教学设计提供反馈信息。

第二节　体育教学内容

一、体育教学内容分析

对教学内容进行分析，它包括两层含义：一是分析所教教材的内容，为教的设计提供依据；二是分析学习内容，为"学"的设计提供依据。采用科学的方法分析教学内容，这是教学设计的一个重要环节。只有正确地分析教学内容，才能获得最优化的教学设计效果。

（一）体育教材分析

体育教材在体育教学过程中有很重要的作用，为了提高体育教学质量，体育教师必须首先通过研究和分析，理解和掌握体育教材，这是体育教师的基本功。体育教材分析是体育教师教学工作的重要内容，是体育教师进行教学设计的基础，也是体育教师进行教学研究的主要方法之一，能不断地提高教师的业务素质和加深对体育知识技能的理解，能充分体现体育教师的教学能力，属于创造性的劳动，对于提高体育教学质量和提高体育教师的自身素质都具有十分重要的意义。体育教师只有在深刻理解体育教材的基础上，才能灵活地运用体育教材、组织教材和处理教材，深入浅出地上好每一堂体育课，取得良好的教学效果。

但是从目前的体育教学现状来看，有些体育教师特别是青年体育教师，对体育教学设计的重要性认识不足，对体育教材分析的重要性认识更不足，满足于一知半解，浅尝辄止，不愿意下苦功深入钻研。因而对体育教材没有深刻地理解，不能从整体和全局来把握体育教材，没有掌握体育教材的精神实质，对体育教材的编写意图领会不深，对教学的目的和要求理解不透，造成课堂教学停留在一般的水平上，没有深度，经不起推敲，有的甚至出现科学性错误，在很大程度上影响了体育教学质量的提高。为了提高体育教学的质量，首先必须要对体育教材进行认真深入的研究，下功夫做好体育教材的分析。清楚体育教材分析的要求。

（1）深入钻研体育与健康课程标准，深刻领会体育教材的编写意图和目的要求，掌握体育教材的深度与广度。

（2）从整体和全局的高度把握体育教材，了解体育教材的结构、地位、作用和前后联系。

（3）从更深和更高的层次理解体育教材，了解有关体育知识的背景、与其他相关知识的联系，以及在生产和生活实际中的应用。

（4）分析体育教材的重点、难点和关键，了解学生容易混淆、产生错误的地方和应该注意的问题。

（5）了解体育教材中思考题的功能和难易程度。

（6）了解新知识和原有认知结构之间的关系、起点能力转化为终点能力所需要的先决技能和它们之间的关系。

此外，体育教材是一个系统，要用系统的方法来进行研究。系统方法是按照事物本身的系统性，把对象放在系统中进行研究的一种方法。它从系统观点出发，坚持从整体与环境之间、整体与要素之间、要素与要素之间的相互联系、相互作用、相互制约的关系去分析对象，以求最优化地解决问题。运用系统方法对体育教材进行分析包括背景分析、功能分析、结构分析、要素分析等。体育教材又是体育教师进行体育教学和学生学习体育知识技能的重要依据，因此还必须在体育教学论和体育学习论的指导下对体育教材进行学习心理分析。

（二）体育教材的背景分析

体育教材的背景分析，其实质是体育知识的本源性分析，主要是分析体育知识、技术发生和发展的过程，它与其他相关知识之间的联系，以及它在日常生活和健身活动中的应用。通过背景分析，可以使体育教师对有关体育知识有整体的、全面的和系统的了解，不仅知道这些体育知识在日常生活和健身活动中产生和发展的过程，而且知道它和体育其他部分知识以及其他学科知识之间的关系，知道它在实际中的作用。这样，既有利于拓宽教师的知识面，加深对教材的理解，了解教材在体育教学中的地位和作用，也有利于教师知道在教学中如何培养学生应用体育知识来解决问题的能力，还可以改变过去体育教学脱离学生需要的倾向。

（三）功能分析

功能是指系统与外部环境相互联系、相互作用中所表现出来的能力。体育教材的功能分析是指对体育教材在培养和提高学生体育素养的功能进行分析，了解这部分教材在整个教材中所处的地位和作用，了解它的学习价值，包括智力价值、思想教育价值和健身价值。体育的智力价值是指体育思维品质的培养、体育能力的提高等。体育的思想教育价值是指个性品质的培养、人格精神的塑造、世界观和人生观的形成等。体育的健身价值是指体育知识和技术在日常生活、体育健身活动中的应用。这些价值往往隐含在教材之中，是潜在的因素，需要教师深入钻研、积极挖掘。

（四）结构分析

对体育教材进行结构分析的目的是要找出体育教材的整体性和层次性的

特征以及组成要素之间的相互联系。体育教材的结构分析包括分析体育教材的内容、层次、要素之间的关系。根据体育教学内容的不同层次，分两种结构进行分析：一种是整体结构分析，指的是整个体育学科，某一项目（如田径、篮球、健美操和武术等）、某一单元内容的结构分析，另一种是单课结构分析，指的是某一课时内容的结构分析。

1.整体结构分析

体育教材的结构是体育内容经过教学法加工，形成体育知识的序列及其相互联系的结构。它包含体育知识结构、体育思想与锻炼方法结构。

（1）体育知识结构分析，主要是对体育教材中的各知识点、动作之间的关系形成的结构进行分析。

（2）体育思想与锻炼方法结构分析，主要是对体育教材结构的深层次分析，在体育知识结构分析的基础上，对体育教材中所蕴含的体育思想与锻炼方法结构进行分析。

只有当体育教师对教材中蕴含的体育思想与锻炼方法进行透彻分析以后，在体育课堂教学中才能自觉地渗透，积极地灌输，才能把体育教学提到体育思想方法的高度，真正提高学生的体育素养。

2.单课结构分析

一堂课的结构分析主要分析它有哪些知识要点，它们是如何安排的，前后次序如何，其中哪些是重点、难点和关键点。

（1）体育知识结构。按照逻辑顺序编写的体育教材，一堂课的具体内容的结构一般如下：

感性材料引入——概念——运动规则——应用

（2）体育教学结构。有些体育教材按照教学顺序编写，不仅提供体育事件和结论，而且体现教法，体现一定的教学顺序，安排引导学生自己独立探索结论的过程。教学顺序是把规定了广度和深度的体育知识和技能，用学生所能理解和接受的展开形式加以序列化。这类教材的叙述表达方式体现编者对教学顺序安排和教学方法选择的意图，教材的结构体现了教学的结构。教材结构的分析为体育教学设计中教学顺序的安排提供了基础。

（3）重点、难点和关键点。一堂课的结构除了分析体育知识、动作技术之间的关系以外，还必须分析其中的重点、难点和关键点。重点是进一步学习的基础，在教材中起核心作用，有广泛应用的内容。难点是学生理解、掌握或运用比较困难，容易产生混淆或错误的知识点。关键点是教材中对掌握某一部分知识起决定性作用的内容，是教学的突破口。在明确了教材的重点、难点和关键点以后，才能分清教材内容的主次，抓住主要矛盾，突出重点、克服难点、抓住关键点，取得事半功倍的效果。

（五）要素分析

一般来说，一个项目的教学内容有以下几个要素：

（1）感性材料，指的是项目的发展史、著名运动员、运动图片等具体材料，供引入项目学习之用，它们是学习体育基础知识和基本技能的必要准备和条件。

（2）动作技术与规则，这是体育知识结构的核心部分，包括动作形式、竞赛规则、运动场地、技术判罚手势等内容。运动技术是指符合人体运动科学原理，能充分发挥身体潜在能力，有效完成动作的合理方法，是人体肢体空间运动形式在人们头脑中的反映。运动技术的学习是身体各环节相互配合与协调的过程。因此，对运动技术的学习要从动作名称、动作原理、动作模仿和动作纠错4个方面进行分析。

（3）练习方法，是指帮助学生了解、掌握和运用动作原理完成运动项目的方法，是教师用作帮助提高运动能力的具有一定代表性的体育典型的运动形式。在进行教学设计时，教师必须认真分析和研究教材，深刻理解和掌握教材的内容和项目中的要素，做到懂、透、化。

①懂——分析教材内容的重、难、关键点。作为教师，必须高屋建瓴地把握学生将要学习的教材内容，如教材内容的地位和作用。知识类型、编排特点、呈现方式、重点、难点、关键点、教材内容的深广度等。

②透——分析教材内容的相互联系。首先，要分析和研究所学的教材内容与前后教材内容之间的相互联系。心理学研究表明，影响学生学习的最重要的因素是学生已有的知识基础。在分析教材时，要特别重视分析新学习的

内容和学生已学过的内容间有什么联系，在以后的学习中又有哪些运用和发展。这样做，可使新知识的学习建立在学生已有知识的基础之上，并在教学中留有一定的余地，使知识的学习一环扣一环，层次分明，循序渐进，逐步形成完整、系统的知识结构。

其次，要分析和研究所学教材内容与其他学科内容间的联系，加强体育与物理、生物甚至人文社会科学的联系，体现学科间的综合；要重视分析体育知识与社会生活实际以及工农业生产的联系，体现科学、技术与社会的密切联系，引导学生从多个角度分析和解决实际问题，获得尽可能全面的认识。

③化——分析和挖掘教材知识的价值。所谓知识的价值，简单地说就是指知识对个体发展的有用性，任何知识都具有多重价值。对于具体的体育知识而言，除了其所具有的有助于学习者解决运动健身问题的应用价值外，它还隐含着有利于学生对体育方法的掌握，以及有利于学生情感态度及价值观念形成的价值。对体育教材知识价值的分析和挖掘反映了教师把知识作为目的还是手段的价值取向。对体育教材知识价值分析和挖掘的程度如何，可通过教学目标的设计体现出来。

显然，传统教学设计往往重视知识的目的价值，忽视了知识的方法价值和情感价值，这是现代体育教学设计所必须克服的不良倾向，真正使学生学习体育知识的过程成为学生进行科学探究、掌握科学方法和形成科学价值观的过程，从而达到全面提高学生身体素质的目的。

二、体育教学内容选择方法

（一）体育教学内容的选择依据

1.体育教学目标

体育教师的教学首先应当考虑的是用什么内容达成本节课的目标和怎样达成本节课的目标。例如，用什么教学内容能够"发展学生有氧耐力的水平"，是用长跑，是用跳绳，还是用球类活动等，其目的就是达成"发展学生有氧耐力的水平"这个教学目标。

2.学生身心发展特点

学习内容的选择与学生的兴趣爱好有密切的关系。从单纯的竞技运动角度来设计教材内容在各年级中的分配，容易造成教材内容与学生身心发展特征不相适应、学习内容远离学生生活经验和生活实际的弊病。国外在选择投掷教材时，通常用的是垒球、棒球和飞盘，这些运动非常适合学生在该年龄的身心特征，既具有发展体能的特点，又具有良好的竞赛性特征，变化多、趣味性强，是学生最喜爱的运动方式之一。

3.学校实际条件

学校实际条件包括场地条件、师资力量、器材设备和办学规模等。即使在那些办学规模较大、办学条件较好的学校，也应该考虑这种因陋就简、因地制宜的做法。

（二）体育教学内容的选择原则

1.科学性原则

教学内容的科学性是指教学内容要符合不同阶段学生的身心发展特点，有效地促进学生的生长和发育。

2.健身性原则

小学低年级就非常注意培养学生的速度素质，这是竞技运动的理论，它并没有很好地考虑健康的因素。从生理学的角度来看，学生各系统中发育得最迟的就是心血管系统，过早地让儿童的心脏承受巨大的负担，对心脏的发育显然是有害而无益的。

3.实效性原则

所谓实效性，就是我们所选择的教学内容对于促进学生的身心健康是否有效。

4.教育性原则

教学内容的选择要能体现出体育活动育人的价值，体现出体育作为手段的教育价值以及实现育人这一体育最高目标中的教育功能。

5.趣味性原则

趣味性是我们选择教学内容时必须予以重视的问题，因为学生只有对所学的教学内容产生兴趣，他们才能全身心地投入其中，运动的爱好和习惯才会逐渐形成。

6.安全性原则

安全是学生运动健身的前提，在选择体育教学内容时，要充分估计学生的生理条件、运动设备的条件、教师的教学能力、必须取消那些危险性大、易发生伤害事故的内容和规则。同时上课前认真做好各种运动设施的检查，做到防患于未然。

第三节　体育教学目标

一、体育教学目标概述

（一）体育教学目标的功能

体育教学目标在教学中有3种主要功能：导学、导教、导评价。

1.指导教师对教学过程的设计与实施

作为教学设计者的教师，一旦确立了教学目标，就可以继续确定与之相适应的教学材料、教学方法和教学媒体等。从这个角度来说，教学目标对教师设计与实施教学的确起着重要的指导作用。教学目标可以帮助教师明确教学思路，确定通过哪些途径能更好地完成教学任务，知道怎样合理地组织教学内容。例如，当一节课的教学目标是学生对常识性体育知识的掌握时，教师就可以选择"接受性学习"的教学方法（如讲授法）；当教学目标侧重学生对运动知识的探究时，教学方法的确定就应考虑让学生开展"发现性学习"，这时的教学方法以教师的宏观指导为佳；当教学目标侧重学生对具体事物的分类或区别时，选择直观的教学媒体就显得非常必要。比如，当一节课的教学目标是关于跑的分类及其特征的内容，教师便可以考虑应用多媒体将各种各样的跑呈现出来。从这些例子可以看出，教学目标在教学过程设计中，尤其是在教学手段的选择中，具有决定性的导向作用。

2.引导学生的学习进程

教学目标通常被表述为预期的学习结果。要想使学生能够获得良好的学习结果，教师首先应当让学生明确自己的学习目标，使学习具有方向性。目标明确与否，在很大程度上决定了学生的学习态度和学习效果。学生有了清楚的目标，就能做到心中有数，产生强烈的参与感，积极地投入到学习活动中去。学习目标还能使学生清楚地了解自己的学习内容，确定哪些方面有待加强，从而制订出切实可行的学习计划。一旦学生明确了自己的努力方向，便能够产生强烈的学习热情，增强完成学习任务的责任感，提高课业学习的效率。总之，教学目标对学生的学习具有很重要的导向和激励作用。

3.提供教学评价的依据

教学评价是教学过程的一个重要环节，是对学生达成教学目标程度的检验。而要检验学生的学习情况，首先要有一个关于学习内容的评价标准。这个标准就是教学开始之前确定好的教学目标，反映学生经过一个学习过程之后应该达到的程度。教学目标是进行科学测试和给出客观评价的基础，教学评价必须以教学目标为依据。无论是实施诊断性评价，还是进行形成性评价，在编制测验内容时都要以教学目标为依据。此外，教学目标还有助于学生对自己的学习情况进行评价，找出自己的学习现状与教学目标要求之间的差距，从而有针对性地调整自己的学习策略。由此看来，教学目标不但为教师评价学生提供了参照，而且还对学生的自我评价有很强的指导作用。

除了以上讨论的作用以外，教学目标还有其他一些作用。例如，对于学校与家长之间的沟通来说，教学目标也具有重要的意义，教学目标能使家长更明确地知道子女在学校中的学习内容和进度，有助于学校与家长之间针对学生的学习情况进行交流。

教学目标的重要性，要求教师熟知教学目标的相关理论，掌握编写教学目标的相关知识，并且能够针对具体教学内容确定出科学合理的教学目标，应该成为教师必须具备的教学基本技能。

（二）教学目标的分类

教学目标的分类受到了各教育流派的重视，他们对其进行了深入的研究，其中布卢姆等人的教育目标分类学对体育教学设计中体育教学目标的设计影响最大。布卢姆的教育目标分类系统把教学目标分成认知、动作技能和情感三大领域。

1.认知领域

认知领域的目标分类于1956年公布，它将认知目标从低到高分成6级。

（1）知道

"知道"是认知领域中最低水平的目标，主要是对已学过的知识的回忆，包括具体事实、方法、过程、理论以及类型、结构和背景等的回忆。"知道"是这个领域中最低水平的认知学习结果，它所要求的心理过程主要是记忆，例如，知道单手肩上投篮有哪几个部位发力。

（2）领会

"领会"是最简单的理解，是指把握知识意义的能力，可借助解释、转换、推断3种方式来表明对知识的理解。解释是指能用自己的话，对某一信息（如插图、数据等）加以说明概述；转换是指能用自己的话或用与原先的表述不同的方式来表达所学内容，包括文字叙述、表述式、图式、操作之间的翻译或互换；推断是预测发展的趋势，例如，能根据动作的形式对动作进行分类。

（3）应用

"应用"是指把所学知识应用于新情境的能力，包括概念、原理、规律、方法、理论的应用。它与"领会"的区别在于是否涉及这一项知识以外的事物，例如，能应用"鞭打动作进行投掷练习"。

（4）分析

"分析"是指把复杂的知识整体材料分解成部分，并理解各部分之间联系的能力，例如对一个完整的动作进行分解。

（5）综合

"综合"与"分析"相反，是指将所学知识的各部分重新组合，形成一个知识整体的能力。"综合"强调创造能力和形成新的知识结构的能力。它包括能突破常规思维模式，提出一种新的想法或解决问题的方法；能按自己的想法整理学过的知识，对条件不完整的问题，能创设条件，构成完整的问题，设计一个解决问题的方案等，例如，对学过的技术动作进行组合编排。

（6）评价

"评价"指对用来达到特定目标和学习内容、材料和方法给予价值判断的能力，例如，对同一种项目不同练习方法进行比较、分析和评价等。特别需要指出的是，目标设计的层次分得越细越科学，越不利于操作。反之，层次分得较粗。虽然可操作性强，但科学性不够。所以从科学性和可操作性两个层面去考虑，一般将教学目标分为3个或4个层级。例如，体育与健康课教学在认知领域的要求由低到高就分为3个层次：了解、理解（掌握）和综合应用。

了解：对所学体育动作知识有初步认识，能够正确复述、再现、辨认或直接使用。

理解（掌握）：领会所学体育知识的含义及其适用条件，能够正确判断、解释和说明有关体育动作和问题，即不仅"知其然"，还能"知其所以然"。

综合应用：在理解所学各部分体育动作的本质区别与内在联系的基础上，运用所掌握的体育动作。

2.动作技能领域

在这一领域，目前，教育界还没有一个被广泛承认和接受的目标分类。

因此，这里主要介绍辛普森在1971年提出的目标分类说，这种分类是目前应用较为广泛的一种分类体系。

（1）知觉

"知觉"是指运用感官获得信息以指导动作，主要了解与某种动作技能有关的知识、性质功能等，例如，能背出动作要领等。

（2）准备

"准备"是指为适应某动作技能的学习做好心理上、身体上、情绪上的准备。

（3）反应

"反应"是指能在教师的指导下表现有关动作行为，例如，在体育教师帮助下完成动作。

（4）自动化

"自动化"是指经过一定程度的练习，要掌握的动作已形成熟练的技能，例如，能正确、迅速地完成体操侧手翻动作等。

（5）复杂的外显反应

"复杂的外显反应"是指能用最少的时间和精力表现全套动作技能，一气呵成，连贯娴熟，得心应手，例如，能熟练完成从运球到投篮的动作。

（6）适应

"适应"是指已练就的动作技能具有应变能力，能适应环境条件及要求的变化，例如，能根据体操摆腿原理完成单杠曲身上动作等。

（7）创新

"创新"是指在学习某种技能的过程中，形成了一种创造新的动作技能的能力，例如，能改进技术动作完成的方法。

体育与健康课教学在动作技能领域的要求由低到高就分为3个层次：模仿水平、独立操作和迁移水平，其含义如下：

模仿水平：包括在原型示范和具体指导下完成操作，对所提供的对象进行模拟、修改等。

独立操作：包括独立完成操作，进行调整与改进，尝试与已有技能建立联系等。

迁移水平：包括在新的情境下运用已有技能，理解同一技能在不同情境中的适用性等。

3.情感领域

克拉斯沃尔、布卢姆等人在1964年提出，情感领域的教育目标依据价值内化的程度由低到高可分为5级。

（1）接受

"接受"是情感的起点，指愿意注意某一特定事件或活动，例如，认真听课、参加班级活动、意识到某事的重要性等。

（2）反应

"反应"比"接受"更进一层，指愿意以某种方式加入某事，以示做出反应，例如，完成教师布置的练习、参加分组练习、遵守校纪校规、同意某事、热心参加体育课余活动等。

（3）价值化（评价）

"价值化"是指学生将特殊的对象、现象或行为与一定的价值标准相联系，包括接受某种价值标准（如愿意改进与团体交往的技能），偏爱某种价值标准和为某种价值标准做奉献（如为发挥集体的有效作用而承担义务）、这一阶段的学习结果所涉及的行为一致性和稳定性使得这种价值标准清晰可辨。价值化与教师通常所说的"态度"类似。

（4）组织

这一水平涉及价值的概念化和价值系统的组织化。通过将许多不同的价值标准组合在一起，克服它们之间的矛盾、冲突，开始建立内在一致的价值体系。这一水平的重点是将许多价值标准进行比较、关联和系统化。学习的结果可能涉及某一价值系统的组织，例如，与人生哲学有关的教学目标就属于这一级水平。

（5）个性化

"个性化"是情感教育的最高境界，是指内化了的价值体系变成了学习者的性格特征，形成了自己的人生观、世界观，例如，保持良好的健康习惯，在团体中表现合作精神等。

体育与健康课教学在情感与价值观方面的要求由低到高分为3个层次：经历（感受）水平、反应（认同）水平、领悟（内化）水平，其含义如下：

经历（感受）水平：包括独立从事或合作参与相关活动，建立感性认识等。

反应（认同）水平：包括在经历基础上表达感受、态度和价值判断，作出相应的反应等。

领悟（内化）水平：包括具有相对稳定的态度，表现出持续的行为、具有个性化的价值观念等。

以上为了讨论的方便，把教学目标分成3类。在现实的教学中，3种类型的学习有时会同时发生。例如，学习某一教学内容时，同时会渗透着情感、态度、意向、技能等。所以，通常把3类目标称为"三位一体"教学目标。因此，在确定具体的教学目标时，要综合考虑某一学习内容的不同类型的学习目标，使学习者在认知、技能、情感等方面得到协调发展。

近年来，为使教学目标的确定趋向科学化，国内一些学者参照国外教学目标研究的成果，结合我国实际，提出了一些设想，见表3-1至表3-3所示。

表3-1　认知领域学习水平分类

学习水平	具体行为
记忆	记住学过的材料
理解	（1）将学习材料从一种形式转换成另一种形式； （2）理解学习材料； （3）对学习材料做简单判断
简单应用	将学习过的材料用于新的具体情境中去解决一些简单问题
综合应用	（1）对具体综合问题各组成部分的辨认； （2）部分之间各种关系的分析； （3）识别组合这些部分的原理、法则，综合应用解决问题
创建	（1）突破常规的思维方式，提出独到的见解或练习方法； （2）按自己的观点对学习过程的材料进行整理分类； （3）自己设计方案，解答一些实际问题

表3-2　动作技能领域学习水平分类

学习水平	具体行为
模仿	（1）对演示、动作的模仿，对工具和装置的使用； （2）将描述语言转化为实际动作
对模仿动作的理解	（1）动作结构原理； （2）动作作用解释； （3）动作结果的解释和概括

续表

学习水平	具体行为
动作组合协调	（1）动作分解和组合协调的实现； （2）动作组合计划设计； （3）练习结果的解释和概括，并写出体育活动报告
动作评价	（1）对动作作用估计； （2）对组合动作、设备进行设计和计划； （3）动作熟练性评价； （4）结果的解释、推论及评价
新动作创造	（1）新情景下对动作的设计和实现； （2）新情景下对结果的解释、整理

表3-3　情感领域学习水平分类

学习水平	具体行为
接受	（1）在适当的环境中注意对象的存在； （2）给予机会时有意地注意对象； （3）集中注意教师的讲解或演示
思考	（1）能遵照教师指示做出系统动作； （2）能主动和对象打交道，且与过去的经验发生联系； （3）能有意识地、兴致勃勃地和对象打交道
兴趣	（1）有深入研究的意愿； （2）愉快地和对象打交道； （3）不愿意立即停止自己的思考和动作
热爱	（1）关心对象的存在和价值； （2）价值经过内化成为自己的坚定信念； （3）认识到对象的美，成为自己的理想信念
品格形成	依据自己的价值观所形成的信念，内化为自己的品格，并用于指导自己的言论与行动

除布卢姆的教学目标分类理论外，加涅的累积学习理论（也称学习的层次理论）对体育与健康课教学目标的设计也有影响。这两大分类系统的比较见表3-4。

表3-4　布卢姆的教育目标分类系统与加涅的学习结果分类的比较

布卢姆的教学目标分类系统		加涅的学习结果分类	
（一）认知	1. 知识	（一）认知	1. 言语信息
	2. 智慧技能		2. 智慧技能
	（1）领会		（1）辨别
	（2）运用		（2）概念
	（3）分析		（3）规则
	（4）综合		（4）高级规则
	（5）评价		3. 认知策略
（二）情感		（二）态度	
（三）心因动作		（三）动作技能	

由表3-4可见，这两个分类系统在三大领域的划分上完全相同，所不同的只是用词上的差异。其中，认知领域在用词和所涉及的范围上完全一致：布卢姆提出的情感领域等同于加涅所提的态度；布卢姆所提的心因动作也就是加涅所提的动作技能。这两种分类系统的主要区别在于认知领域内部各亚类的划分标准和目的不同。

二、体育与健康课程目标体系的构成

（一）义务教育体育与健康课程的总目标

"通过课程学习，学生将掌握体育与健康的基础知识、基本技能和方法，增强体能；学会学习和锻炼，发展体育与健康实践和创新能力；体验运动的乐趣和成功，养成体育锻炼的习惯；发展良好的心理品质、合作和交往能力；提高自觉维护健康的意识，基本形成健康的生活方式和积极进取、乐观开朗的人生态度。"

1.掌握体育与健康的基础知识、基本技能和方法，增强体能

（1）体育与健康的基础知识、基本技能和方法也可称为新"三基"，超越了课改前体育课程所强调的"三基"，即基本知识、基本技术和基本技能。

（2）新"三基"中基本技能包含基本技术，用基本技能这一概念并不是要忽视或淡化运动技术的学习，而是强调要提高学生运用技术的能力。

（3）体能是掌握运动技能的基础，也与学生的健康紧密相连。

（4）在体育与健康教学中应重视学生体能的练习，每节体育课都应该留出一定的时间，并尽量结合运动技术的体育教学，让学生进行相关的体能练习。

2.学会学习和锻炼，发展体育与健康实践和创新能力

（1）体育与健康课程的教学不但要使学生掌握运动知识和技能，而且要提高学生的学习和锻炼能力，即引导学生学会学习和体育锻炼，为学生的终身体育奠定良好的基础。

（2）在体育与健康教学中，要高度重视学生的自主学习、合作学习和探究学习，提高学生的体育与健康学习能力。

3.体验运动的乐趣和成功，养成体育锻炼的习惯

（1）运动只有给学生带来快乐，才会促进学生主动参与运动，并有助于终身体育意识的形成。

（2）一定要转变这样的现象，即一提到让学生在体育学习中获得快乐，就批评"快乐"，就大讲特讲要培养学生的意志品质和刻苦学习的精神，将学生"获得快乐"与"意志品质和刻苦学习精神培养"人为地对立起来。

（3）这个目标所讲的体验成功主要不是强调学生之间的相互比较所获得的成功感，而是主要强调自我的比较，看自己是否通过努力在原有的基础上获得进步和发展。

4.发展良好的心理品质、合作和交往能力

（1）体育运动不仅仅只是有助于增进人的身体健康，而且对人的精神和品质的影响也是巨大的。这就是我们常说的体育既能育体，也能育人。

（2）在体育教学中不仅要重视运动技术技能的教学，更应重视运动技术技能教学背后体育对学生精神的培养以及对学生精神面貌的改变。

5.提高自觉维护健康的意识，基本形成健康的生活方式和积极进取、乐观开朗的人生态度

（1）这一目标既是"健康第一"的指导思想的重要体现，也是体育与健康课程追求的崇高目标。

（2）义务教育阶段，体育与健康课程不管是体育方面的教学还是一些健康教育内容的教学，都是为了提高学生健康的意识，促进学生健康生活方式的逐步形成，并使学生具有积极进取、乐观开朗的人生态度。

（3）在体育与健康教学中，无论是学习目标的设置，还是教学内容和方法的选择，都要有助于学生健康意识和生活方式的形成，并使学生形成积极进取、奋发向上、顽强拼搏、勇攀高峰的精神。

（4）学生健康意识和生活方式的形成仅仅靠体育教学是不够的，要辅助于健康教育的教学，体育教学与健康教育相辅相成，共同促进学生健康发展。

（二）体育与健康课的目标

1.运动参与

（1）参与体育学习和锻炼。

（2）体验运动乐趣和成功。

强调体育教学过程中要通过丰富多彩的内容、形式多样的方法，促进学生达成运动参与的目标，变被动参与为主动参与。

2.运动技能

（1）学习体育运动知识。

（2）掌握运动技能和方法。

（3）增强安全意识和防范能力。

小学阶段：注重体育游戏学习，发展学生的基本活动能力。

初中阶段：注重不同运动项目的学习和应用，鼓励学生参加形式多样的比赛。

3.身体健康

（1）掌握基本保健知识和方法。

（2）塑造良好体形和身体姿态。

（3）全面发展体能和健身能力。

（4）提高适应自然环境的能力。

4.心理健康和社会适应

（1）培养坚强的意志品质。

（2）学会调控情绪的方法。

（3）形成合作意识与能力。

（4）具有良好的体育道德。

运动参与、运动技能、身体健康、心理健康和社会适应4个方面是一个有机联系的整体，学习方面的各个目标主要通过身体练习实现，不可分开进行教学。

三、体育教学目标设计

（一）设计体育教学目标的一般原则

体育教学目标是对体育教学活动预期达到的结果的表述，它制约着体育教学中教与学的活动，设计体育教学目标应遵循以下原则。

1.一致性原则

体育教学目标是体育课程目标的具体化和行为化。因此，体育教学目标必须与体育课程目标保持完全的一致性，以使体育教育教学目的在体育教学的全过程中得以贯彻和完成。体育课程目标，即知识与技能、过程与方法、情感态度与价值观3个领域构成的一个完整的目标体系。因此，在设计教学目标时，要注意目标系统3个层面的完整性和一致性。

2.层次性原则

由于体育教学目标的学习水平随着学习的深入而逐步提高，所以，纵向上就有了高层次目标中包含低层次目标的关系。例如，动作练习目标："练习篮球急停跳投"中就包含着篮球运球、传球，中轴脚的使用等低层次目标。从横向上看，不同学习者的个体差异也使其在达到的目标上存在着不同。体育教师在设计教学目标时，也要注意到这种多层次的要求。

3.操作性原则

在体育教学过程中，教学目标要能直接指导教学，对教与学的活动均有准确的测量标准，尤其对结果性的学习目标应依据具体性原则，设计出明确、可测量、便于操作的行为目标。

4.难度适中性原则

体育教学目标是体育教学活动的出发点和归宿，必须符合学生的实际水平。体育教学目标的难度应控制在学生的"最近发展区"，应该是学生经过学习和努力可以达到的目标。低于学生实际水平的教学目标，不利于提高学生的智力和培养学生的能力；超出学生实际水平的教学目标，则无异于拔苗助长，不利于学生身心的均衡发展。因此，设计体育教学目标必须认真分析学生的现有水平，即学生的起点行为，并且要对学生的群体做基本分析，据此确定教学目标的难度。在目标层次的分解上，兼顾全面，为进一步教学设计奠定基础。

（二）如何设计体育课教学目标

1.体育教学目标的设计过程

根据凯普的观点，一般体育教学目标的设计过程可归纳为6个步骤：确定目的、建立目标、提炼目标、排列目标、再次提炼目标、做最后的排列。

（1）确定目的：目的是抽象的，可能包含多方面的内容，它为教学目标指明方向。

（2）建立目标：针对目的中一个具体方面建立一系列的教学目标。

（3）提炼目标：将教学目标进行分类，把重复的目标去掉，整合相似的目标，使模糊的学习目标具体化。

（4）排列目标：按照一定的标准（重要程度或先后顺序等）将目标进行排序。

（5）再次提炼目标：根据实际情况，再次确定目标存在的价值并进行取舍。

（6）做最后的排列：从整体上做实施前最后周密的安排，然后用于实践。

2.制定行为目标的要求

（1）界定出具有可观察的学习结果；

（2）陈述发生预期学习的条件；

（3）明确规定标准的水平（表现目标）。

3.目标叙写的要求

（1）目标必须是分层次陈述的；

（2）行为目标陈述的两类基本方式；

（3）行为目标陈述的基本要素；

（4）行为主体应是学生，而不是教师；

（5）行为动词应尽可能是可理解的、评估的；

（6）必要时，附上产生目标指向的结果行为的条件；

（7）要有具体的表现程度。

第四节　体育教学方法

一、体育教学方法分析

　　教学方法是教学过程中教师与学生为实现教学目标和教学任务要求，在教学活动中所采取的行为方式的总称。这一教学方法主要涵盖教师的教授方法以及学生的学习方法等两方面内容。教的方法必须围绕学的方法展开，否则会因缺乏针对性和可行性而不能有效地达到预期的目标。选择合适的教学方法是教学设计的重要内容之一，对提高课堂教学效率起着十分重要的作用。新课程背景下的教学方法的选择，要根据学生认知水平现状，求真务实，追求有效。

（一）教学方法选择的依据

　　教师应当在现代教学理论的指导下，能够在现代教学理论的指导下，综合考虑教育环境内各项影响因素，熟练地把握各类教学方法的特性，科学、合理地选择和有效地运用教学方法并能进行优化组合。

1.依据教学目标选择教学方法

　　教学目标是教师展开一切教学活动所设立的一个理想点，是敦促教师展开学教学活动的一个刺激因子。对教学方法的选择起直接作用的是教学目标，教学目标具体分为学期的、单元的、课时的教学目标。不同领域或不同水平的教学目标的有效达成依赖于特定的教学方法。教师可依据具体的可操作性目标来选择和确定具体的教学方法。不同的教学内容、不同的学生层次都影响着教学目标，进而影响着教学方法的选择。

2.依据教学内容特点选择教学方法

体育教学常包括各种各样的知识内容，不同的知识内容，对学习的要求是不同的，不同阶段、不同单元、不同课时的内容与要求也不一致，因此要求相对应的教学方法能够区别化对待，来保证各项知识内容的科学吸收和有效内化，这些都要求教学方法的选择应具有多样性和灵活性的特点。

3.根据学生的实际特点选择教学方法

学生是教学活动的主体，本身特点直接影响教学的一切活动展开。学生的实际特点直接制约着教师对教学方法的选择。这就要求教师能够科学、全面分析学生的特点，制订有针对性的教学方法，并进而提高学习效率。学生实际特点主要分为3个方面：一是心理特征；二是知识基础特征；三是动作技能水平。

4.依据教师的自身素质选择教学方法

任何一种教学方法，只有适应了教师的学科素养条件，并能为教师充分理解和把握才有可能在实际教学活动中有效地发挥其功能和作用。教师应当根据自己的实际优势和教学特点，扬长避短，选择与自己最相适应的教学方法。

5.依据教学环境条件选择教学方法

教学环境是教师展开教学活动的一大重要因素，教学环境影响教学效果，同时影响教学方法的选择与运用。教师在教学方法的选择上，运用各方面条件与优势，最大程度发挥教学环境的影响和作用。

（二）教学方法选择应注意的问题

1.强调学生的个体差异和因材施教，强调教学的适应性

在教学过程中，要适应学生的个别差异，因材施教。教师要把每个孩子都看成具有独特的发展个性和发育程度的不同个体，不应该要求统一性和一致性。根据学生个体的水平和能力选择运用教学方法，以凸显教学的适应

性，促进学生对知识的最优吸收。

2.与教学组织形式相配合，突出教学的整体性

教学方法不是孤立的，而是和教学组织形式结合在一起的，这样才能从整体上提高教学的科学性和整体性，从而使教学方法更加科学有效。

3.以促进学生的健康为目标，突出教学的发展性

在强调促进学生健康的同时，相应地把教学的促进功能提到突出的位置。因此，促进学生健康就成了教学方法的出发点和落脚点。

4.注意学生非智力因素的培养，突出教学的情意性

在重视促进学生健康的同时，也要非常重视培养学生的非智力因素，力求通过教学方法的运用，引起学生的学习兴趣，激发学生的学习动机，培养学生的情感，增强学生的自信心，使学生养成健康的生活方式，促进学生全面发展、和谐发展。

5.强调教法与学法的统一，突出教学的双边性

教学方法的选择与运用会受到教师与学生两大主体的影响，要求在满足教师教学引导需要的同时，满足学生知识获取的需求，不仅对教师教学有要求，也对学生学习有要求。因此，教学方法首先能够满足两大主体的需要，力求两者结合，教师在教学上有效发挥，学生能够有效掌握运动技巧并发展自身素质。

（三）教学方法的选择与确定

教学方法，因其角度的不同可以有不同的分类和定义。根据体育教师在课堂教学中使用的手段不同，教学方法可分为4种：以语言教授为主的方法、以直接感知为主的方法、以实际练习为主的方法、以引导探究为主的方法。

1.以语言教授为主的方法

这种教学方法主要包括讲授法、谈话法和讨论法。

（1）讲授法

讲授法是教师通过简练、生动的口头语言向学生系统地传授知识，发展学生智力的方法。这种教学方法直接有效而具有普遍性，适用于大多数教学课堂，在体育教学课堂上同样起到较大作用。在实际的教学过程中，它又可以表现为讲述法、讲解法、讲读法、讲演法等几种。

课程改革下的讲授法应做到以下几点：

①组织好授课内容，不仅要讲解书本知识，同时注意知识的发散性，传授学生书本上没有的内容。

②组织好语言，做到简练、生动、准确、清楚、有节奏。

③强调学生的参与性，以学生为本。讲授时注意通过设问、答疑、模拟等方式调动学生参与，讲授完后要留给学生一定的交流时间，让他们总结、交流、分析。

④精讲多练，提高练习的密度。

谈话法是以师生口头语言问答的方式进行教学的一种方法。它的优点是学生活动得多，有利于启发学生独立思考，培养学生的表达能力；缺点是花费时间长，同样的时间传达的信息量大大少于讲授法。

（2）谈话法

用谈话法需做到以下几点：

①教师要充分地准备谈话的过程。要根据教学任务进行设计，选择好提的问题。问题要明确，难易要适当，有启发性，注意提问的层次性。

②注意临场技巧的运用。

③提问要针对全体学生，并给出适当考虑的机会。教师听学生回答要耐心，一般不要轻易打断；提问要掌握问题实质，答不出来要点拨一下，回答过问题后要让大家评价。

④要注意培养学生回答问题的勇气，要求声音洪亮。

2.以直接感知为主的方法

以直接感知为主的方法主要指动作示范。这是直观教学方法最重要的手段之一，是体育教师在授课时，向学生展示所授技术动作的最经济、实用的简要方法。它既可以向学生表现完整的技术动作，也可以把一项技术的细节，如动作方向、幅度、顺序、用力位置、动作环节间的配合等，部分地或完整地反映出来，使学生对所学技术动作的形象、结构、要领和完成的方法有比较清楚的认识。

体育教学动作示范的注意事项如下：

（1）注意示范动作的准确性和规范性。教师自身应充分理解各项技术动作，力求在示范时动作的准确和规范，以引导学生对动作形成正确的印象。

（2）示范的方向和位置要合理，让全部学生看得清楚。

（3）示范时应强调讲解的重要性，示范和讲解的有效结合。教师应该思考何时进行示范、何时进行讲解，在学生思考时要给他们时间与空间，示范某一动作时，如有需要可进行专门讲解，应促进学生更好地理解和吸收。

（4）动作示范时，少进行错误动作的示范。有的老师会对一些学生的错误动作进行示范，以提醒学生注意，其实效果适得其反。教学中应该以正确的动作示范讲解，以强化正确的动作。

（5）示范讲解与图片的有机结合。有些运动技术动作有腾空的动作，如蹲踞式跳跃起跳后的腾空动作。教师在进行这类动作示范讲解时，可以与相关的挂图有机地结合讲解，有利于学生理解动作。

在教学方法的选择上，"教无定法"应该成为指导教师实际课堂教学的原则，教师应当认识到教学方法运用和选择上的具体性、差别性和多变性。应根据教师自身、学生特点、教学内容本身等种种因素和特点具体制定和选择教学方法。

二、教学方法采用的原则

（一）全面贯彻教学、学习、研究三者同步协调原则

（1）教师的教与学生的学应同步协调，即师生共同参与知识发现、技能

形成的过程。为此，提倡课堂讨论，师生共同参与课堂讲授是人认识活动的内在要求。首先，精心设计，层层设问。教师要深入钻研，吃透教材内容，深刻体会和掌握本学科各知识间的内在联系，从学生已有的知识出发，精心设计，层层设问，通过提问促使学生积极参与、积极思维，获得新的知识。其次，注意信息反馈，及时调节教学方式。教师要善于捕捉学生的反馈信息，利用反馈信息来调控信息传递系统。教师要始终注视着学生，注意观察学生的面部表情、眼睛和动作。教师应随时根据反馈信息，调整教学内容、练习、速度以及语言，以决定是否重复讲解与示范，这样方可收到良好的效果。

（2）教师应经常研究教材与方法，适时地把自己的心得体会与研究成果运用到教学中，为学生提供探究的素材。

（3）在教学中应鼓励学生对问题进行研究、探索，自己设问或自由提问。在这个过程中，学生的参与意识得到进一步实现，学生的人格受到应有的尊重，思想上受到启发，其学习积极性和自信心就会大大提高。

（二）辩证运用通俗化原则

通俗，就是讲课时尽量采用通俗易懂的语言，深入浅出地讲清比较深奥难懂的教学内容，起到化难为易、易记易用的目的。一种知识是否容易理解，在一定程度上取决于讲授的方式。美国心理学家布鲁纳认为："任何学科的基本原理，都可以用某种形式交给任何年龄的任何人。"但在通俗的基础上，一定要注意内容的科学性，尽量使用准确的语言，切不可为了通俗而失去准确性。教学中需要两套语言，一是科学语言，二是通俗的口头语言。这两种语言交替使用，互相补充，才有利于取得好的教学效果。

（三）巧妙运用趣味性原则

中小学生有着强烈的好奇心和求知欲，充满想象力，教师应以有趣味的内容充分调动学生的兴趣。体育教师在课堂教学中，应联系教学内容，经常有选择地介绍一些生动形象的典故、轶闻趣事，或具有挑战性的问题，以及生动形象的动作示范等，以激发学生的学习兴趣，使学生产生求知欲。

趣味性原则要求在形式上自由、灵活，提倡寓教于乐。趣味化教学让学生在兴趣盎然的状态下、在生动活泼的课堂气氛中学习，在教师的引导启发下动手、动脑、动口。

（四）共同投入理性情感原则

共同投入理性情感，即体育教师和学生在课堂中不仅要运用科学的方法去健身，而且要投入感情来完善人格，从而使体育课堂教学成为充满生机的学习过程。

1.在课堂中要有力地激发情感

通过提出问题、解答问题等环节，使学生的期望出乎意料地得到满足，从而引发出学生高度愉悦的学习情绪。一个优美的动作、一个有趣的问题、一个生动的故事，都能有效地激发学生的情感，使学生陶醉在愉悦的氛围之中；也可运用美的事物、语言、动作、方法等去激发学生的学习热情。在体育课堂教学中，体育教师要善于挖掘教材，用美的思想去启迪学生的思维智慧。

2.在课堂中要细心地培养情感

学生原有的需要得到满足后，应不断地促使其产生新的需要，如此循环来提高学生的学习情绪。如教学中善于设疑、激疑，巧设悬念，留有思考余地，让学生去思索、去尝试，为学生创造条件。

教师要通过自己的讲授把学生的情感调节到恰到好处的状态，适当地控制情感，做到有张有弛，这是课堂讲授进入艺术境界的重要手段。

总之，这4个原则构成一个统一的整体。教学、学习、研究同步协调，既教猜想又教证明原则是最高原则，贯穿于整个体育教学的始终。在这些原则的指导下，教师应根据自己的特长选择教学方法，创造出有感情的学习环境。把真才实学地教、真情实感地爱与真心实意地帮结合起来，使体育课堂教学真正做到以理服人、以情动人，从而进入较高的教学艺术境界，达到教书育人的目的。

三、常用教学方法

当代认知心理学把知识分为3类：陈述性知识（又称为描述性知识、语义知识，指关于世界的事实性知识）、程序性知识（又称为操作性知识，指在特定条件下可以使用的一系列的操作步骤）、策略性知识（指关于如何学习和如何思维的知识，是关于如何用陈述性知识和程序性知识去学习、记忆、解决问题的一般方法）。这种知识的分类有别于传统的知识分类法，它强调了策略性知识的重要性，有利于我们在教学过程中对学生学习方法的研究。为此，在教学设计中为了更好地教给学生知识，我们必须考虑有效教学方法的应用，力求能用最合适的教学方法去开拓学生的思维深度和广度。

（一）横向探究学习

所谓横向探究学习，指的是在同一平面上学习的广度和思维的宽度。教师传授的是一个个"知识点"和"技能点"，学生学习的范畴和思维的宽度应该借助于这一个个"点"铺开进行，这种宽度带有明显的指向性。因为这一个个知识点（或技能点）实际上是我们思维的出发点，思维的活跃在于在"点"的基础上的指向，根据思维的指向，可以把横向探究分为两类：一是顺向探究，二是逆向探究。

所谓顺向探究，是指学习者的思维活动沿着教师所提供的"点"的方向展开顺着学习内容所呈现的材料对思维的促进作用的方向展开，从而对所接受的知识点进行比较性研究。例如，在体育活动中，有许多形式各异的运动项目，这些项目都以不同的方式表达着同样的内容，促进人体健康。我们是学习篮球项目呢，还是学习有氧健身操，我们该如何选择学习内容呢，这样的探究不仅是面上的探究，也是拓宽学习者的思维，同时还是事物及现象本质的探讨，探究的结果使我们对某一个问题的理解豁然开朗。

所谓逆向探究，即将自己的思维活动转向，从与知识点相反的方向来探究问题的本质。例如，篮球项目能够促进人体的心肺功能发展，一般学习到此为止，而探究学习策略的运用将使学生的思维引向深入。如果我们变换思维角度，展开逆向思考，问题的解决将使学生对运动项目的理解进入一个更深的层次。心肺功能的提高是否仅针对篮球一个项目，其他项目怎么样，这一探究，我们就会发现，学习者的学习指向更深入到健康体适能的范畴。

（二）纵向探究学习

所谓纵向探究学习，是把知识的学习放在历史的大背景下进行，学习者的思维围绕知识点进行历史关系上的探讨，以考察知识点所涉及的知识在不同背景下的表现形式，从而对知识点形成正确的理解。

比如，运动方式多种多样，为什么历史上的运动项目多以体能类项目居多，现代社会的运动项目却形式繁多，这样的探究提问会让学生的思维立即活跃起来，体育学习也变得趣味盎然，学生对答案的求解由浅入深的过程也将使学生的学习领域变得十分开阔。这样的探究学习就使得体育教学不单纯是动作技术的学习，它已与文化、历史、经济相交融，既扩大了学生的知识面，又利于学习思维能力的培养。

（三）纵横交错探究学习

纵横交错探究学习实际上是上述两种方法的综合运用。综合运用的结果能让我们把所教学的一个个知识点连接起来，形成结构完善、规则有序的知识网络，同时也能使学习者在大脑里形成良好的认知结构，促进学生思维广度的拓展。

作为一种学习策略，探究学习不仅能拓展学习者知识接受的广度，而且能强化学习者的思维深度，在体育教学中运用探究学习策略将使我们的体育教学进入一个新的天地。

1.传授方法，让学生于平淡处生疑

策略教学中，方法的传授是十分重要的，要让学生在似乎平淡之处发现疑问，然后进行探究，就必须教给他们一些方法。方法是开启知识大门的钥匙，知识之门的开启，将激发学生高昂的学习兴趣。教学中，可以让学生掌

握下列几种常见方法：

（1）类比生疑法

在同类的类比中找出其细微差别，探究原因，得出自己的结论。

（2）联想生疑法

紧扣教材的某一知识点或教材的某一触点（一句话或某一个动作插图等）展开多方面联想，从而发现疑问，追根溯源。

（3）异同对比生疑法

对比能在几类不同的现象或情况求同的基础上发现问题，借助这一新的问题有可能找到理解事物本质的关键。

（4）借果推因生疑法

事物有果必有因，在学生所接触的材料（如教材）中，有些由于行文的需要留果舍因，那么，在学习时，学习者借果推因，多问一个为什么，这样的学习有助于学习者加深对材料的理解。

2.援例分析，让学生举一反三

方法的传授不能代替实际的运用，一个人有了方法若不会使用，那么方法将失去其应有的意义，为促使学生学会应用方法，教师可适当举例，并对该例进行分析，如我为什么在这个地方提出疑问，我提出这样问题的目的是什么，我是从哪几个方面探究这一问题，我探究的方法是什么，你是否可以用我的方法对其他运动项目进行探究等。

这样的分析有助于启迪学生的思维，使学生更容易用某一种探究方法进行探究学习尝试，这样的援例分析，时间一长，次数一多，学生的迁移能力便能逐步增强。

3.激疑生惑，让学生入境深思

由于策略教学最适宜在学科教学中渗透进行，因此，教师一方面可以借助方法传授让学生主动探究学习，另一方面也可以结合学科教学渗透策略知识。在体育教学中，教师可以借助启发式提问在无疑处激疑生惑，让学生思维进入教师的问题情境，从而使学生进行探究学习。

一段时间后，启发式提问应由教师提问过渡到教学生学会自我提问。只有学生学会自我提问，自己入境，自己深思，才能达到策略教学的最终目的。

4.温故知新，让学生巩固掌握

某一学习策略的习得，不可能一蹴而就，不可能通过一两次练习就能让学生掌握。在教师课堂教学中，教师要有意义地针对某一知识点复习强化，使某一学习策略成为学生学习过程中自动化的思维行为。学习策略有很多，在学生了解了一些学习策略后，教师还可以让学生综合运用所学习的策略知识，多角度、多侧面地对体育知识点或难点、疑点进行深层探究，从而达到温故知新，逐步训练掌握各种学习策略的目的。

第五节　教学组织形式分析

一、课堂教学组织形式概述

（一）教学组织形式的含义

关于教学的组织形式，不同的专家学者、教科书和专著对其定义不尽相同。有的学者认为，"教学组织形式就是关于教学活动怎样组织，教学的时间和空间怎样有效地加以控制和利用的问题"；有的学者则认为，"教学组织形式就是教学过程中教师和学生的搭配，在一定程度上定型化了的持续的模式"；还有的学者认为，"教学的组织形式就是由既定的作息制度和规章制度规定的师生之间的相互作用"。虽然上述定义的表述互不相同，但其深层含义是相通的。

第一，从外在表现来看，教师和学生都要服从一定的教学程序。学生以集体上课、小组或个人形式完成教师为他们设计、规定的学习任务。

第二，师生的活动必须服从一定的时空限制，并结成一定的"搭配"关系。

第三，师生以这种程序和"搭配"关系组成的共同活动，直接或间接地相互作用。

第四，在这种相互作用中。包括了教学内容、教学方法和教学程序步骤在时空上的综合。辩证唯物主义认为，内容决定形式，形式又反过来作用于内容；形式具有能动性。同样教学组织形式尽管被活动内容所决定，但也可以反作用于活动内容，使活动内容有所改变并使教学活动发挥更大作用。由此可知，教学组织形式如何、组织得正确与否，直接关系着教学的质量和教学目的的实现。

（二）几种主要的教学组织形式

1.班级教学

（1）班级教学的基本特点

班级教学也称班级授课或集体授课。它是根据年龄或知识水平把学生编成有固定人数的班级，由教师按照教学计划统一规定内容和课时数，并按课程表进行教学的教学组织形式。它有3个基本特点：

第一，以"班"为人员单位，学生在班级中进行学习，班级人数固定且年龄和知识水平大致相同。

第二，以"课时"为单位，大至一个学年、学期，小至一个学周、学日，以至一节课的教学过程，都是以课时为时间核算基本单位的。教师同时面对全班学生上课，有统一的起止时刻。

第三，以"课"为活动单位，把教学内容以及传授这些内容的方法、手段综合在"课"上，把教学活动划分为相对完整且互相衔接的各个教学过程单元，从而保证了教学过程的完整性和系统性。

（2）班级教学的优势及局限性

班级教学的优势：

①一位教师同时教许多学生，教师一般按平均水平（假想或实际）进行教学，以满足大多数学生的需求，扩大了单个教师的教育能量，具有规模

效益。

②以"课"为教学单元，能在规定的时间传授较多的内容，可使学生的学习循序渐进、系统完整。

③由教师有目的、有计划地精心设计、组织并进行的"课"。是以教师的系统讲授为主的，并兼用其他方法，有利于发挥教师的主导作用。

④固定的班级人数和统一的时间单位，有利于学校合理安排各科教学的内容和进度并加强教学管理，可促使教学快速进行。

⑤教师与学生直接面对面，可以及时收集反馈信息，加强师生间的相互交流，有利于及时调整讲授内容与方法。

⑥班级集体内的群体活动和交往有利于学生健康人格的形成，有助于学生建立集体感和班级精神，加速学生的社会化过程。

班级教学的局限性：

①从事班级教学方法的教师倾向于把学生看作是一个在一般能力、兴趣、学习方式和动机等方面同质的组，教学是针对假想的中等水平的学生，只适应班上的部分学生，难以照顾学生的个别差异，不利于因材施教，这是班级教学形式最易受批评的一个缺陷。

②教学活动多由教师做主，学生学习的主动性和独立性受到一定程度的限制。

③学生的学习主要是接受性学习，不利于培养学生的探索精神、创造能力和实际操作能力。

④由于以"课"活动单元，而"课"又有时间限制，因而往往将某些完整的教材内容人为地割裂以适应"课"的要求。

⑤不适宜完成动作技能目标，对情感领域的教学目标也收效甚微。

（3）班级教学的主要形式

①课堂讲演。众所周知，讲演是班级教学的主要授课形式。课堂讲演包括讲解法和演示法。

讲解法就是教师向学生讲述事实、概念、原理，或描绘事物的现象以及发展过程和规律，或推导公式的由来的语言表述过程，它适应于各科教学。演示法是教师展示各种直观教具、实物或进行动作示范，使学生获得有关事物现象的感性认识的方法。在实际教学中，讲解法和演示法常常结合起来使用，以激发学生的学习兴趣，加深学生对概念、原理的理解，人们一般称之为讲演法。

②课堂回答。课堂回答是教师根据学生已有的知识或经验，提问学生并引导学生经过思考，对所提问题自己得出结论，从而获得知识、发展智力的教学方法。在使用该方法时教师应注意以下几点：

a做好充分准备。

b向学生提问的问题要尽量多。

c要面向全班同学提问，不能只限于少数几个同学，各个层次的学生都要照顾到，特别是胆小、不善发言的学生。

d所提问题应难易适宜，过难过易，都不利于调动学生学习的积极性。

e针对学生回答问题的情况给予适当的反馈。

③课堂练习，课堂练习是以学生自身的独立活动为主的学习活动，一般是让学生做操练和练习，有时也让学生预习或重温动作技能，课堂自习大都是以动作练习的形式进行的，要使学生从动作练习中受益，练习必须是课堂学习的动作技能有意义的延伸，教师要认真研究其规律性。

为了达到满意的练习效果，应做到以下几点：

a使学生明确练习的目的和要求，并在有关理论指导下进行练习。

b及时反馈学生的练习结果，以便纠正。

c练习方式可根据情况灵活掌握。

d注意练习的循序渐进性。

e做好练习总结。

2.小组教学

（1）小组教学的特点

班内小组教学是把一个班暂时分为若干个小组，由教师规定共同的学习任务，并由学生分组学习的班级教学形式。其特点是在全班上课的基础上开展小组活动，班级仍然保留；小组不是永久性的，主要为具体的教学活动而组建，期限一般是几周或一个学期。在小组的构成上应以学习情况或性格特征不同的学生编排在一起为好，这样小组成员则可以取长补短。在小组人员的编排上一般以5至7人为宜，小组成员过多，积极活动的学生数就会减少；

小组成员过少，则对提出观点的丰富性以及补充意见的多样性不利。偶数组和奇数组也有区别，偶数组较难一致，经常发生冲突情境和对抗。小组可以是学科小组也可以是活动小组，主要视学习任务、活动目的和性质而定。

小组教学可以在任何年级和任何课中开展，但最适合各科新内容学习之后的强化巩固，即分组讨论。小组讨论是学生根据教师所提出的问题，在小组成员中相互交流个人的看法、相互启发、相互学习的一种教学方式。小组讨论的问题可以是教师提，也可以是学生提。在小组讨论中，学生彼此提问和回答问题，并且对彼此的回答做出反应。教师主要起监督指导作用，观察学生反应。教师要扮演较次要的角色，作为问题的调节者，要尽量让许多学生一起参加讨论，保证讨论不离题，并且帮助学生总结。

（2）小组教学的利弊

小组教学的优点主要是可以给学生提供更多的直接参与学习的机会，有利于培养学生的参与意识和领导组织能力；师生之间，学生之间的相互作用可以促使学生民主与合作精神的形成；小组教学还特别有利于情感领域和动作技能教学目标的实现，如形成态度、某些动作技能的训练等。但是小组教学也存在一些缺点，主要是教学进度不容易控制以及教学目标难以一致。

因此，教师在使用小组讨论的方式时，最好根据自己的教育目标，考虑使用此法的利弊。因为在教学过程中有时小组讨论会适得其反。但以下几种情况特别适合于小组讨论，并且能取得很好的效果。①在许多问题中，有一些问题并不只有一个答案；②虽然问题只有一个正确答案，但包含较难的概念，需要学生从不同的角度加以论证；③当学生试图理解一个与常识相反的困难概念时，小组讨论有助于概念的理解。

（3）几种常用的小组教学形式

①随机分组：按照某种特定的方法将学生分成若干组。

②同质分组：分组后同一个小组内的学生在体能和运动技能上大致相同。

③异质分组：分组后同一个小组内的学生在体能和运动技能方面均存在差异，各组之间在整体实力上的差距不大。

④合作学习：课程和教学研究领域非常强调的一种学习方法。无论是在游戏活动还是竞赛活动中，合作都是获得成功的重要因素之一。

⑤帮教型分组：根据教学的需要，可以组织部分学生直接对其他学生进行帮助，这就形成了帮教型分组。

⑥友伴型分组：如果让学生自己分组进行活动，大多数学生会选择与自己关系较为密切的同学在一起进行练习，这就是友伴型分组。

（4）选择分组形式应注意的事项

①选择性：在体育教学中，应根据不同的教学内容，不同的教学对象、不同的场地器材条件，选择最合适的分组练习形式，不能常年如一日地使用一种组织形式，也不能为了"花架子"任意地变换分组练习形式。只有采取最合理的教学形式，才能使教学内容与教学组织形式相得益彰，提高体育教学的效果。

②灵活性：在体育教学中，教学的分组形式不能一成不变，应根据教学过程中发生的情况灵活加以使用，应根据形式的实际情况及时地进行调整，力求达到最佳的教学效果。例如，在支撑跳跃教学中，有时应采用同质分组，有时应采用帮教型分组，主要视实际情况加以调整。当学生水平参差不齐时，教师应及时把学生调整为帮教型分组，便于对"学习困难的学生"进行辅导和帮助。

③综合性：在体育教学中，教学的分组形式不能一成不变，应根据教学进程和教学内容的变化，综合应用多种分组的练习形式，促进每一个学生的发展。

④自主性：新课程倡导学生体验式学习。体育课应力求为学生创设一个宽松、愉快的活动空间，让学生自主地选择形式，教师只起协调、指导的作用，使学生在充分"自主"的环境中，充分地参与体育活动，达到激发学生学习兴趣和积极性的目的。

3.个别化教学

（1）个别化教学的特点

个别化教学是为了适合个别学生的需要、能力、兴趣、学习进度和认知方式特点等而设计的教学方法，但它并不单纯意味着个体独自学习。

采用班内个别化教学，教育者可因人而异地给学生提出各种学习要求，并花一定时间以一对一的形式辅导学生。其特点是在全班上课的基础上再照顾到班上学习速度慢的学生或学习速度快的学生，以及有特殊需要的学生。教师给学生布置的学习任务以及辅导必须以该生的学习准备、学习特点和个性特点等为依据；教师的作用主要在于指导和帮助学生自学和独立钻研；学生的学习由教师"扶着走"向独立过渡。

教师不管采用哪种方法进行个别化教学，他都必须吃透教材，分析教材，将教材化成具有逻辑联系的步骤，以便学生自学。为了发挥个别化教学的最好效果，教师要注意以下几点：

①学习的步调。个别化教学最典型的形式就是将所学材料转化成一系列的学习活动或任务，让学生以自己的步调学习同样的任务。

②教学目标。个别化教学需要教师设置各级水平能力上的目标以适应不同的学生。教师可以让每个学生通过同样的目标顺序，也可以调整目标以适应不同学生的需要、兴趣和能力。

③学习活动或材料。个别化教学中的另一个变量是学习活动本身。即使学生迈向同样的目标，但他们使用的手段可能不同：有的可能依赖于课本；有的则可能需要阅读一些课外辅助材料；还有部分学生则可能需要使用视听媒体。

④评价教学的手段。个别化教学对学生的学习评价手段应有所不同。书面表达有困难的学生，可以先进行口头测验，或者以磁带录下他们对书面测验的口头回答；聪明的学生可让他们写一篇论文或感想、计划之类的文章。有些学生适合于正强化，而另一些学生则有必要"敲打敲打"；频繁的测验对有些学生可能很有效，另一些则不然；有些学习结果也可以以非语言的形式展示，如图画、图表、制造模型、实际操作等。

⑤个别辅导。个别辅导常用3种形式：一是成人的个别辅导，较易行，也很有必要；二是同伴辅导。很有效；三是模拟一对一教学情景的个别化教学程序，如教学程序和计算机辅助教学等。

（2）个别化教学的优点

任何学习都必须经过学习者主体内部操作，才能变成他自己的认知结构。从这个意义上讲，任何形式的学习最终都必须转化为每一具体个体的独特的方式，学习方可奏效。

①个别化教学可使教学适合每个学生的学习需要、能力水平和学习速

度，有利于因材施教。

②它可调动每个学习主体的学习积极性，使差生不致失去信心，优生不致失去进一步学习的机会和条件，从而使每个学生都能从教学中受益。

③它有助于训练学生的独立学习、自主学习责任、独立钻研和自我教育的能力。

④学习的时间和空间灵活性大。

（3）个别化教学的局限性

①若长期把个别化教学形式作为主要的教学形式，会削弱师生之间、学生之间的相互作用，不利于合作精神的培养，同时，也不利于竞争意识的形成。

②若用单一途径和固定不变的学习方法，学生可能会感到单调无味，削弱学习的热情，容易疲劳。

③个别化教学不是适合所有的学生，特别是有些缺乏学习自觉性的学生，可能不会取得预期的教学效果。

④个别化教学"代价昂贵"，需要比其他教学形式花更多的时间、精力、财力和物力。

⑤个别化教学不利于学生交往能力的发展。

二、体育课堂教学组织形式的实施

体育教学的内容与组织形式是密不可分的，针对教学内容采用适宜的组织形式至关重要。基础教育新课程改革多年来，一线的体育教师在体育教学中针对不同的教学内容创造了许多新的教学组织形式，有效地提高了体育课的教学效果。

（一）跑的教学组织形式

跑是人类最基本的运动形式，因而跑的教学在中小学体育课中占有相当大的比重。跑主要包括快速跑、耐久跑、跨栏跑（障碍跑）、接力跑、合作跑等。

1.快速跑的教学组织形式

在组织该项目的教学时，首先应该知道该项目的特征就是"快"。在此基础上可以变化跑的形式，促进学生的广泛参与。下面的组织形式可以在教学中尝试。

"小风吹"的制作和玩耍

教学目标

在参与"小风吹"的制作和玩耍活动中获得快速跑的体验，感受体育学习的乐题。

学习内容

快速跑。

学习对象

水平四，低年级学生。

学生课前准备

说出"小风吹"的制作方法，准备必需的材料。

教学步骤

（1）动手动脑。

学生根据自己课前准备的材料，制作"小风吹"。

（2）体验"小风吹"的转动。

制作好"小风吹"后，用口吹气，体验"小风吹"的转动与风速的关系。

（3）速度体验。

①行走体验"小风吹"的转动速度。

②快速行走体验"小风吹"的转动速度。

③慢跑体验"小风吹"的转动速度。

④快速奔跑体验"小风吹"的转动速度。

（4）修改"小风吹"，并相互交流经验，畅谈感受，再次通过快速跑来体验"小风吹"的转动速度。

（5）传递"小风吹"接力比赛。

2.耐久跑的教学组织形式

该项目的特征就是"长时间跑，尽可能少休息"。在此基础上可以变化跑的形式，促进学生的广泛参与。下面的组织形式可以在教学中尝试。

多种跑的练习

教学目标

体验成功的乐趣，增强心肺功能。

学习阶段

水平四。

学习内容

耐久力跑。

教学步骤

（1）跑动性游戏，如"大鱼网""黄河长江""捉俘虏""警察捉小偷""攻关""躲避球"等，让学生自主选择练习。

（2）分小组讨论跑进路线，构成理想的图案。

（3）实践与体验，按设计的图案进行跑的练习。

（4）讨论与修订，创造更新颖、更别致、更合理的跑进路线图案。

（5）再次体验，学生根据再次讨论与修订的图案进行新一轮的实践与体验。

（6）评价与小结。

3.跨栏跑（障碍跑）的教学组织形式

该项目的主要特征就是"跨越、钻过障碍"。在此基础上可以变化跑的形式，促进学生的广泛参与。下面的组织形式可以在教学中尝试。

跨栏跑的教学

教学目标

积极参与活动，提高克服障碍的能力，在参与中体验成功的乐趣。

学习阶段

水平四。

学习内容

跨栏跑。

教学步骤

（1）教学欣赏：高水平的100米栏、110米栏、400米栏比赛的精彩片段播放。

（2）热身活动：学生成一路纵队，以跳、跨、钻、滚等方式，慢跑穿越各种障碍，如树木、体操凳、海绵垫、沙坑、栏架等。

（3）分层教学：从易到难，设几组不同难度的栏架，学生根据自己的能力选择练习。学生在成功跨越低难度栏架后可向高一级难度挑战。在完成高一级难度有困难时，可返回低一级的难度上练习，由此进行反复多次的练习，加深对技术动作的理解与掌握，体验成功的乐趣。

（4）自主学习：让学生观摩、讨论、边学边练，教师进行巡回辅导。

（5）展示自我：让学生在各自的练习组，展现自己的"英姿"，教师给予肯定的评价。

（二）投掷运动的教学组织形式

投掷虽然也是人类最基本的运动形式之一，但是投掷教学在中小学体育课中所占有的比例要比跑的教学少。投掷主要包括掷沙包、掷飞机、掷飞盘、掷铅球、掷实心球等。

该项目的主要特征就是"上肢用力"。在此基础上可以变化投掷的形式，促进学生的广泛参与。下面的组织形式可以在教学中尝试。

投掷教学组织形式

教学目标

说出多种投掷方法，体会投掷的用力过程。促进全身肌肉的协调用力；相互帮助与合作；注意运动时的安全。

学习阶段

水平四。

学习内容

投掷实心球。

教学步骤

（1）游戏。

①"保龄球"，把可乐瓶（内装沙）当保龄球，以实心球滚击保龄球瓶。学生分组进行，也可进行分组比赛。

②体侧、胯下传递实心球接力比赛。

（2）讲解投掷方法。

教师结合图解简明扼要地介绍实心球的多种投掷方法，学生进行练习和体验。

（3）讨论与探索。

同学间相互交流，畅谈投掷感受，探索投掷的最佳方法。讨论话题包括什么样的用力顺序最有利于全身的用力，你觉得何种投掷方式更适合你，为确保安全、大家达到哪几方面的要求。

（4）再次体验与感受。

投掷方法自选，体会哪种方法最适合自己。

（5）情景教学："抗洪抢险"。

通过录音机的音响效果，模拟"暴风雨声、叫喊声、呼救声"的惊险场面，创设"抗洪抢险"的情景。要求学生以最快的速度，将抗洪物资（预先准备的哑铃、铅球等体育器材）传送到"抗洪抢险"的第一线。

（6）教师小结。

表扬学生勇敢顽强的拼搏精神，并指出不足。

（7）再次演练。

以最快的速度，将"国家和人民财产"转移到安全的地方（把所有的器材转移到器材室）。

（8）小结与评价。

（三）跳跃项目的教学组织形式

跳跃也是人类最基本的运动形式，但是跳跃的教学在中小学体育课中占的比例也比较少。跳跃主要包括单足跳、双足跳、蛙跳、立定跳远、跳远等。

该项目的主要特征就是"下肢用力"。在此基础上可以变化跳跃的形式，促进学生的广泛参与。下面的组织形式可以在教学中尝试。

跳跃教学组织形式

教学目标
运用所学的练习方法。进行自我锻炼，发展自身的跳跃能力。

学习阶段
水平四。

学习内容

多种跳跃方法。

教学步骤

（1）愉悦热身。

分四小组（同质分组），自选游戏练习。自带操：分四小组，学生自己带操。

（2）体会单、双脚跳跃动作。

单脚跳：利用呼啦圈作间隔进行练习。

双脚跳：利用呼啦圈进行跳绳练习，蛙跳，收腹跳。

（3）单、双脚配合练习。

（4）综合性循环练习。

（5）接力比赛。

（四）篮球项目的教学组织形式

篮球是中小学生非常喜爱的运动项目，在中小学体育课中占有比较大的比例。

该项目的主要特征就是"四肢协调配合、灵活性很高的有氧运动形式"。在此基础上可以变化各种形式，促进学生的广泛参与。下面的组织形式可以在教学中尝试。

1.教学目标

学会自主学习与锻炼，提高与他人沟通与协作的意识与能力。

2.学习阶段

水平四。

3.学习内容

篮球运球。

4.教学步骤

（1）欣赏篮球比赛的精彩片段。①绝妙的传球。②魔术般的运球。

（2）篮球游戏。①成纵队头顶与胯下传接球接力。②一抢三方形游戏。

（3）运球比赛。①直线运球比赛。②曲线运球比赛。

（4）学生畅谈运球比赛的感受；取得成功的奥秘，个人技术＋集体配合。

（5）教师小结：运球比赛过程中的优点与不足。

（6）教师结合图解，讲解与示范多种运球的技术方法，如高运球、低运球、体前变向快手运球、胯下运球、运球转身、体前变向运球等。

（7）两人一组，自由组合，选择自己喜爱的运球方法进行练习。两人交换练习，相互协作，互纠互勉。教师巡回辅导。

（8）展现练习成果，相互评价。

（9）教师小结。

（五）操舞类项目的教学组织形式

操舞结合的健身操教学是中小学体育课中最难上，费时最多的教学内容，这类教学技术内容的最大特点：肌肉有节律性的收缩掌握难，多关节、小肌肉群参与多，主动肌与被动肌的转换控制难，技术相对复杂。这就需要教师做大量的分解动作示范，学生中断练习的时间较长；课堂的流畅性受阻，学生的学习兴趣降低，学生练习的强度相对较低，严重影响着健身活动的质量；阻碍操舞类健身运动项目的发展。

操舞健身操教学的核心是怎样让健身者在有效的时间内，提高兴趣，掌握健身的基础，跳出韵律及尽兴发挥。掌握操舞类项目的特质，再结合体育与健康课程的要求，围绕体育课教学"动"的主线，就应当在操舞类课程教学过程中采用"辅导—传授"的教学策略，来实现课堂组织安排的"畅"状态。

这种教学策略始终让练习者保持"动"的状态，既体现了该项目的运动特征，又不失练习的有氧性，又可以让学生在课堂的练习中感受量的增加，从而提高学生练习的兴趣。

第六节 教案案例

一、排球正面下手发球与接发球案例（表3-5）

表3-5 排球正面下手发球与接发球案例

教师	/	年级班级	六年级	上课时间	/	课次	3/6	学生数	40

教学内容	1. 排球：正面下手发球与接发球的练习方法。 2. 体能：灵敏性的练习方法。
教学目标	1. 能正确说出发球+交叉步+垫球组合动作的名称，描述出组合动作的要点。 2. 在一发一接（隔网，3米线发球）练习中做出发球+交叉步+垫球组合动作，表现出移动到位，发展灵敏性和协调性。 3. 同伴间积极合作，乐于探究。
重点难点	重点：发球方向。 难点：接球时对球落点的判断。

教学过程	学练内容	学练标准	组织形式与安全措施	练习次数	练习时间
准备部分8′	1. 课堂常规。 2. 队列队形练习：向中看齐、向前看。 3. 准备活动：球性练习。 4. 自发自垫球。 5. 不同方向自发自垫球	1. 静、齐、快。 2. 精神饱满，正确率达80%以上。 3. 球离地高度2米以上。 4. 跨步移动垫球成功率达65%以上。	1. 四列横队。 2. 四列横队。 3. 散点。 （安全提示：相互保持安全距离，以免相互干扰）	5~7 ≥20 ≥30	1′ 2′ 2′

续表

教师	/	年级班级	六年级	上课时间	/	课次	3/6	学生数	40	
基本部分 27′	1. 互抛互垫练习。 1.1 一抛一垫练习。 1.2 不同方向一抛一垫练习。 2. 一发一接练习。 2.1 一发一接（自垫）。 2.2 一发一接（对垫）。 2.3 一发一接（自垫），发球后交叉步移动摸线组合练习。 2.4 一发一接（对垫），接球后交叉步移动摸线组合练习。 3. 看谁得分多。 方法：两人一组相隔8米，隔网站立，一人发球一人接发球。	1.1 球不落地。 1.2 移动垫球10次成功6次。 2.1 发球方向正确。 2.2 两人合作成功完成15组。 2.3 1分钟时间完成8组以上。 2.4 1分钟时间完成6组以上。 3. 每组比赛每人都能得分10分以上。	1. 两人一组相距3米。 2. 两人一组隔网相距6米。 （安全提示：与周边同学相隔两臂距离） 3. 两人一组隔网相距8米。			≥30 ≥20 ≥30 ≥30 ≥15 ≥20	2′ 1′ 2′ 2′ 2′ 2′ 3′		
结束部分 5′	1. 放松：抖肩、甩臂。 2. 师生小结。 3. 回收器材。 4. 宣布下课。	1. 调整呼吸充分放松。 2. 学生积极收还器材。	1. 四列横队			≥10	3′		
场地器材	场地：排球场。 器材：排球数十只。								

二、肩肘倒立案例（表3-6）

表3-6　肩肘倒立案例

教师	/	年级班级	五年级	上课时间	/	课次	3/5	学生数	40
教学内容	1. 技巧：多种肩肘倒立的应用方法。 2. 体能：腰腹力量的练习方法。								
教学目标	1. 能说出组合练习中已学技巧的动作名称。 2. 巩固提高组合练习中滚翻与肩肘倒立动作的衔接和对身体的控制能力，有一定的表现力，在体能练习中发展上肢及腰腹部力量。 3. 积极参与练习，乐于展示自我。								

| 教师 | / | 年级班级 | 五年级 | 上课时间 | / | 课次 | 3/5 | 学生数 | 40 |

**重点
难点**
重点：收腹、挺髋、立腰。
难点：表现力。

教学过程	学练内容	学练标准	组织形式与安全措施	练习次数	练习时间
准备部分8′	1. 课堂常规。 2. 队列练习，行进间多路纵队变成一路纵队。 3. 技巧垫上操。 3.1 头部运动。 3.2 坐位体前屈运动。 3.3 腰腹运动。 3.4 滚翻运动。	1. 静、齐、快。 2. 精神饱满，跟上节奏，动作整齐。 3. 动作与节拍一致。	1. ▽▽▽▽▽▽▽ ▽▽▽▽▽▽▽ ▽▽▽▽▽▽▽ ▽▽▽▽▽▽▽ ★ 2. 多路纵队	≥6 4*8拍	1′ 2′ 3′
基本部分27′	1. 技巧：多种肩肘倒立的应用方法。 1.1 前滚翻。 1.2 后滚翻。 1.3 肩肘倒立。 2. 组合练习。 2.1 前滚翻+肩肘倒立。 2.2 后滚翻+前滚翻+肩肘倒立。 3. 肩肘倒立夹球练习。 3.1 将球从垫子一端夹到另一端。 3.2 肩肘倒立夹球接力比赛。	1.1 连续完成5个。 1.2 后滚后成蹲撑起。 1.3 直腿绷脚尖不摇晃保持20秒。 2.1 前滚翻3次+15秒，倒立完成3组。 2.2 滚翻与倒立连续，间隔不超过2秒。 3.1 通过倒立翻臀完成夹球。 3.2 夹球不掉，掉了重来。	1. * * * * □□□□ * * * * □□□□ 2. 四列横队。 （安全提示：颈部准备活动充分） 2. *□*□ →	≥20 ≥20 ≥20 ≥15 ≥15 ≥10 ≥10	2′ 2′ 2′ 2′ 2′ 3′ 3′
结束部分5′	1. 放松操：垫上瑜伽操。 2. 师生小结。 3. 回收器材。 4. 宣布下课。	1. 调整呼吸充分放松。 2. 学生积极收还器材。	1. 四列横队。	4*8拍	2′
场地器材	场地：篮球场。 器材：垫子数十块，足球若干。				

三、五步拳案例（表3-7）

表3-7　五步拳案例

教师	/	年级班级	六年级	上课时间	/	课次	2/5	学生数	40

教学内容	武术：五步拳技术方法				
教学目标	1. 知道所学武术技术及组合名称，知道攻防含义。 2. 能看懂图解，并能在练习中做出"歇步、搂手、架打，五步拳1-3动，少年拳1-2动和6动"等技术及组合，动作刚劲有力、连贯。 3. 有较好的武术礼仪意识。				
重点难点	动作刚劲有力、连贯				

教学过程	学练内容	学练标准	组织形式与安全措施	练习次数	练习时间
准备部分 8′	1. 课堂常规。 2. 队列练习：错肩走。 3. 准备活动："剪刀、石头、布"游戏。 3.1 面对面比赛。 3.2 侧向比赛。 3.3 背向比赛。 3.4 师生互比。	1. 静、齐、快。 2. 错肩行进。节奏。 3.1 连续跳跃。 3.2 形状清楚。 3.3 落地面对面。	1. 四列横队。 2. 四列横队。 3. 间隔1米。	4 若干	2′ 3′
基本部分 27′	武术：五步拳技术方法。 1. 歇步、搂手、架打、盖打。 1.1 重复练习。 1.2 看信号换动作练习。 2. 并步抱拳、搂手弓步冲拳、马步（震脚）（蹬踢）（虚步）架打、歇步盖打。 3. "搂手比快"游戏。 3.1 两人照镜子，搂手比快。 3.2 看信号，搂手比快。	1.1 歇步大腿贴紧。 1.2 搂手掌指朝上；架打、盖打动作幅度大。 2. 抱拳眼看左前方，挺胸；冲拳左拳心朝上，右拳心朝下；弓步脚尖朝左。 3.1 方向一致，动作无误。 3.2 反应快速。	1. 四列横队，间隔1.5米；错位站。 3.1两人面对面乙组	≥40 ≥20 ≥40 ≥20 ≥20	6′ 2′ 6′ 3′ 2′
结束部分 5′	1. 放松活动：全身拉伸。 2. 师生互评。 3. 宣布下课。	1. 各动作坚持30秒，拉伸充分。	1. 四列横队	若干	3′
场地器材	场地：空地				

四、体育（与保健）实践课教案（一）（表3-8）

表3-8 体育与保健实践课教案

五、体育（与保健）实践课教案（二）（表3-9）

表3-9 体育与保健实践课教案

授课年级 一年级			执教人 /				
教学内容	1. 技巧：仰卧推起成"桥" 2. 素质练习：绕垫接力 单元课次		年级、班级、人数		一年级（1） 45人		
			1/3				
教学目标	1. 认知目标：会描述动作方法及保护与帮助的方法。 2. 技能目标：能够独立或有人帮助下完成仰卧推起成"桥"的练习，能够为同学提供力所能及的保护与帮助。 3. 情感目标：可以发展身体的柔韧性，平衡感觉和协调灵敏等素质，培养学生团结协作和集体主义精神。						
重点难点	重点：直臂支撑，蹬地、抬头挺髋。 难点：蹬地、挺髋、抬头与两手推撑动作的协调配合。						
教学过程	学、练内容	教师活动	学、练要求	组织形式与安全措施		练习	
						次数	时间
开始部分2′	一、课堂常规 1. 体委整队，检查人数。 2. 教师宣布课的教学内容和要求。 3. 检查服装，安排见习生。	1. 体育教师提前到场地检查是否安全。 2. 向学生问好。 3. 宣布本节课的内容及练习目标。 4. 原地踏步的指导纠正。	1. 体委整队，检查人数，向老师报告。 2. 向老师问好。 3. 听教师宣布课的内容及要求。 4. 认真听，并学习。	组织队形：（图1） ▽▽▽▽▽▽ ▽▽▽▽▽▽ ▽▽▽▽▽▽ ▽▽▽▽▽▽ ★ 要求： 快、静、齐 精神饱满			
准备部分6′	二热身活动 1. 游戏：走进春天 2. 垫上热身操： ①头部 ②肩关节 ③手腕 ④体前屈 ⑤抬腿	1. 教师讲解游戏规则与要求。 1. 带领学生进行热身操。 2. 语言提示	1. 学生认真听讲。 2. 按要求游戏。 1. 学生认真听讲，模仿练习。 2. 积极参与。	组织队形： 绕垫子跑 组织队形： ▽▽▽▽▽▽ ▽▽▽▽▽▽ ▽▽▽▽▽▽ ▽▽▽▽▽▽ ★		1 4*8	2′ 2′

续表

		教法：	要求：	组织队形：	2	3′
基本部分 27′	一、摆造型 二、跪坐挺髋成桥 1. 挺髋展胸抬头画彩虹 2. 髋更加充分 三、跪、躺推起跪立成桥 四、仰卧推起成桥 1. 男生女生比赛造桥更坚固 2. 请2位小老师帮忙"造桥" 五、素质练习"穿越森林"绕垫子跑	1. 引导孩子在垫子上做出自己喜欢的动作。 2. 请造型漂亮的示范。 3. 教师讲解动作和要领。 4. 教师做完整正确示范。 教法： 1. 教师讲解示范动作和要领，强调手的位置。 2. 请优秀生示范。 教法 1. 教师示范动作。 2. 示范讲解保护与帮助。 1. 教师讲解游戏方法。 2. 示范讲解保护与帮助。	1. 学生认真听讲练习要求。 2. 学生自我创造新动作。 3. 模仿造型。 4. 学生积极统一根据口令练习。 要求： 1. 学生认真听讲练习要求。 2. 学生积极练习。 3. 认真观察。 要求： 1. 认真观察老师的动作。 2. 体会保护帮助下的练习。 要求： 1. 有序接力。 2. 积极认真。	▽▽▽▽▽▽▽ ▽▽▽▽▽▽▽ ▽▽▽▽▽▽▽ ▽▽▽▽▽▽▽ ★ 组织队形： ▽▽▽▽▽▽▽ ▽▽▽▽▽▽▽ ▽▽▽▽▽▽▽ ★ 组织队形： ▽▽▽▽▽▽▽ ▽▽▽▽▽▽▽ ▽▽▽▽▽▽▽ ★ 组织队形： ***** ***** ***** *****	3 5 8 2	4′ 7′ 5′ 5′
结束部分 5′	1. 集合、放松练习。 2. 小结。 3. 师生再见。 4. 收回器材。	1. 带领学生放松。 2. 引导学生小结。 3. 和学生道别。 4. 组织回收器材。	1. 跟随老师放松。 2. 回顾本课。 3. 和老师道别。 4. 帮老师收回器材。	组织队形： ▽▽▽▽▽▽▽ ▽▽▽▽▽▽▽ ▽▽▽▽▽▽▽ ▽▽▽▽▽▽▽ ★ 要求：1. 听音乐积极放松。	1	2′
场地器材	1. 小标志45个 2. 小垫子45个	预计练习密度	55%	心率曲线		
教学反思						

六、体育（与保健）实践课教案（三）（表3-10）

表3-10 体育与保健实践课教案

授课年级 六年级_____　　　　　　执教人_____

教学内容	1. 学习耐力跑。 2. 素质练习。 3. 单元课次。		年级、班级、人数	八年级（2）班、40人		
				3/5		

教学目标	认知目标：通过学习，学生能初步领会耐力跑的技术概念。 技能目标：通过练习，90%学生掌握耐力跑呼吸与跑步节奏的协同配合，掌握自我耐力跑的脉搏测量与负荷计算的方法，发展学生耐力身体素质，提高体能。 情感目标：培养学生坚韧不拔的意识品质。					

重点难点	重点：耐力跑的呼吸与跑步节奏配合的正确技术动作 难点：身体协调发力					

教学过程	学、练内容	教师活动	学、练要求	组织形式与安全措施	练习次数	练习时间
开始部分 2′	一、课堂常规 1. 体委整队、清点人数 2. 师生问好 3. 宣布本节课的内容和要求 4. 安排见习生 5. 检查服装	组织教法： 1. 向学生问好 2. 宣布本课学习内容和学习目标，宣讲安全注意事项 3. 常规检查	学练法： 1. 体育委员整队 2. 向老师问好 3. 认真听讲，明确课堂要求和目标	组织队形：（图1） 要求：静、齐、快		
准备部分 6′	一、准备活动： 1. 游戏：两人一组"8"字追逐跑游戏。	组织教法： 1. 组织游戏活动。 2. 讲解游戏方法及规则要求，组织学生进行游戏。 3. 评价游戏。	学练法： 1. 集中注意力，教师讲解认真听讲。 2. 积极热身，防止受伤。	组织队形： 同上如图1 组织队形：	2	2′

		组织教法	学练法：	组织队形：		
基本部分27′	一、介绍耐力跑的运动特点与健身作用	组织教法 1. 讲解耐力跑运动的特点。	学练法： 1. 认真听教师讲解。 2. 观察教师示范。 3. 在游戏中自我领会不同跑的速度。 4. 相互观察，纠正错误。 5. 小组长带领学生在指定场地练习。			
	二、示范耐力跑动作技术 三、游戏 1. 蛇头追蛇尾（全班分成四队，围绕田径场作追逐跑两圈，当每队排尾的同学跑到排头后举手，下一个排尾再跑向排头，依次类推循环进行）。	组织教法 1. 讲解游戏规则 2. 组织游戏练习。	学练法： 1. 通过团队协作认真完成游戏。 2. 根据每个同学身体状况的不同，由每组学生自己安排各同学取号的顺序。	组织队形：	3	8′
	2. 保持通话 学生分成人数相等的四组。统一站在规定的线后。每组有一块写好电话号码的牌子，听到教师口令后，每组的同学依次跑到前方标有数字的标志物下拿取对应的数字，跑回来贴到板子上，完成接力，哪组的同学能最先贴完电话号码，即为获胜。	组织教法： 1. 教师渲染鼓动，活跃课堂氛围，纠正练习过程中出现的错误，助力学生完成游戏。 2. 指导合作学习，注意因材施教。	学练法： 1. 听讲解，看示范。		3	10′
	3. 分队400m合作跑比赛（以最后一名计算成绩）。	组织教法： 1. 指导合作学习，注意因材施教。	学练法： 1. 按规则进行游戏。 2. 在指定场地练习。		3	5′

结束部分 5′	一、"吹气球"放松游戏 1.互相敲肩背。 2.自我放松。 二、小结课堂 三、师生再见 四、整理回收器材	1.组织学生集合放松。 2.小结、评价。 3.组织学生收拾器材。	1.集合放松。 2.小结评价。 3.收拾器材下课。	组织队形：四列横队 1	3′
场地器材	操场 纸 绳子	预计练习密度	55%	预计心率曲线	
教学反思					

七、体育（与保健）实践课教案（四）（表3-11）

表3-11 体育与保健实践课教案

教学内容	侧向持轻物投掷-投准	年级、班级、人数	一年级

八、体育（与保健）实践课教案（五）（表3-12）

表3-12　体育与保健实践课教案

教学内容	侧向持轻物投掷-投准 单元课次		年级、班级、人数	一年级		
			3/4			
教学目标	认知目标：通过学习，学生能初步掌握侧向持轻物投掷动作。做到侧向肩上屈肘、自然挥臂，投掷动作正确、连贯。 技能目标：通过练习，学生能够模仿教师做出正确的投掷，发展学生上肢力量和身体的协调性。 情感目标：让学生体验到运动的乐趣，培养学生对体育学习的浓厚兴趣。					
重点难点	重点：肩上屈肘，挥臂动作自然、快速、连贯。 难点：身体协调发力。					

教学过程	学、练内容	教师活动	学、练要求	组织形式与安全措施	练习次数	时间
开始部分 2′	一、课堂常规 1. 体委整队、清点人数。 2. 师生问好。 3. 宣布本节课的内容和要求。 4. 安排见习生。 5. 检查服装。	组织教法： 1. 向学生问好。 2. 宣布本课学习内容和学习目标，宣讲安全注意事项。 3. 常规检查。	学练法： 1. 体育委员整队。 2. 向老师问好。 3. 认真听讲，明确课堂要求和目标。	组织队形：（图1） 要求：静、齐、快		
准备部分 6′	一、热身跑 围绕操场慢跑2圈。 二、打野鸭游戏	1. 教师带领学生进行热身跑。 2. 语言提示法。 3. 提示学生转换动作并注意安全。	1. 集中注意力，教师讲解认真听讲。 2. 积极热身，防止受伤。	组织队形： 同上如图1 组织队形：	2 2	2′ 2′

续表

						5′
基本部分 27′	一、掷准呼啦圈	1. 教师组织学生自由练习。 2. 点评学生的动作。 3. 讲解示范法。 4. 口令法：引导学生分组练习。 5. 循序渐进法；进行集体纠错。 6. 分组练习。	1. 认真听教师的要求。 2. 认真听教师讲解正确的动作要领。 3. 根据教师的口令、语言等，多次进行分组练习。 4、教师纠错后，根据教师纠错积极练习，加深记忆。	组织队形： 组织队形： 组织队形： 	5 8 8	5′ 8′
二、投掷目标						
三、掷宝物						
结束部分 5′	一、"吹气球"放松游戏 1. 互相敲肩背。 2. 自我放松。 二、小结课堂 三、师生再见 四、整理回收器材	1. 组织学生集合放松。 2. 小结、评价。 3. 组织学生收拾器材。	1. 集合放松。 2. 小结评价。 3. 收拾器材下课。	组织队形：四列横队 	1	3′
场地器材	操场 纸 绳子	预计练习密度	55%	预计心率曲线		
教学反思						

九、体育（与保健）实践课教案（六）（表3–13）

表3–13　体育与保健实践课教案

上课教师：　上课班级：　人数：　上课地点：　时间：　年　月　日

水平	五	教材内容	1. 篮球——交叉步持球突破 2. 素质练习——波比跳 难点	重点	蹬跨，转体探肩，推放球加速
年级	高二				
课次	1			动作规范，舒展，协调	
教学目标	认知目标：通过本节课基本技术的学习，让学生了解交叉步持球突破的作用，建立正确的动作概念。 技能目标：通过学习使90%的学生能初步掌握的交叉步持球突破的动作要领，并发展学生的速度、灵敏、协调等素质 。 情感目标：提高学生的运动兴趣，培养学生的竞争意识以及团结合作精神。				

结构与时间	教学内容	组织教法和学练法			时间	次数
		教师活动	学生活动	组织形式		
开始部分 2′	一、课堂常规 1. 体委整队、清点人数。 2. 师生问好。 3. 宣布本节课的内容和要求。 4. 安排见习生。 5. 检查服装。	组织教法： 1. 向学生问好 2. 宣布本课学习内容和学习目标，宣讲安全注意事项 3. 常规检查	学练法： 1. 体育委员整队 2. 向老师问好 3. 认真听讲，明确课的要求和目标	组织队形： （图1）  要求：静、齐、快		
准备部分 6′	一、绕篮球场运球慢跑 二、篮球操 1. 全身伸展运动。 2. 弓步交叉胯下绕球。 3. 双手手指拨球。 4. 体前变向换手运球。	组织教法： 1. 老师组织学生进行慢跑。 2. 老师吹哨要求学生在运球中跳步急停持球。 组织教法： 1. 组织学生成广播体操队形散开。 2. 带领学生做球操练习。 3. 活动充分。	学练法： 1. 跟随教师运球慢跑热身。 2. 听哨声跳步急停持球。 学练法： 1. 跟随老师做球操练习。 2. 富有激情动感。 3. 活动充分。 学练法： 1.学生活动积极。 2. 热身充分。 3. 1，2排在半场，3，4排在另外半场。	组织队形： （图2） 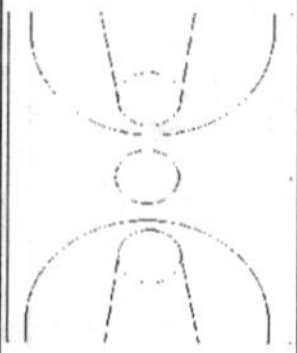 组织队形： 同上（图1）	1′ 2′	5 2*8拍

续表

结构与时间	教学内容	教法	学法	组织措施	时间	次数
基本部分 27′	一、介绍交叉步持球突破特点和作用	组织教法： 1. 教师完整示范。 2. 教师示范时要求学生观察教师的脚步动作。 3. 教师组织学生回答。 4. 教师讲解动作要领。	学练法： 1. 学生仔细观察教师的示范动作。 2. 讨论教师提问的问题。 3. 倾听与理解交叉步持球突破动作要领。	组织队形：（图3） ♀ ♀ ♀ ♀ ♀ ♀ ♀ ♀ ♀ ♀ ♀ ♀ ♀ ♀ ♀ ♀ ♀ ♀ ♀		
	二、徒手模仿突破动作练习	组织教法： 1. 教师做示范讲解。 2. 喊口令组织学生练习。	学练法： 1. 学生听口令徒手模仿练习。 2. 明确中枢脚，移动身体重心，体会发力感觉和技术动作环节。	组织队形：同上（图3）	2′	10–15
	三、原地蹬跨练习（结合运球） 要求：手尽量前伸触地。	组织教法： 1. 教师示范动作。 2. 讲解练习要求。 3. 组织学生两人一组面对面练习，运球5次还原。 4. 教师巡视指导错误并纠正。	学练法： 1. 根据教师要求认真练习。 2. 运球积极。 3. 重心降低。	组织队形：同上（图3）	6′	20–30
	四、交叉步持球突破练习 要求： 1. 控制突破距离。 2. 蹬跨大步。 3. 降低重心。	组织教法： 1. 教师示范方法 2. 组织学生进行练习 3. 强度动作的规范 4. 优秀生展示	学练法： 1. 认真听练习要求。 2. 两人一组，一人双手侧平举，另外一人持球突破。 3. 认真观察优秀生示范并评价。	组织队形：同上（图3）	6′	20

		组织教法：	学练法：	组织队形：	3′	30
	五、交叉步持球突破 组合练习1 （交叉步持球突破接行进间单手肩上高手投篮）	1. 教师示范练习方法。 2. 组织学生进行练习。	1. 学生积极认真练习 2. 两人一组，同时练习 3. 掌握突破时的距离			
						10*3组
	六、素质练习——波比跳	组织教法： 1. 教师示范练习方法。 2. 组织学生进行练习。	学练法： 1. 认真积极练习	组织队形： 同上（图3）	3′	
结束部分 5′	一、"吹气球"放松游戏 1. 互相敲肩背。 2. 自我放松。 二、小结课堂 三、师生再见 四、整理回收器材	组织教法： 1. 讲解示范，组织学生放松身体。 2. 小结本课学练情况。 3. 指导学生整理器材，师生再见。	学练法： 1. 根据要求放松身体。 2. 认真听取教师总结。 3. 帮助老师整理器材，师生再见。	组织队形： 👤👤👤👤👤 👤👤👤👤👤 👤👤👤👤👤 👤	5′	2

场地器材	场地： 篮球场 篮球若干个	预计练习密度： 50%~60%			课后反思
		预计运动负荷	平均心率	120次/分钟左右	
			最大心率	160次/分钟左右	

十、体育（与保健）实践课教案（七）（表3-14）

表3-14　体育与保健实践课教案

上课教师：　上课班级：　人数：　上课地点：　时间：

水平	四	教材内容	1.足球：脚背外侧运球、正脚背运球	重点	触球部位，上体后仰，蹬地发力	
年级	七					
课次	2		难点		全身的协调用力	

教学目标	1.认知目标：能简要描述运球多种组合练习的方法。 2.技能目标：通过学习，80%的学生能用脚背外侧和正脚背运球合理完成多种组合练习，其余20%学生能够在提醒下完成相关练习。 3.情感目标：在练习中培养学生相互激励，团队合作；在游戏中锻炼学生遵守规则，敢于挑战，体会足球的乐趣。

结构与时间	教学内容	组织教法与学练法			练习	
	教师活动	学生活动	组织形式		时间	次数
开始部分2′	一、课堂常规 1.体委整队、清点人数。 2.师生问好。 3.宣布本节课的内容和要求。 4.安排见习生。 5.检查服装。	组织教法： 1.向学生问好。 2.宣布本课学习内容和学习目标，宣讲安全注意事项。 3.常规检查。	学练法： 1.体育委员整队。 2.向老师问好。 3.认真听讲，明确课的要求和目标。	组织队形：（图1） 要求： 1.站位静、齐、快		
准备部分6′	一、队列队形练习 1.队列队形：行进间队列练习。 2.热身跑（螺旋跑）。 二、球性练习 1.原地踩球。 2.原地交替拨球。 3.原地双脚交替拉拨球练习。	组织教法： 1.教师声音洪亮。 2.口令正确。 3.组织学生有序慢跑。 组织教法： 1.示范球性练习。 2.哨音指挥。 3.组织学生练习。	学练法： 1.仔细聆听，积极参与热身。 2.通过慢跑热身。 学练法： 1.听讲解，观示范。 2.积极参与练习。 3.根据哨音指挥做球性练习。	组织队形：如（图1） 组织队形：（图2） 组织队形：图3	1′ 2′ 3′	2 1 2

结构与时间	教学内容	教法	学法	组织措施	时间	次数
基本部分 27′	一、脚背外侧运球，正脚背运球练习。 1. 四人一组每人一球绕四个标志桶练习。 易错点：触球部位不准确。 2. 不同形式运球过障碍练习。 易错点：动作僵硬不协调。 要求：重心稍前倾，步幅不宜过大，运球时腿提起，膝关节稍曲，胯关节前送，脚尖内扣。 二、组合练习 1. 穿越火线（运球过障碍接力） 素质练习（耐力+灵敏+速度+平衡）+技术运用（运球+短距离传球）+团队协作（竞赛） 2. 三人一组：二过一运球+传球+突破练习。 要求：介绍相关战术配合，拓展其他运球技术和传球技术。	组织教法： 1. 讲解示范脚背外侧运球，正脚背运球动作要领。 2. 教师组织学生进行过障碍练习。 3. 邀请优生示范，展示，及时表扬。 4. 讲解示范，四人小组练习。 5. 组织学生分组自主练习，巡回指导。 6. 邀请学生展示。 组织教法： 1. 讲解示范动作方法。 2. 教师组织学生进行练习及竞赛。 3. 教师指出易犯错误，巡视指导，纠错指正。 4. 教师引导学生合作探究，并组织学生进行展示。 5. 提示学生在组合练习中利用所学的运球形式合理运用。 6. 安全提示。	学练法： 1. 听教师讲解，仔细观察教师示范。 2. 根据教师的要求和示范进行练习。 3. 积极参与练习，进行展示。 4. 积极讨论自主练习。 5. 仔细观察优生示范，根据要求进行练习。 6. 学生积极展示。 学练法： 1. 听教师讲解，仔细观察教师示范。 2. 学生根据教师组织进行练习。 3. 学生根据教师哨音指挥练习。 4. 学生及时纠错，认真练习。 5. 学生合作探究，体会手对球的控制以及重心的变化。 6. 积极思考，运用多种类型的运球形式进行组合练习。 学练法： 1. 听讲解观示范，学生积极参与练习。	组织队形：（图4） 组织队形（图5） 组织队形：（图6） 组织队形：（图7） 	3′ 3′ 5′	10~15 10~15 4

	三、素质练习：竞赛 多人一组小比赛形式：运球+传球给各方位队友 要求：强调触球部位，强调眼睛要学会观察，传球要合理准确。	组织教法： 1. 讲解示范比赛要求并组织学生练习。 2. 语言鼓励学生积极投入练习。 3. 语言积极鼓励，及时评价表扬。 4. 强调注意安全。	2. 学生奋力拼搏，克服困难。 3. 遵守规则；为队友加油。 4. 注意安全。	组织队形：（图8） 	4′	1
		组织教法： 1. 讲解示范比赛要求并组织学生练习。 2. 语言鼓励学生积极投入练习。 3. 语言积极鼓励，及时评价表扬。 4. 强调注意安全。	学练法： 1. 听讲解观示范，学生积极参与练习。 2. 学生奋力拼搏，克服困难。 3. 遵守规则；为队友加油。 4. 注意安全。			
结束部分5′	一、"你是我的小板凳"放松游戏 1. 互敲肩背 2. 自我放松 二、小结课堂 三、师生再见 四、整理回收器材	组织教法： 1. 讲解示范，组织学生放松身体。 2. 小结本课学练情况。 3. 指导学生整理器。	学练法： 1. 迅速集合，接着稍分散开做放松。 2. 和教师交流课堂练习情况及问题，记住布置的作业。 3. 收还器材。	组织队形： 	3′	1

场地器材	足球41个，标志物40个，录音机1台，挂图45份，足球场	预计练习密度：40%~55%左右		课后反思
		预计运动负荷	平均心率：135次/分钟左右	
			最大心率：160次/分钟左右	

十一、体育（与保健）实践课教案（八）（表3-15）

表3-15　体育与保健实践课教案

上课教师：　上课班级：　人数：　上课地点：　时间：

水平	五	教材内容	1. 足球头顶球 2. 素质练习——平板支撑 难点	重点	触球部位，上体后仰，蹬地发力
年级	高一				
课次	2			全身的协调用力	

教学目标	认知目标：学习与了解头顶球的技术原理及其在足球运动中的作用，95%同学建立头顶球技术的动作概念。 技能目标：通过本次课的学习，60%学生能做到后仰，蹬地，前摆顶球动作，巩固提高学生对足球的控制能力，支配能力，发展学生快速奔跑.灵敏、协调等能力。 情感目标：通过足球练习，培养学生合作精神与良好的人际关系，体验成功感，激发运动兴趣。

结构与时间	教学内容	组织教法与学练法			练习	
		教师活动	学生活动	组织形式	时间	次数
开始部分2′	一、课堂常规 1. 体委整队、清点人数。 2. 师生问好。 3. 宣布本节课的内容和要求。 4. 安排见习生。 5. 检查服装。	组织教法： 1. 向学生问好。 2. 宣布本课学习内容和学习目标，宣讲安全注意事项。 3. 常规检查。	学练法： 1. 体育委员整队。 2. 向老师问好。 3. 认真听讲，明确课的要求和目标。	学练法： 1. 体育委员整队。 2. 向老师问好。 3. 认真听讲，明确课的要求和目标。 组织队形：（图1） ♦♦♦♦♦♦ ♦♦♦♦♦♦ ♦♦♦♦♦♦ ♦♦♦♦♦♦ ♦ 要求： 1. 静、齐、快		
准备部分6′	一、队列队形练习： 原地四面转法。 二、跟着音乐做球操练习。 1. 脚内侧敲球。 2. 前脚掌交替踩球。 3. 侧向脚底拉球（左右）。 4. 脚外侧拨球脚内侧扣球（左右）。	组织教法： 1. 老师喊口令组织学生队列队形练习。 组织教法： 1. 老师带领学生做热身操。 2. 活动充分。	学练法： 1. 听教师口令练习队列队形四面转法，高度集中。 学练法： 1. 跟着老师做热身练习。 2. 活动充分。	组织队形： 同上（图1） 要求：学生注意力集中。 组织队形： 同上（图1）	2′ 2′	2 2*8拍

续表

结构与时间	教学内容	教法	学法	组织措施	时间	次数
基本部分27′	一、足球头顶球技术环节：判断与选位—蹬地与摆动—头触球—触球后身体的控制。	组织教法：1. 练习方法讲解。2. 组织练习，巡回指导。3. 集体纠错，学生展示。	学练法：1. 学生仔细观察教师的示范动作。2. 讨论教师提问的问题。3. 倾听与理解急停急起的动作要领。	组织队形：（图2）👤👤👤👤👤 👤👤👤👤👤 👤👤👤👤👤 👤👤👤👤👤	2′	4
	二、徒手模仿身体摆动练习	组织教法：1. 教师进行示范无球练习方式。2. 教师喊口令带领学生进行徒手模仿练习。3. 教师巡视指导学生错误动作。	学练法：1. 记住要领，认真练习。2. 初步体会动作感受，上体后仰，蹬地，身体的摆动方式。	组织队形：同上（图2）	3′	10
	三、顶固定球练习 要求：练习时要注意协调用力，动作不要脱节，明确击球部位。	组织教法：1. 组织学生进行固定球练习。2. 巡视指导学生错误动作并纠正。	学练法：1. 根据教师要求认真练习。2. 互评互学，改进提高各自的动作。	组织队形：同上（图2）	3′	10
	四、自抛自顶练习（两人一组距离3米）要求学生明确：A用哪个部位去顶。B什么时候开始顶。C怎么顶顶的有力。	组织教法：1. 教师示范。2. 组织学生自抛自顶练习。3. 教师巡视指导错误并纠正。4. 集合讲解错误动作再练习。	学练法：1. 根据教师要求认真练习。2. 根据教师口令进行练习。	组织队形：（图3）👤👤👤👤👤 👤👤👤👤👤 👤 👤👤👤👤👤 👤👤👤👤👤	4′	10–15
	五、一抛一顶练习（两人一组距离3米）	组织教法：1. 教师组织一抛一顶练习，要求学生眼睛睁大看球，不能闭眼，击球后中部。2. 安排优秀生示范并强调重点。	学练法：1. 看示范听讲解。2. 找准击球点。3. 认真练习。4. 认真观察优秀生动作。	组织队形：同上（图3）	4′	10

续表

六、正面头顶球接力游戏	组织教法： 1. 教师讲解游戏规则，强调学生安全。	学练法： 1. 听从教师安排。 2. 活动积极。	组织队形：（图4） ♟♟♟♟ ♟♟♟♟ ♟♟♟♟ ♟♟♟♟ ♟♟♟♟	5′	3
七、素质练习——平板支撑	组织教法： 1. 教师组织学生进行练习。	学练法： 1. 学生积极认真。	组织队形：同上（图1）	2′	3
结束部分 5′	一、"虫儿飞"放松游戏 1. 互敲肩背 2. 自我放松 二、小结课堂 三、师生再见 四、整理回收器材	组织教法： 1. 讲解示范，组织学生放松身体。 2. 小结本课学练情况。 3. 指导学生整理器材，师生再见。	学练法： 1. 根据要求放松身体。 2. 认真听取教师总结。 3. 帮助老师整理器材，师生再见。	组织队形： ♟♟♟♟♟ ♟♟♟♟♟ ♟♟♟♟♟ ♟	3′	4*8拍

场地器材	足球若干个	预计运动负荷	预计练习密度：40%~55%	课后反思
			平均心率：115次/分钟左右	
			最大心率：160次/分钟左右	